商務印書館壹佰貳拾年紀念

SINCE1897

创于1897

商务印书馆创立120年

质朴坚毅
——地理学家赵松乔

赵旭沄　著

商务印书馆
The Commercial Press

2016年·北京

图书在版编目(CIP)数据

质朴坚毅:地理学家赵松乔/赵旭沄著. —北京:商务印书馆,2016

ISBN 978-7-100-12335-8

Ⅰ.①质… Ⅱ.①赵… Ⅲ.①赵松乔(1919—1995)—生平事迹 Ⅳ.①K825.89

中国版本图书馆 CIP 数据核字(2016)第 150725 号

所有权利保留。
未经许可,不得以任何方式使用。

质朴坚毅——地理学家赵松乔
赵旭沄 著

商 务 印 书 馆 出 版
(北京王府井大街36号 邮政编码100710)
商 务 印 书 馆 发 行
北京新华印刷有限公司印刷
ISBN 978-7-100-12335-8

2016年8月第1版 开本 787×960 1/16
2016年8月北京第1次印刷 印张 24 插页 10
定价:55.00元

谨以此书献给
敬爱的、亲爱的父母亲

赵松乔（1919~1995），浙江省东阳人。地理学家，中国沙漠与干旱区研究开拓者和奠基人，中国土地系统研究开拓者和奠基人，中国综合自然地理学主要奠基人和开拓者，中国综合地理系统研究倡导人和奠基人。

1942年，毕业于浙江大学史地系；1945年，于浙大史地系获地理学硕士；1948年，获美国克拉克大学地理学博士学位，回国后任浙江大学史地系副教授。1950年起，历任中国科学院地理研究所副研究员、研究员，研究室副主任、主任。曾任北京大学、南京大学、西北大学、华南师范大学等校地理系客座教授，北京师范大学兼任教授。历任中国地理学会自然地理专业委员会副主任，中国自然资源学会常务理事兼干旱区研究专业委员会主任，兰州大学干旱研究中心主任和教授，国际地理联合会干旱区专业委员会委员，美国亚利桑那大学国际干旱区委员会成员。

他在地理科学领域推出"农牧交错带"、"戈壁"、"反荒漠化"（绿洲化）（de-desertification）学术用语，与"土地系统研究"学术概念。他深刻地分析中国荒漠形成及演变的时空规律，首先在国际上阐明人类活动与自然荒漠之间的辩证关系，指出合理利用和改造荒漠的途径；他众多的中国干旱区研究论著，代表在该研究领域内的权威性和国际水平；冠有"沙漠王"之称号。由他倡导和开展的土地系统和土地资源结构功能研究，建立了我国土地系统研究的完整科学体系；他主持和编著中国第一项综合自然地理研究的土地研究成果。他提出综合自然地理研究的五个方向及具有深刻影响的中国综合自然区划方案；主编代表中国自然地理最高水平的自然地理丛书之总论及中国第一部系统的区域综合自然地理研究成果。他倡导地理综合研究方向，开拓了从环境、资源、人口、发展作为一个统一大系统的研究方向，将中国地理综合研究提高到一个新水平。

他是国际著名的地理学家，在国际上出版首部中国综合自然地理英文专著 *Physical Geography of China*，首部中国综合地理英文专著 *Geography of China*；他创办并主编第一份外资、国际发行的英文中国干旱区地理学术期刊 *Chinese Journal of Arid Land Research*，为将中国地理科学研究成果推向世界做出了杰出的贡献。

他是第一位以大陆杰出人士身份访问台湾的学者，他的海峡两岸科技文化交流之"破冰之旅"，将永载中华民族史册。

浙大（1938~1946）

左起施雅风、赵松乔、杨利普、蔡钟瑞

左起赵松乔、蔡钟瑞、施雅风、杨利普
遵义野外考察

浙大文学院史地研究所员工（前排右起第四人为张其昀所长，前排左一为赵松乔）

留美（*1946~1948*）

赵松乔野外实习（克拉克大学）

东北、西北野外实地考察

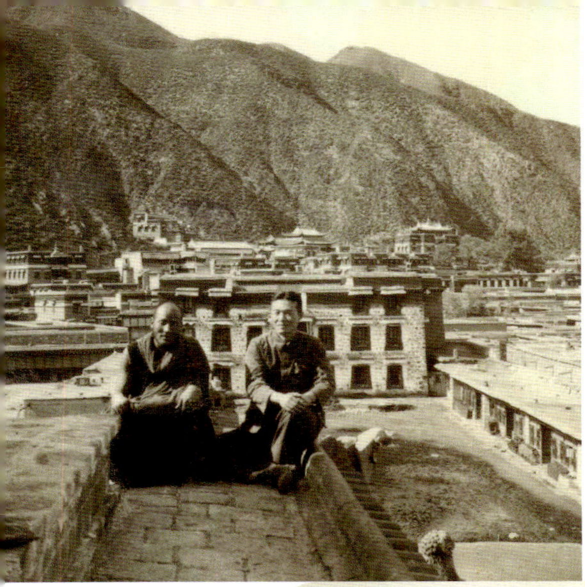

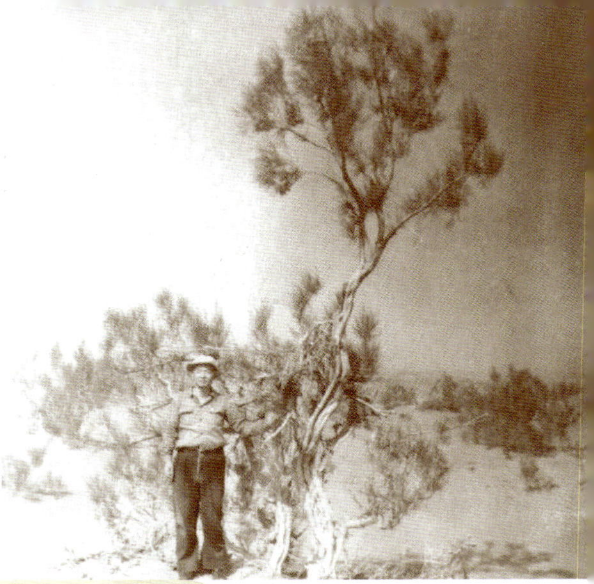

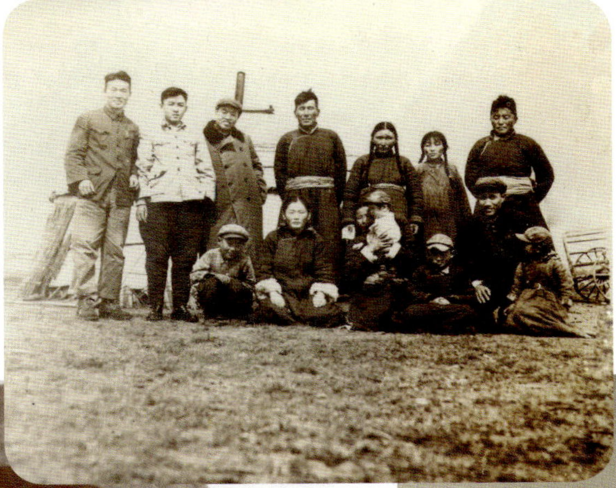

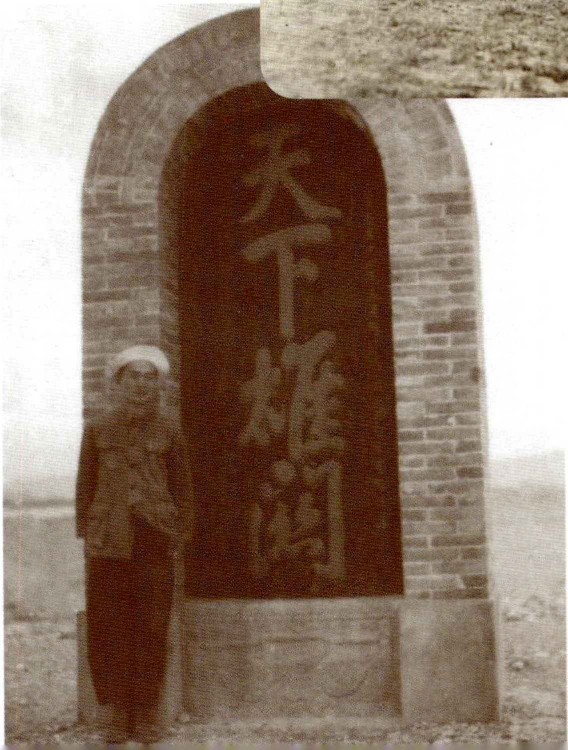
天下雄關

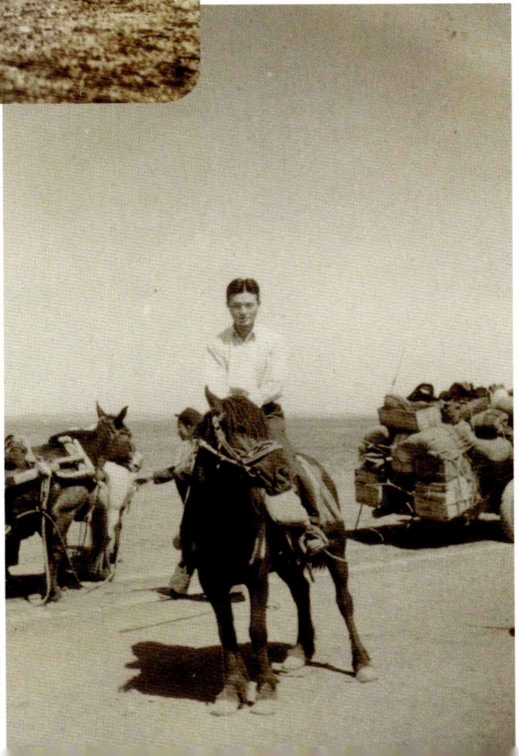

西北干旱区野外考察

塔里木河摆渡

博士生论文答辩

谦华翦影

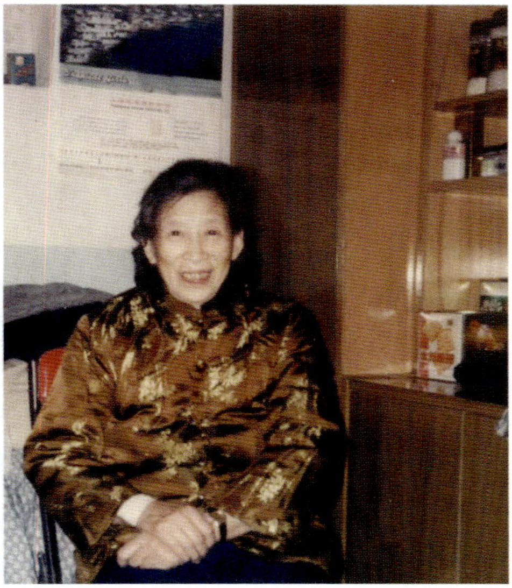
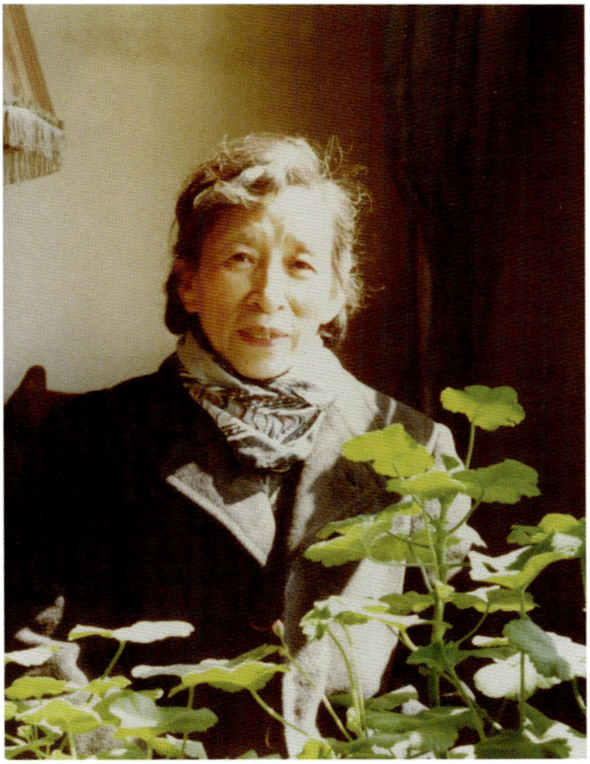
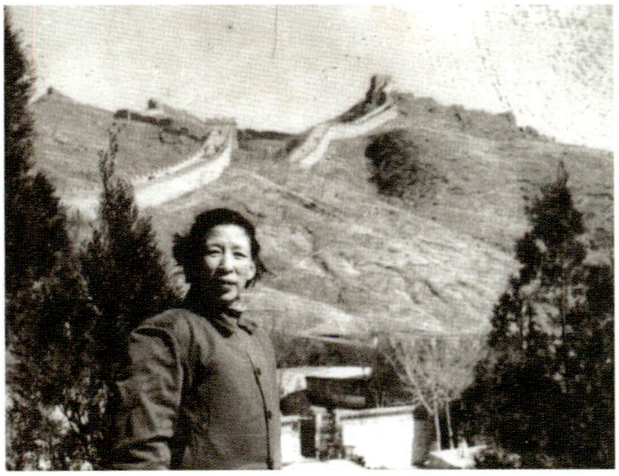
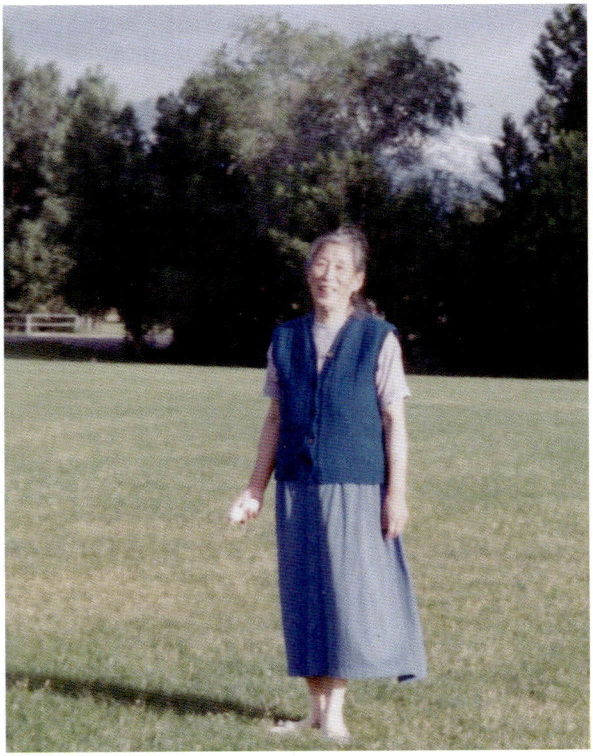
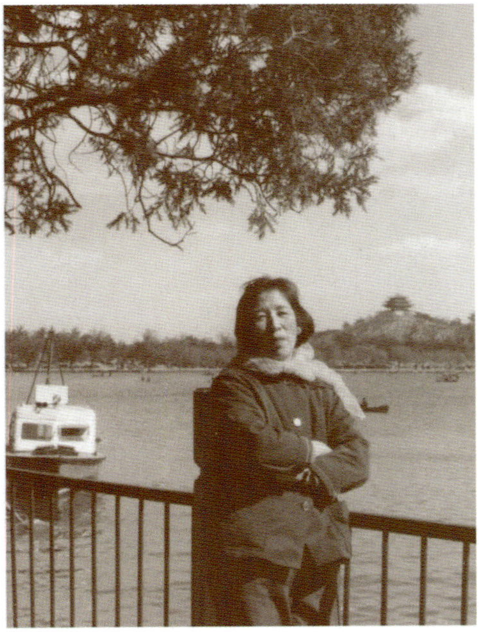

鹣鲽情深

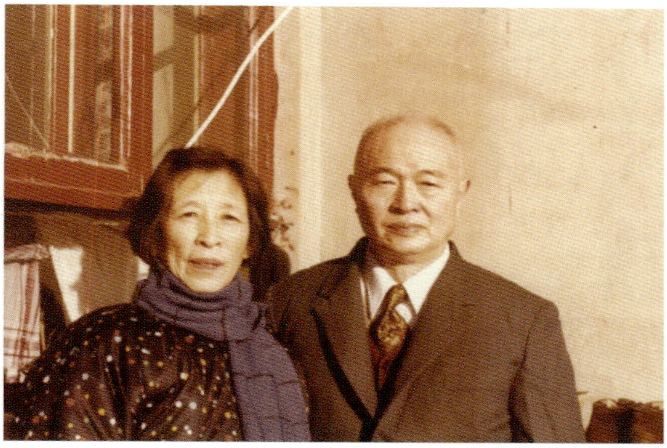
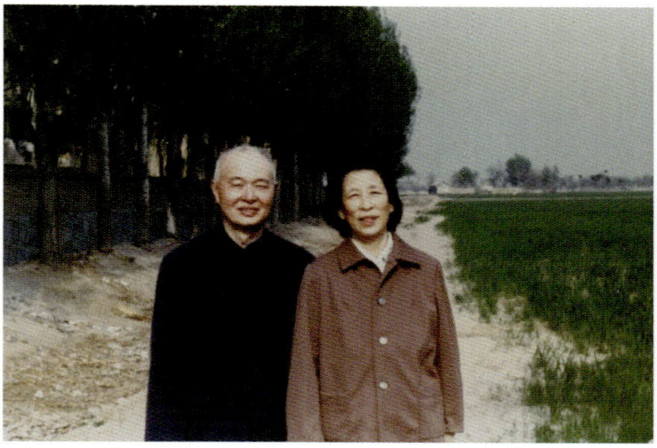
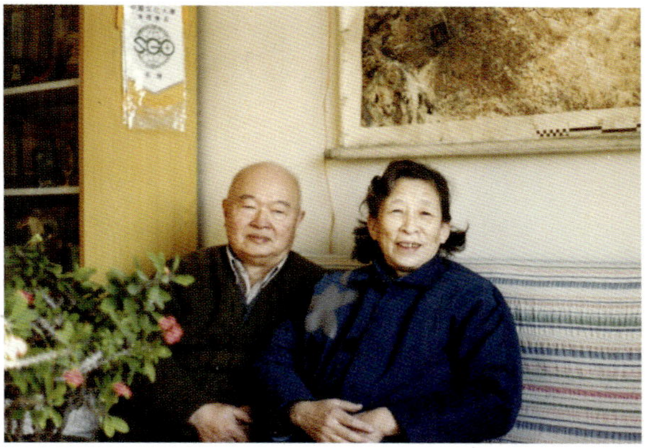
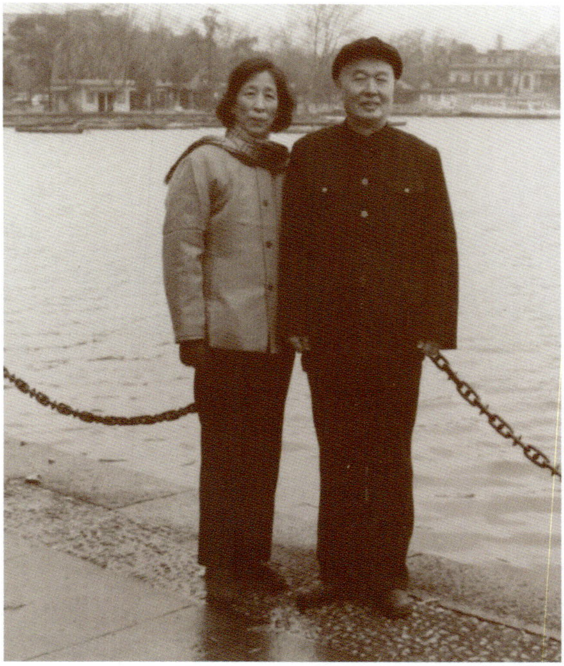
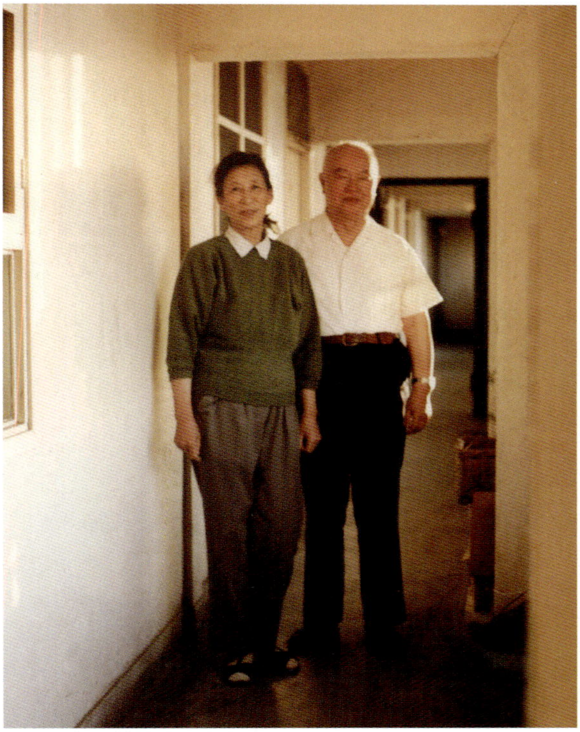
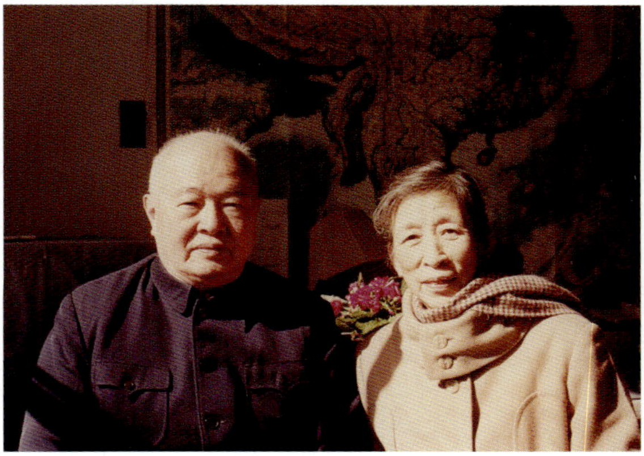

犹他大学校园

在盐湖城外孙女读书的高中校园

1991~1992 年在美国

黄石公园

大盐湖

购物中心

90年代在美国

高雄澄清湖

淡水河

台湾北端—石门

野柳岬

拜访联合报系王惕吾董事长合影

台湾访问行

在张其昀先生办公室

拜访张其昀夫人龚柏英和张董事长镜湖

在晓园拜谒张其昀先生墓

学术交流

与 Prof. McKell 在长城

与 Prof. Dregne 在兰州

1986年中国1：100万土地类型图编制研究总结与学术交流会议（前排左起第10人为赵松乔）

序 一

赵松乔先生生于1919年，青年时正值北伐战争结束，军阀割据，国事蜩螗。先生笃志向学，焚膏继晷，进入当时四大著名中学之一的"杭州高级中学"。日寇侵华之年，以状元的优异成绩考取浙江大学史地系，并获"黄膺白奖学金"。抗战时间，颠沛流离，以全校最优异的成绩完成学士与硕士学位。1946年，获美国国务院奖学金赴克拉克大学深造，两年即获得博士学位。归国后在母校任教。不久淮海之战，国民党溃败，共产党大军兵临长江。张其昀先生于1949年4月29日搭乘最后一班沪杭铁路火车离开杭州。赵先生感恩师之深情，亲往送行，骊歌愁绝。

中华人民共和国成立以后，赵先生服务于中国科学院，仍孜孜不倦，而足迹遍及华夏山河。1962年春，苏联专家仅根据两三个月的风沙移动观测资料，就认为"30年内鸣沙山和三危山将东移埋压莫高窟"，赵先生受命前往实地考察，以其跨学门之灼见，力驳其非。

赵先生厚重质直，豁达知命，虽曾箪瓢屡空而未尝嗟叹，1969年，下放至湖北潜江劳改，两年后始返回北京。虽迭遭困辱而坚韧不拔。

1980年，赵松乔先生赴美国首都华盛顿，当时我在夏威夷大学任教，闻讯后兼程往访。在华盛顿旅馆两人相遇，执手相看，泪眼竟无语凝噎。

1984年底，美国John Wiley & Sons 公司派专人至北京，请其撰写 Physical Goegraphy of China，1986年问世；又于1994年出版 Geography of China: Environment, Resources, Population and Development。两书弘纲巨旨，条分缕析，出版以后佳评如潮。1980年起，赵先生在美国多所大学讲演，内容丰硕，蜚声国际。

1988年，台湾开放中国大陆人士正式来访，但限于非共产党员及非九三学社会员，且在其专业领域成就居十名之内，符合此条件者极为难得，我有幸推荐，赵松乔先生遂成为第一位来台之大陆学者。

1989年，松乔先生于耄耋之年，仍远赴有"死亡之海"之称的塔克拉玛干沙漠考察，无惧于"云山万重兮归路遐，疾风千里兮扬尘沙"，其一生执着于研究，由此可见。

今其女公子为其述传，综其一生"风仪与秋月齐明，音徽与春云等润"，往事历历，情深意笃。而一代宗师，功绩昭彰，足以启迪后学，是为序。

台湾文化大学董事长

张镜湖 谨识

2013年12月

序 二

It is with great pleasure that I introduce this book about a great Chinese geographer, Prof. Zhao Songqiao. To him geography was not just a field of study, but a vast endeavor that requires constant and diligent inquiry. He conveyed the results of his investigations for the benefit of his colleagues and students, in addition to the general public.

I will always remember his leading a field visit by a delegation of scientists sponsored by the U. S. National Geographic Society. Our six-week journey took us across the arid lands of northwestern China. His explanations and discussions enriched the discourse and resulted in my better understanding of China's arid lands. They also resulted in popularizing aspects of China's geography in both the National Geographic and Explorer's Club magazines.

On his later trips to the U. S. , Prof. Zhao planned regular visits to the Center for Earth and Planetary Studies, which I directed at the National Air and Space Museum of the Smithsonian Institution in Washington, D. C. He was constantly interested in what we learned about the desert environment from satellite images. He asked questions and offered opinions as if he were a young student who was eager to learn about arid-land features large and small.

The most impressive aspect of Prof. Zhao's legacy was his deliberate efforts to convey scientific knowledge gained by his research to interested researchers abroad. He was singularly credited with conveying knowledge of Chinese deserts to interested scientists worldwide. In the process, he was able to strengthen joint research between Chinese and Western colleagues.

It is hoped that this volume would encourage young Chinese students to learn from the diligence and scientific integrity of Prof. Zhao Songqiao.

Farouk El-Baz

Director of the Center for Remote Sensing Boston University, Massachusetts

May 20, 2015

序 三

赵松乔先生是著名地理学家,他在美国克拉克大学获得理学博士学位后,于1948年回国。自1950年起他长期在中国科学院地理研究所工作,研究工作涉及人文地理、自然地理等领域。他的研究成果丰硕,尤其在中国综合自然区划、土地类型研究、干旱区研究、农业地理研究以及海内外学术交流等方面最为突出,为发展综合自然地理学理论以及服务于国家社会经济建设等作出了重大贡献。

我1958年从中山大学地理系毕业后,分配到中国科学院地理研究所,一直在自然地理研究室工作,和赵松乔先生有较多的接触和来往,一直得到他的指导和帮助。长期以来,我体会到赵先生勤奋学习、实事求是、融入实践、服务国家的人生观和不屈不挠、坚强正直的精神。

赵松乔先生的女儿赵旭沄女士花了三四年时间,几乎走遍了赵先生曾经生活、学习和工作过的地方,探访了相关单位以及赵先生的亲朋和同事,查找了竺可桢和张其昀两位老师的著述,编撰完成了《质朴坚毅——地理学家赵松乔》,力图更真实地还原赵先生的人生旅程,展现他辛勤耕耘、爱国敬业、服务社会的广阔胸怀以及淡薄名利、遇难不惧、坚强不屈的高贵品格。

在赵先生求学成才路上，我们看到他刻苦努力、发奋读书的步履，也体会到竺可桢、张其昀等学界先驱们的谆谆教导和悉心栽培。赵先生就是在浙大的求是精神中学习、成长，他的治学之道则得益于恩师张其昀先生的教诲，他铭刻在心的如：勤恳治学和工作，发扬"经世致用"精神，以科学教育救中国等；在地理学研究中则必须"读万卷书，行万里路"，重视自然和人文相结合，"空间"（地理学）和"时间"（历史学）密切结合，相互依存，相互促进等。赵先生非常重视结合实际，做到"学以致用"。他关于农业地理的研究，如1950~1960年对农牧交错带的考察研究，对黑龙江及毗邻地区农垦的调查研究等都密切结合实际，他关于农垦的建议大多被采纳。1962年初有人提出莫高窟"搬迁"的方案，赵先生受命带队前往实地考察，否定了该方案，为国家节省了大笔开支，并为敦煌地区防风固沙提供了科学依据。

赵先生一辈子虽经历了诸多磨难，但他却以坚忍不拔的个性，走过了坎坷的路段。1938年他就读于浙江大学史地系随校西迁，先后在广西宜山、贵州湄潭和遵义学习。因处抗战时期，生活艰苦，还要躲避日机空袭，在颠沛流离中度过8年时光，但他从未呻吟或怨叹。在"文化大革命"的十年浩劫中，赵先生首当其冲，被批斗、游街、劳改、住牛棚都在所难免。但他却坚强不屈、刚直不阿地对待。随后于1969~1971年被下放到湖北潜江"五七干校"劳动锻炼改造，经受了考验。十年动乱以后，赵先生保持着旺盛的进取精神，很快就组织开展全国土地类型图的编制，承担东北荒地考察调查等任务，大力推动了地理科学的发展。

赵先生十分重视国内外的学术交流。1963 年他翻译出版了美国地理学家哈特向(R. Hartshorn)的《地理学性质的透视》一书,是商务印书馆"汉译世界学术名著丛书"中第一本地理学名著,成为我国现代地理学者理论素养的源泉。

改革开放后赵先生于 1979 年在北京接待了首访的美国沙漠代表团成员,并陪同他们到西北干旱区考察调研,交流该区的实践经验和研究成果。他自 1979 年起到 1995 年多次出席国际学术会议,并应邀到美国、加拿大等国以及中国的香港、台湾等地区访问和讲学,促进了中国地理学走出国门与世界接轨。赵先生于 1986 年编撰出版了介绍中国自然地理的第一本英文专著 Physical Geography of China,第二本关于中国地理的英文专著 Geography of China：Environment, Resources, Population and Development 则于 1994 年出版。这两本著作内容丰硕,是让外国人了解中国的佳作,得到高度的评价和赞誉。

1989 年 6 月,赵先生应台湾文化大学等社会团体邀请访问台湾,成为 1949 年后大陆学者访问台湾的第一位科学家。他在台湾做了重要的学术报告和演讲,反响十分热烈,促进了海峡两岸的学术交流,对两岸科技人员的交流和了解起到积极的推动作用。

为纪念赵先生首访台湾的破冰之旅 25 周年,2014 年 8 月 11~12 日在台北举办"赵松乔博士访台文化交流 25 周年纪念"活动,以及《地理学家赵松乔》新书发布会。该书现由商务印书馆用简体字编印出版发行。受赵旭沄女士嘱托,我以学习心得代序,希望并相信通过这部生动表述、情意深切的赵先生传记,会让地学界更多的年轻后学从中得到启迪,了解一代宗师走过的坎坷历程和作出的卓越贡献,学习他为人的高贵品德和崇高风范。

中国科学院院士
中国科学院地理科学与资源研究所研究员
2015 年 7 月 20 日

序　四

　　赵旭沄女士历经数年，在研读了赵松乔先生的所有论著及相关文献，走遍了赵先生足迹所至的万水千山，访问了所有能够见到的赵先生的亲友、同事、同学和学生的基础上，完成了《质朴坚毅——地理学家赵松乔》一书。这是一部饱含儿女深情的人物传记，又是一部置身事外的当代中国地理学客观史记。2013年初春我在台湾文化大学讲学时就有幸拜读此书的手稿，这个大学是赵先生的恩师张其昀创办的，此时、此地读此稿，别有一番感慨。该校华冈出版部在2014年6月出版了此书的繁体字版，海外华人得以先睹为快。现在商务印书馆又出版其简体字版，使大陆读者也能方便地参阅，我以为是具有显著现实意义的。这部著作鲜活地展现了赵松乔先生的生平事迹，我从中读出的则是赵松乔的精神，而这种精神的传承和光大，正是其现实意义所在。

　　什么是赵松乔精神？"质朴坚毅"是其大端。赵先生的学术生涯，好比"冯唐易老，李广难封"，然而他"但问耕耘，不问收获"；"只争工作，不争职务；只争重担，不争荣誉"；终修得丰硕正果，乃至曾昭璇教授称他"国宝奇才我赵公"。赵先生人生和家庭也屡遭不幸，但他总能以顽强毅力和勃勃生机从容以对。黄秉维先生说："他给我印象最深的是,每次重大挫折以后,迅即恢复生机:在笔砚之间,勤勤不息。"赵先生不同凡响的勤勉、认真、执着和谦虚,在地理学界有口皆碑,他也常常以"学然后知不足,教然后知困"自勉。

赵松乔精神的另一大端当属科学精神,其一为"求是"精神,其二为"致用"精神。作为老浙大人,赵先生对"求是"的校训和竺可桢校长"只问是非,不问功利"的教导铭记于心,身体力行。这在赵先生《地理学性质的透视》"译者前记"里有精彩的体现:"地理学……在理论方法上及具体工作上还存在不少问题……我国许多地理工作者对这些问题知难而退,避而不谈。亦有少数地理工作者大胆下过结论,但终嫌资料欠缺,论据不足,'压服'的成分多,'说服'的成分少。所以,地理学界在方法论上依然呈现某些混乱的状态,还带有一点萎靡的情调。"赵先生在指出此书"值得一读"的同时,也批判了作者的"夜郎自大"。在20世纪50年代就提出的这些尖锐批判,今天看来还是那么地切中时弊。在"致用"方面,赵先生一直坚守从竺可桢和张其昀师传下来的浙东学派"经世致用"的精神,他的主要研究成果无不体现出这种取向。

赵松乔精神中值得地理学者们传承的还有"统一地理学"的精神。他早就在思索地理学中"自然地理与经济地理是否截然分开,系统地理和区域地理是否截然分开,探讨科学法则还是阐述个别事例"之类的问题。自己的研究也一直"'自然'和'人文'以及'空间'和'时间'能较好融会贯通"。专著 Geography of China: Environment, Resources, Population and Development; Physical Geography of China 和《中国自然地理(总论)》就是这种"统一地理学"精神的典范。赵先生一生立德、立功、立言,本书都有真实、生动的表述。我作为赵先生培养出来的第一个博士,感同身受,相信以上文字能代表所有赵门弟子的感怀:"先生不死,精神还在"。

我们也热切希望年轻的地理学者都来读读此书,吸取为人、为学的精神养料,是为序。

蔡运龙

2015 年 6 月 23 日于北京大学

目 录

序一
序二
序三
序四

第一篇　渊源·家世·姻缘情（1919～1938）

第一章　故乡与家世 ·················· 3
   1. 东阳县巍山镇 ·················· 3
   2. 北宋魏王赵匡美之后 ·················· 4

第二章　父亲赵宝卿 ·················· 7
   1. 宝卿和翠莪 ·················· 7
   2. 东阳中学第一届毕业生，民国后官考第一届县长 ·················· 8
   3. 开办律师事务所，任职国民政府司法部门 ·················· 9

第三章　赵氏三兄弟 ·················· 11
   1. 手足情深 ·················· 12
   2. 大弟——江南笛王赵松庭 ·················· 13
   3. 小弟——物理学教授、声学专家赵松龄 ·················· 15

第四章　鹣鲽姻缘情 ······ 18
1. 李品芳·李福简·李含英 ······ 18
2. 朱熹·朱一新·朱祖芬 ······ 19
3. 朱谦华 ······ 20

第二篇　浙东学子成材路（1931~1948）

第五章　东阳初级中学 ······ 25
第六章　杭州高级中学 ······ 27
1. 知识救国思想的启蒙 ······ 27
2. 防护团 ······ 28

第七章　浙江大学史地系 ······ 30
1. 黄膺白奖学金 ······ 31
2. 浙江大学校长竺可桢 ······ 32
3. 浙江大学史地系系主任张其昀 ······ 36
4. 抗战时期浙江大学校园生活 ······ 43

第八章　浙江大学史地学部 ······ 48
1. 导师张其昀：中国人文地理学开山大师 ······ 48
2. 《遵义新志》 ······ 51
3. 叶良辅教授与《瀚海盆地》 ······ 53
4. 学衡派与《思想与时代》 ······ 55
5. 妻子谦华万里寻夫到贵州 ······ 58

第九章　漂洋过海留学北美 ······ 61
1. 到美国去 ······ 61
2. 美国地理学研究重镇——克拉克大学 ······ 62
3. 盖伊·伯纳姆索引 ······ 64
4. 美国的留学生活 ······ 66

5. 加拿大的哈佛——麦吉尔大学 ······ 69

6. 归来 ······ 73

第三篇　风雨教学科研人生路（1949~1978）

第十章　留学归来 ······ 79

1. 年轻的教授 ······ 79

2. 暴风雨前的浙大 ······ 80

3. 浙大解聘 ······ 82

第十一章　金陵女子大学 ······ 86

1. 地理系系主任刘恩兰 ······ 87

2. "南京都市地理初步研究" ······ 88

第十二章　中国科学院地理研究所（南京）······ 90

1. 中国地理研究所 ······ 91

2. 老校长的邀请 ······ 92

3. 锻炼成一位真正的地理工作者 ······ 94

4. 农业地理 ······ 98

5. 外国地理 ······ 102

6. 中庸之道和好人政府 ······ 103

第十三章　中国科学院地理研究所（北京）······ 110

1. 搬迁北京 ······ 110

2. 《中国综合自然区划（草案）》 ······ 111

3. 治沙工作与"中间突破，两头开花" ······ 114

4. 敦煌不用搬迁 ······ 119

5. 地理学经典译著——《地理学性质的透视》 ······ 120

6. 北京地理研究所沙漠室与兰州冰川冻土沙漠研究所 ······ 125

第十四章　在劫难逃的"文化大革命" ………………………………… 129
    1. 首当其冲 ………………………………………………………… 129
    2. "牛棚"生活 …………………………………………………… 131
    3. 湖北潜江"五七干校" ………………………………………… 133
    4. 春寒乍暖时 ……………………………………………………… 135

第四篇　老骥伏枥，志在千里（1979～1995）

第十五章　走向学术生涯的高峰 ………………………………………… 141
    1. 中国综合自然地理研究 ………………………………………… 141
    2. 中国干旱区研究 ………………………………………………… 151
    3. 中国综合地理系统研究 ………………………………………… 161
    4. 但问耕耘，不问收获 …………………………………………… 165

第十六章　活跃在国际舞台上 …………………………………………… 172
    1. 接待美国国家地理学会沙漠代表团来访 ……………………… 172
    2. 再次走出国门 …………………………………………………… 175
    3. 国际学者专家对赵松乔的评价 ………………………………… 181
    4. 结识美国著名作家路易斯·拉莫尔（Louis L'Amour） ……… 190

第十七章　海峡两岸文化交流的破冰之旅 ……………………………… 193
    1. 台湾文化大学 …………………………………………………… 193
    2. 台湾文化大学董事长张镜湖博士 ……………………………… 195
    3. 第一位大陆访台学者 …………………………………………… 197
    4. "我看台湾" ……………………………………………………… 201

尾声

    1. 与妻子谦华在美国 ……………………………………………… 207

2. 惟将终夜长开眼,报答平生不展眉 ………………………… 211
3. 和女儿在美国的日子 ……………………………………… 213
4. 我还有很多计划 …………………………………………… 215

附录一　赵松乔主要生平活动年表 …………………………………… 221
附录二　赵松乔主要著作目录 ………………………………………… 230
附录三　赵松乔手稿(节选) …………………………………………… 250
附录四　赵松乔文稿(节选) …………………………………………… 256
附录五　缅怀赵松乔先生文稿(节选) ………………………………… 275

后记(台湾版) …………………………………………………………… 360
后记(大陆版) …………………………………………………………… 364

第一篇 渊源·家世·姻缘情（1919～1938）

赵松乔，出生于浙江东部山区农村，宋太祖赵匡胤之弟魏王赵匡美三十二世孙，自其父辈始为书香门第，与世代书香之家翰林大学士之后结为秦晋之好。

浙江省东阳市（原东阳县）巍山镇

第一章

故乡与家世

1. 东阳县巍山镇

东阳县地处浙江省中部，位于东阳江之南，金华山之东，故称之为东阳。地形以丘陵和盆地为主，属亚热带季风气候。东阳县建置于东汉献帝兴平二年（195），迄今已有1800多年。村落多聚族而居，多聚居于东阳江支流南北二江流域。东阳以技艺精湛，久负盛名的东阳木雕；细巧精美，典雅别致的东阳竹编；和清代朝廷贡品东阳火腿闻名于世。东阳文化朴茂，教育鼎盛，素有"勤耕苦读"之风。其民勤奋聪慧，人才辈出。

东阳城东60里是巍山镇，古称永寿乡。巍山镇背依巍山，面对笔架山，左右有白溪和渼沙溪从村边合流而过，是个有独特地方宗族文化、风土人情的地方。巍山本是座死火山，山上有火山喷发后形成的黑石林，传说是东晋葛洪炼丹处。明赵善政有诗云："直上崔嵬碧玉峰，飘飘仙侣语从容。双溪夹流镜还合，万井浮烟翠且重。"即是对巍山环境的写实。

巍山学风盛行，书院棋布，如环清轩、兴学堂、绿筠书院、林水斋、栗园和晚香居等。一村出17名进士的佳话流传至今。巍山的古建筑极多，历史悠久，规模庞大，以卢宅牌坊、李宅祠堂、巍山厅堂而闻名。建于明成化年间的理和堂，肥柱大梁，斗承拱接，雕梁画栋，照壁大门的砖雕精雕细刻，至今仍未变色；明嘉靖年间的三和堂，卷棚屋顶，秀丽圆润；清康熙年间的九如堂，雕琢华美，设计精巧。另有建于北宋的慧泰寺，明初的长安阁、马二殿的关羽庙台，均为市重点文物保护单位；而巨石文化遗址的石仓，为上古越人祭天的遗迹。

唐时在巍山镇东有茶市场，相传茶圣陆羽曾在此地品东白茶。清代，巍山街道店铺林立，行会众多。此外，巍山是东阳著名的丝竹之乡，也是婺剧的发源地。巍山坐唱班是正宗的苏昆。在悠久的历史长河中，巍山已形成其独特的文化形态，为中华文化增添绚丽的色彩。

2. 北宋魏王赵匡美之后

后周显德七年（960），禁卫军统帅赵匡胤发动陈桥兵变，黄袍加身，代周称帝，定都开封，建立了北宋，史称宋太祖。开宝九年（976），太祖崩，弟赵匡义即位，是为宋太宗。靖康之难（1127），徽、钦二宗被金所俘，北宋灭亡。徽宗第九子康王赵构于应天府（今河南商丘）即位，是为宋高宗，后定都临安（杭州），史称南宋。

魏王赵匡美画像　　魏王六世孙忠训郎公藻画像　　魏王十三世孙环清公画像

宋太祖次弟匡美（廷美）被封为魏王。魏王六世孙忠训郎公藻因随高宗南渡，高宗赐其邑于东阳，择居南关中兴寺北，为东阳赵氏始迁一世祖。

永乐元年（1403），魏王十三世孙环清公，自东阳潼塘迁居巍山，为巍山赵氏始迁祖[1]。

藻后裔以巍山一支为最盛，20世纪30年代，全镇皆为赵姓（2005年统计，约有人口7万），以家族组织严密著称。自环清公奠基巍山至今已600余年，子孙繁衍，人才辈出，明、清两代即有举人28人、进士18人。

1919年7月7日，赵松乔诞生于浙江省东阳县巍山三村太祖父赵德山所建的祖屋。赵德山是魏王二十九世孙，除勤耕作外，还经营小本布匹生意，积得些资金，建造了一栋极具东阳古建筑特色的房舍。房舍坐北朝南，为两层楼，有房间十余间，都饰有精美的木雕，西大门面向巍山镇主要街道十字街。典型的巍山厅堂位于一楼正中央，面向天井庭院，厅堂里放置着大盆株的兰花，庭院的花圃则四季灿烂绽放。院内有两口水缸，用来储存饮用水，厨房位于庭院的东南角。德山的子孙多出生于此。这座房舍迄今已百余年，现被定为名人故居而获保存。赵松乔在此居住了13年，度过他的童年和部分少年时光。

松乔在其自述中说："我诞生于浙江省东阳县的一个农村中，祖父是一个勤俭自守的农夫，父亲是一位由半工半读栽培出来的知识分子。我的故乡僻处万山丛中，到处显出硗确与贫穷，因此以刻苦耐劳、刚强坚毅著称于世。我的童年就在这个小天地中消逝，依靠着祖母的慈爱，故乡人物景色的亲切，浑浑噩噩间，颇自得其乐。"

注释

1. 浙江东阳修志理事会编，《东阳赵氏家谱》，2002年。

巍山镇十字街 5 号祖屋

第二章

父亲赵宝卿

1. 宝卿和翠莪

　　松乔家从种田人家转为书香之家，主要是其父赵宝卿的努力。1898年10月，赵宝卿出生于一个殷实的中农家庭。祖父赵德山育有二子——赵朱炎、赵树生。长子赵朱炎与妻徐素芬仅生赵宝卿一子，次子赵树生育有五子。赵宝卿虽无兄弟，却有众多的堂兄弟，共同生活在巍山祖屋里，日子过得小康兴旺。

父亲赵宝卿（后排右二）　　　　　　　母亲王翠莪

至宝卿成年，由父母作主，迎娶邻村王村岗王氏家族之女王翠荙。翠荙与宝卿同庚，家境也颇相同，来自富裕中农家庭，与台湾联合报系创办人王惕吾家为远房亲戚，其弟曾任浙东地区乡长。

翠荙是位典型的农村妇女，生性开朗、善良、勤俭，身体健壮，做事利落。因为赵宝卿常年在外，所以巍山老家屋里屋外一切大小事都靠她操持，不但要常年辛勤劳作自家农地的春耕秋收，而且还要每日操持婆家的事务。在她勤俭持家下，积攒了些钱扩建了巍山祖屋，受到公婆和宝卿的称赞。

2. 东阳中学第一届毕业生，民国后官考第一届县长

在穷乡僻壤的巍山，赵宝卿的幼年仅接受了私塾教育。1913 年，15 岁，入学新成立的东阳县初级中学（建于 1912 年）。校址在原来的"东阳官立高等小学堂"（前身是东白书院），首任校长是赵骥先生。东阳县中学是辛亥革命的产物，在革命浪潮的推动下，东阳中学以"苦教苦学"的学风来培养学生的新思想、新文化。1917 年 3 月，赵宝卿就在这完成了他的初级教育，成为东阳中学的第一届毕业生。尔后他的 3 个儿子也都在这所中学完成初级教育（赵松乔 1934 年 6 月，赵松庭 1939 年 7 月，赵松龄 1941 年 8 月）。

赵宝卿中学毕业后曾在东阳玉山担任蒙塾老师多年。每年年初肩负简单行李，长途跋涉，翻山越岭，到山区中的偏僻小镇教几个村童，过着艰苦生活；年底才带着微薄的积蓄回家。艰苦的生活磨炼了他的意志，激励了他奋发图强的决心。1920 年，考入浙江政法学堂，毕业后回母校东阳中学执教。1926 年，考取北京官办的司法培训班，结业后获得律师资格。1928 年，国民政府举办第一届县长考试，赵宝卿报考并获录取。经短期培训后，外放至金华地区汤溪县担任县长，成为民国以来首批考试出身的县长之一。

3. 开办律师事务所，任职国民政府司法部门

　　1930年，卸任县长职后，赵宝卿回东阳吴宁镇开办律师事务所，因赢得多场诉讼，在东阳颇有知名度。赵宝卿以事务所经营所得，在上市头陈家塘附近建造了一座花园小洋房，称"小园居"，自号为"小园居士"，并将妻小从巍山老家接来定居，以后三兄弟都在这里上学。

　　1934年，宝卿放弃了律师职业，进入国民政府司法部门任职。1935年，被聘为浙江海宁地方法院检察官；1936~1942年，先后任绍兴、金华地方法院推事。

小园居（现东阳市仓后街20号）

　　1937年，日本全面侵华战争起，杭州、嘉兴、湖州、绍兴等地相继沦陷。1940年底，日军在浙江宁波、义乌、衢州、江山，及湖南常德等地投放细菌弹，造成各地鼠疫、伤寒大流行，百姓死亡不计其数。1942年春，东阳沦陷。日军烧杀掳掠，无恶不作，民众深受其害。尤以日军重兵驻扎地巍山、潼塘受创最重。日军投放的炸弹、硫黄弹和细菌弹炸毁大量民房，村

民死伤无数。同时，日军又大举进犯衢州，金华首当其冲。时金华地方法院已迁至郊区，突受日军袭击，院长等多人惨遭杀害。宝卿及少数同仁因分散转移至别处，幸免于难。此后曾任浙江省高等法院推事，浙江义乌、长兴和海宁地方法院院长。1949年春，被任命为河南省高等法院信阳地区分院院长，但因时局关系未能到任，于是辞职回东阳故里。

赵宝卿之能成为民国首批考试出身的县长，完全是靠自己的刻苦耐劳、艰苦奋斗精神成就的，并未依靠任何背景。这种精神对儿子们的成长影响很大。

1949年，中华人民共和国成立，第二年，赵宝卿离开东阳到上海找工作。1954年，因其曾任国民政府官职，被关入上海市提篮桥监狱3年。1957年，刑期期满后，回到巍山故居。1968年，病逝于巍山祖屋。"小园居"则于20世纪50年代归为国有。

第三章

赵氏三兄弟

赵松龄（左）赵松乔（中）赵松庭（右）

1. 手足情深

　　赵宝卿和王翠莪育有三子，老大赵松乔，老二赵松庭（1924~2001），小弟赵松龄（1927~2015）。在巍山万山丛中，三兄弟于浓厚的浙东风土人情中成长。父亲经年在外忙于生计，母亲则每日忙于耕作和操持家务，三兄弟都是自我管理。1930年，全家于东阳团聚后，松乔即入读东阳中学，松庭、松龄则先后就读小学。据小弟松龄回忆，当时三兄弟经常一起活动，大哥松乔总是担起兄长的责任，带领弟弟读书看报，锻炼身体及嬉戏。三兄弟每天都按作息时间表活动，且活动都有一定的规定，甚至细微到离开书桌时椅子也必须归位，如没有做到，大哥就责令重做，完成后才能进行下一项事情。他和二哥听大哥的话比听父母的话还认真。

　　三兄弟长大后各自成家，虽然居住在不同的城市，工作在不同的领域，但是无论社会如何变迁，环境如何变化，仍相互往来，相互关照。1952年，大哥松乔得了严重的肺结核病，急需刚上市的新药链霉素。松乔夫人谦华问遍南京药房，都无法买到，电报求助在上海同济大学任教的小弟松龄。松龄接获电报后，当即请假买得链霉素，坐火车从上海赶到南京，救大哥于病危之际。老二松庭是中国笛子艺术大师，几十年来不仅登台演出，而且还潜心研究笛子音准原理和开拓笛子音域。小弟松龄是同济大学物理系研究声学的教授，两人曾共同合作研究，联名撰写论文"同管双笛——本征频率的理论分析"[1]、"同管双笛雁飞篪"[2,3]，发表于《声学学报》和《乐器》期刊上。1989年6月，赵松乔应邀访问台湾，是大陆第一位赴台访问的学者，同时也将大弟松庭在音乐方面的成就介绍到台湾，并促成多次的访问，对台湾民众对笛子的了解及推动两岸民族音乐的交流，有极大的影响。

　　1949年底，巍山镇开始了土改运动。祖父赵朱炎因畏惧而自杀身亡，祖母徐素芬在丈夫死后，希望有儿孙相伴生活。而当时老大赵松乔在南京科学院地理所工作，老三赵松龄在上海同济大学任教，于是在就近工作的二弟赵松庭一家就负责照顾年迈的祖母和父母亲，极尽孝道，直到三老先后过世。在北京的长兄松乔、上海的小弟松龄则相继寄薪水供养，从未间断。松乔也常常接母亲到北京小住。松庭、松龄每次出差来北京，也总去探望大哥并叙谈。赵家三兄弟历经社会暴风骤雨的千锤百炼，都成为各自领域中的精英，社会的栋梁。

2. 大弟——江南笛王赵松庭

赵松庭

20世纪80年代，赵松庭（左）到北京探望赵松乔

中国民族管弦乐学会曾赞誉赵松庭："被公认为南派代表人物之一，是他开创了'刚柔并济，南北交融'的浙派风格。……在竹笛艺术的演奏、创作、教学、著述、科研等诸多方面，赵先生都取得了卓越的成就，为我国民族音乐事业的普及、提高和发展，作出了杰出的贡献。"[4]

赵松庭自幼热爱艺术，特别是笛子和浙江地区的婺剧、昆曲。八九岁在小学念书时就喜爱笛子。在父亲指点下，开始学吹笛。中学时，他已能吹奏家乡地方戏曲的基调。在完成中学和高师教育后，曾担任东阳中学和缙云师范的音乐老师；1947 年，应父命，考入上海法学院攻读法律，希望能继承父业。1949 年春，以第一名成绩考入部队文工团，随团去朝鲜战场慰问演出。1954 年，因负伤回国治疗，伤愈后到地方工作，不久创作了著名笛曲《早晨》，为他日后在中国民族音乐界奠定了基础。1955 年，进入东阳婺剧团、浙江省民间歌舞团，并在上海音乐学院兼课。1956 年，赵松庭在北京举行的首届全国音乐周中，以精湛的笛艺而声誉鹊起，周恩来亲自邀请他到家里做客，并指定出席次年的莫斯科世界青年联欢节。在莫斯科，他的演奏震惊了与会代表们，惊叹道："这个中国人一根笛子就顶一个交响乐队。"1957 年，在反右运动中，赵松庭被指控"企图以笛子指挥党"，被打成右派，并被送到农村劳动。1962 年，在周恩来的关怀下，回到浙江民间歌舞团，但随后的"文革"十年浩劫，赵松庭受到了更大的冲击，表演的权利完全被剥夺。在这人生最困难的时期，他并没有放弃对艺术的追求，转而从事对笛子的科技研究。在弟弟声学专家赵松龄的协助下，对笛子的频率计算与应用，及温度与音准问题等进行研究。同时为了培养新一代的笛子演奏家，他不畏艰难为慕名而来的学生教授笛艺。他著书论说，培育英才，创经典曲目，制新型笛管。编创的著名笛曲有《早晨》、《三五七》、《二凡》、《西皮花板》、《鹧鸪飞》、《婺江风光》、《采茶忙》、《幽兰逢春》等 10 余首。这些曲目不但被选为教材，且广为流传，成为中国乐坛艺术的瑰宝。他首创循环换气法及特殊强弱控制法，还研制发明排笛、L 型低音大笛、弯管笛和同管双笛等，开阔了笛子演奏的音域和表现力。赵松庭将研究写成论文，如"竹笛源流"、"横笛的频率计算与应用"[5]、"温度与乐器音准问题"[6]、"低音笛及 L 型笛"、"中国笛子艺术的继承和发展"、"同管双笛"等，皆发表于专业杂志上。专著则有《赵松庭笛曲精选》、《笛子教程音像带十讲》、《赵松庭的笛子》、《竹笛演奏技巧广播讲座》、《笛艺春秋》等，对中国和世界的笛子艺术工作者产生导航的作用。赵松庭以其科学理论研究和精湛吹奏技术，培育出许多一流的笛子演奏家和教育家，其中有不少人在海内外享有盛名。

赵松庭曾任浙江艺术学校校长、中国音乐学院专业教师、国家一级演奏员、浙江省音乐家协会主席、浙江省民族管弦乐学会会长、中国民族管弦乐学会副会长、中国文化部科技司专家组成员。

赵松庭生前喜云："笛，涤也，所以涤邪秽，纳之雅正也。"（东汉·应劭《风俗通义》）这也正是他一生的写照。

3. 小弟——物理学教授、声学专家赵松龄

《中国科学技术专家传略·理学编·物理学卷3》中有关于赵松龄的记载："物理教育家、声学专家，长期在高校从事声学教育工作，为筹建同济大学物理专业作出了巨大贡献。在噪声控制领域内，对吸声理论、隔声结构及管道中声传播理论等方面有较深入、系统的研究。著有《噪声的降低与隔离》一书。"[7]

赵松龄

赵松龄科学论文集

20世纪70年代，赵松龄（右）到北京探望赵松乔

赵松龄的求学生涯是在抗日战争与国共战争中度过的。读初中时，正值日本侵略中国，东阳地处战争前沿，为躲避敌机的狂轰滥炸，东阳中学曾多次迁移，虽物资短缺，仍学习不辍。1943年秋，赵松龄入读已内迁至盘安县的宁波中学高中部。在校长赵仲苏的带领下，学生们得以在相对安定的环境中完成学业。1947年，赵松龄在战火中考入浙江大学物理系。

1951年，赵松龄大学毕业，至上海同济大学物理系任教。在此后的50多年岁月，他耕耘于高等教育的教学和科研，为筹建同济大学物理系、声学研究所奉献心力。曾任同济大学科研处处长、物理系主任、声学研究所所长。先后指导了24位硕、博士生。曾编写《物理学》（上海科学技术出版社，1959、1962）、《基础物理》（上海人民出版社，1973、1975）等教科书，和专著《噪声的降低与隔离》[8] 反映了20世纪80年代中国在噪声控制学科的高学术水准。在专业杂志上发表了85篇论文，其中"声波在纤维性吸声材料中的传播"（《声学学报》，1979），是其在吸声理论研究领域的代表作；"同济大学对阻性消声管道研究的进展"（《同济大学学报》，1987），则获得上海市科技进步奖。1992年，国务院表彰他在中国高等教育方面的杰出贡献，并颁发证书。

注释

1. 赵松龄、赵松庭："同管双笛——本征频率的理论分析"，《声学学报》，1994年第5期，332~336页。

2. 赵松庭、赵松龄："同管双笛雁飞簏"，《乐器》，2001年第7期，78~79页。

3. 赵松庭、赵松龄："同管双笛雁飞簏"（续），《乐器》，2001年第8期，84~85页。

4. 赵晓笛主编：《笛艺春秋》，北京，人民音乐出版社，2011年。

5. 赵松庭："横笛的频率计算与应用"，《乐器科技简讯》，1973年第2期。

6. 赵松庭："温度与乐器音准问题"，《乐器》，1978年第1期。

7. 中国科学技术学会编：《中国科学技术专家传略》（理学编·物理学卷3），北京，中国科学技术出版社，2006年。

8. 赵松龄：《噪声的降低与隔离》，上海，同济大学出版社，1985年。

第四章

鹣鲽姻缘情

松乔在东阳初级中学读书时，因相貌英俊，聪慧勤奋，且每门功课都名列前茅，引起东阳县城女子小学校长李含英女士的注意，她时时关注其成长，并产生了将自己的独生女朱谦华许配给他的念头。

1. 李品芳·李福简·李含英

李含英出生于书香门第，祖上数代都是庠生（秀才）或监生。祖父李品芳（1799~1881，字增美，号春皋，晚号澹翁），东阳城东花园里人，5岁时即能朗诵王勃的《滕王阁序》，读书一目数行。14岁为庠生，18岁为廪生，道光三年（1823）登进士第，钦赐庶吉士。道光六年（1826），授翰林院编修，道光十九年（1839），为内阁学士，屡任阅卷大臣。光绪五年（1879），授光禄大夫。

李品芳虽宦途顺利，但目睹朝政日非，与权相多有龃龉。于道光二十三年（1843）以父逝母病为由，急流勇退，辞官回故里。从此蛰

李含英

居 38 年，热心公益，造福桑梓，被称为"八婺完人"。

李品芳故居

李品芳手迹

李含英的父亲李福简（1855~1901），为李品芳的幼子，清光绪二十四年（1898）进士，为翰林院庶吉士。李品芳和李福简"父子翰林"，传为佳话。东阳北十字街南口曾立有旌表其父子的"父子翰林坊"。

2. 朱熹·朱一新·朱祖芬

李含英成长于中国文化丰厚的环境中，长大后成为乡里有名的才女。曾担任东阳县城第一所女子学堂校长[1]，乡里尊称为"李先生"，在重男轻女的时代实属罕见。李含英后嫁给义乌朱店村的朱祖芬，朱祖芬的祖父是清末知名学者朱一新。朱一新（1846~1894，字蓉生，号鼎甫），南宋朱熹二十七世孙，5 岁即从师学读《中庸》、《论语》。清光绪二年（1876），朱一新与弟朱怀新同科中进士，授朱一新为翰林院庶吉士，次年为翰林院编修，光绪十一年（1885）冬，任陕西道监察御使。朱一新胸襟坦荡，刚正不阿，百姓称"真御使"，后因上书参劾宦官李莲英，触怒慈禧太后而遭降职，愤而辞官回归故里。后经两广总督张之洞之邀，为广东肇庆端溪书院主讲，及广州广雅书院（中山大学前身）山长（校长）。其人学贯中西，博古通今，在晚清学术界有"晚清鸿儒"、"直臣名师"之称[2]。

朱一新故居

朱一新纪念馆

3. 朱谦华

　　李含英育有一女三子，独女朱谦华（学名朱晓岫），聪慧秀丽，自幼习古诗词，写得一手好字，在当时追求者众。东阳与义乌二地相邻，赵、朱两家常有往来，故松乔和谦华自幼即相识。当松乔至婚龄时，母亲问其意向，他立即从众多的照片中选出了谦华，这也正合李含英的心意，当即应允。

　　1937年，赵松乔从杭州高级中学毕业。因日寇的进犯，全国高考暂停，只好回巍山老家等待来年再考。1938年5月，时赵松乔19岁，与17岁的朱谦华成亲。婚礼是在巍山祖屋正中厅堂举行。因松乔和谦华受到新文化、新潮流影响，坚持举办文明婚礼，由主婚人主持仪式，男女双方由各自傧相陪伴。因两家是书香官宦背景，婚礼办得十分隆重热闹。当年见过此场景的老人，还记得朱家的嫁妆挑担挤满街巷的热闹情形。这对郎才女貌的新人，从此开始了他们半个多世纪同舟共济、甘苦相随、相濡以沫的人生。

注释

1. 吴立梅:"清末民国时期东阳城区的教育",见东阳市政协文史资料工作委员会编:《东阳文史资料选辑》,第30辑,2011年。
2. 赵尔巽主编:《清史稿》卷445,"朱一新传"。

第二篇 浙东学子成材路（1931～1948）

大学之道，在明明德，在亲民，在止于至善。（《大学》）

博学之，审问之，慎思之，明辨之，笃行之。（《中庸》）

仁、义、礼、智、信。（儒家五常）

承东西之道统，集中外之精华。（张其昀）

赵松乔在浙东一流中学完成他的初级教育，在抗日战争颠沛流离中完成其高级教育。抗日战争结束，留学美国，一九四八年获得博士学位。在他的求学成材道路上，既可以看到其刻苦奋斗的步履，又能感受到学界先驱们对其教育和栽培的用心。他的成就，既为个人奋斗的硕果，更有传承前辈学者的优良学风与发扬光大传诸后世的贡献。

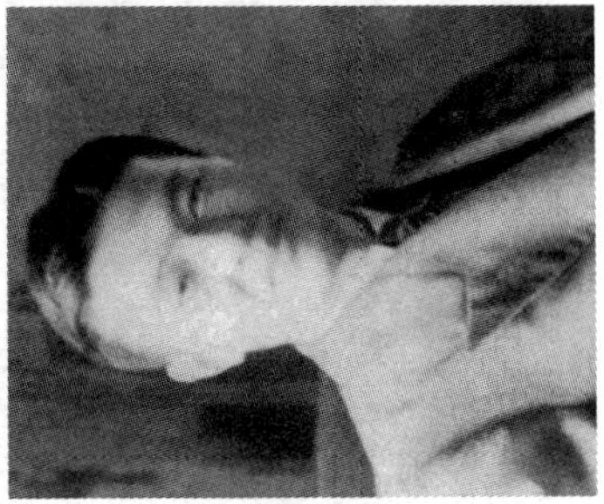

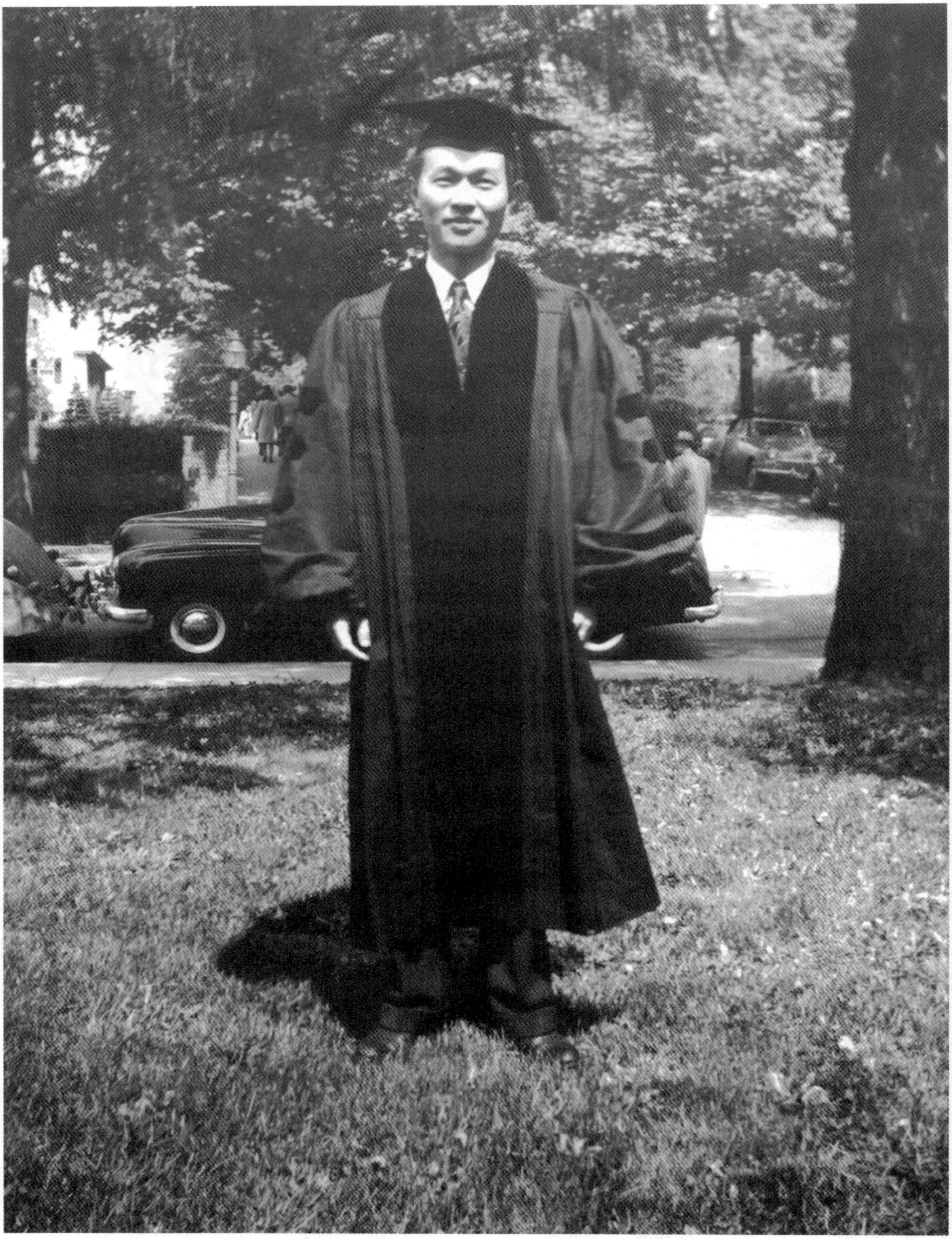

第五章

东阳初级中学

　　1931年，赵松乔12岁，其父宝卿卸任汤溪县县长职务，回东阳县，在县城开设了律师事务所。因此全家从巍山老家搬到东阳县城小园居内。其父让他到自己曾就读并任教过的母校——东阳县立初级中学上学，因为这所中学是辛亥革命的产物，深受新文化、新精神、新思潮影响，以爱国、民主、求真和务实的精神，为社会培养许多人才。中国第一位荣获法国国家物理学博士严济慈，浙江大学校长办公室主任秘书诸葛麒教授等，都是东中早期的毕业生。松乔从乡下初来乍到县城，一切都觉得十分新奇，一如所有青少年，十分贪玩，不认真学习，经常在县城游荡，一年下来，学习成绩平平。一天他从外嬉戏回家，听到父亲正在屋里责备母亲没有管教好孩子，过一会儿母亲含泪来到他屋里劝告他要以父亲为榜样，努力学习，为自己争气。望着伤心的母亲，赵松乔感到十分羞愧，下定决心痛改前非，开始努力发愤读书。从此成绩突飞猛进，为弟弟和同学们立下好榜样。1934年，赵松乔15岁，初中毕业，以高分考入当时享誉全国的"江浙四大名中"之一——浙江省杭州高级中学（简称杭高），其他三校是扬州高中、上海中学和苏州高中。1934年秋，他离家搬进杭高学生宿舍，开始了他的独立求学之路。

第六章

杭州高级中学

1. 知识救国思想的启蒙

　　杭高的前身是养正书塾和浙江官立两级师范学堂。养正书塾是 1899 年由清杭州知府林启在大方伯圆通寺创办的浙江省第一所官立普通中学，两级师范学堂则是 1906 年至 1908 年于浙江贡院旧址改建而成。在五四运动时期，杭高成为浙江新文化运动的中心。1917 年，曾爆发震惊全国的"一师风潮"。浙江最早的新文学团体晨光社和湖畔诗社也诞生于此。许多大师都曾执教于此，如经亨颐、李叔同、夏丏尊、陈望道、马叙伦、鲁迅、蒋梦麟等。杭高以"以人为本，与时俱进"为教育理念，在优美的校园中有丰富的人文景观，齐全的教学设备，强大的师资阵容，培育出许多骨干精英，其中不乏科技文化领域的卓越人才，如姜立夫、陈建功、徐志摩、郁达夫、丰子恺、潘天寿等。正如杭高校歌云："人文蔚钱塘，多士跻跄趋一堂。学共商，道分扬，进德修业之梯航。树人树木堪同况，翠柏夹道兮永相望，励我学术拓我荒，愿与世界相颉颃，黾勉

亀勉期勿忘，发扬三民主义为国光。"在此，赵松乔如鱼得水，贪婪地吸吮着传统文化和与时俱进的新文化，他的体魄、知识和道德品质，就如校园中的翠柏迅速地茁壮成长。

据他杭高旧时同学的回忆，在松乔宿舍的床边贴着一张纸条，上面写着："要想找我，请在晚上十一点半钟，其他时间概无空闲。"吴恕三是松乔杭高的同学，他说：松乔是浙江东阳人，这地方有三大名声：一是盛产金华火腿，二是人才辈出，三是民风艰苦朴素。平时常以此赞誉松乔的才学与苦读精神，这也是老师喜爱、同学佩服他之处。

松乔在他的自传中叙述当时的学习与生活景况："1934 年夏，考入杭州高级中学，……身体充分发育了，团体生活习惯了，知识也逐渐开展了。那个时期，对国家的危难，人民的疾苦，已渐有所感。不过最强的情绪，还是发狂似的求知欲与虚荣的要强心理。凭借着少年特有的健康，每天得读书 14 小时左右，星期天及寒暑假是很少不照常工作的。有一事不知，一理未明，必夜以继晷，穷问到底；考试时，如有一门功课屈居第二，也必快快不乐。自己一副'书痴'的气质，已经开始萌芽了。"如此这般地苦学，为他日后的求学打下了坚实的基础。

2. 防护团

自 1931 年"九一八事变"之后，日寇的侵略行动日益加剧，激发了全中国人民，尤其是青年学生们的爱国情绪。松乔当时对国家的危难、人民的疾苦已开始有了更深刻的体会。当时中学的政治教育是在国民党政府直接领导下进行的，杭高的历史背景和名气，使当局尤其重视对该校的管理及领导。学生在一年级入学时，要接受为期3个月的军事训练。当时的训育主任是奉化人，他对推行国民党政府的政策，尤其认真严厉。学校组织了"防护团"，学生们被分组，不但加强体能锻炼，还要学习特别技术，如炸药和枪支的使用，汽车驾驶训练等。赵松乔和同学们的情绪十分高涨，他被指派为训练小组组长。在当时的训练下，松乔在自己的床头张贴着拿破仑的画像，想以拿破仑的英雄气概保卫中华，把日寇赶出中国。据他后来回忆，在学习炸药爆破技术时，他曾想设计一种特殊的装置，以对付日军的地雷，因而曾有毕业后报考清华大学化学工程系的念头。

在现今的杭高校史馆展览厅中，陈列着一本浙江省杭州高级中学民国二十五年级的纪念册。内有当年普通科秋季二年级三班赵松乔与同学的照片，其中有后来从军救国，来台后曾担任台北市阳明山管理局局长的金仲原，及日后成为工程师的张泽圭和地理学家的杨立普。正如当年教务主任在纪念册作序所述："期于日新又新，以道义相砥砺，于事业相观摩，岁寒可知松柏，板荡乃识忠贞。"

1937年，赵松乔18岁，以优异的成绩从杭州高级中学毕业。

1949年，国共政权移转后，"防护团"被定性为国民党的军统外围组织。赵松乔积极参与的背景被一再审查追究，直至"文化大革命"之后。

第七章

浙江大学史地系

1937年，赵松乔从杭州高级中学毕业，原打算北上报考清华大学，但因"七七事变"爆发，日本全面侵华，全国高考被迫暂停，他只得回巍山老家。在这失学的一年中，他在家乡参加巍山"假期回乡学生战时服务团"的救亡运动，奔走于城乡之间宣传抗日救国，亲身体验到中国农村的凄惨情况。少时挚友被炸死，躯体破碎；乡亲们无一日安宁，悲愤的情绪充满心头。他曾写道："我情不自禁地发下了平生第一誓，誓对日帝永远仇恨和报仇！"

在当时，杭高的同学毕业后，有的想"从军救国"，报考军校；有的想"从商救国"，加入金融业；有的则想"科学救国"，等待入大学的机会，赵松乔即属之。1938年初夏，他得知浙江大学史地系设有"黄膺白奖学金"，名额一名，这对当时刚结婚的赵松乔很具吸引力。因为浙江大学当时虽已从杭州迁到江西泰和，但比北方的清华大学离家近些，况且如获奖学金还可以解决读书的费用，于是他赶到江西泰和去应试，结果以入学考试第一名的成绩考入浙大史地系，并获得黄膺白奖学金。在竺可桢校长1938年9月8日的日记中，记有赵松乔当时的考试成绩："总分最多为赵松乔，东阳人，杭高毕业，考浙大史地，565分。"从此，浙东学子赵松乔开始了他"科学救国"的梦想。

1. 黄膺白奖学金

黄郛（原名绍麟，字膺白），1880年生于浙江绍兴上虞百官镇。早年留学日本7年，1905年，加入同盟会，后参加辛亥革命，并辅佐孙中山先生建立中华民国。北洋政府时期曾任教育总长、代理内阁总理摄行总统职权；国民政府时期曾任上海特别市市长和外交部部长。1928年，黄郛辞去外交部长一职，与夫人到莫干山隐居了5年，在此期间，他们兴办了莫干山小学，并经营当地的公益设施。1933年，黄郛被委任为"行政院驻北平政务整理委员会"委员长。1935年，他托病再次隐居莫干山。1936年12月6日，病逝于上海，得年57岁。蒋介石为表彰和感念黄膺白先生对创建中华民国的贡献，及鞠躬尽瘁地扶持国民政府的功绩，特赠送一笔款项给黄膺白夫人沈亦云女士作为治丧费用，沈亦云女士当即决定以此款项设立"黄膺白奖学金"。当时有3所高等学校获此奖学金，有浙江大学史地系、中央大学航空工程学系、武汉大学哲学系。在沈亦云女士撰写的《亦云回忆》中，曾提及她有意帮助中国的史地教育："'……倘有机会教书，愿从史地二门激发下一代的爱国心。……史地二门钟点既少，青年不感兴趣，时空的观念模糊，对事看不准确。有甚么方法对此有点贡献，我极愿为。'这一席话成了我们（黄膺白与夫人）最后一次的'各言尔志'，膺白已没有机会再拼其一命，剩我一人，循此心愿摸索，抗战八年岁月，我战战兢兢依着这条路走。"[1] 当时在中国的高校中仅有浙江大学将史学和地学合为史地系，这恐是浙大史地系获此奖学金的主要原因；另一原因则是黄夫人与浙大校长地学家竺可桢相识之故。

求是书院

2. 浙江大学校长竺可桢

　　浙江大学的前身是求是书院，求是书院是中国人自己创办最早的几所新式高等学堂之一。清光绪二十年（1894），中日甲午战争爆发，满清政府战败，北洋舰队全军覆没，光绪二十一年（1895），满清政府被迫与日本签订"马关条约"，朝野震撼。有识之士深感国家除政治、军事的改革之外，传统教育制度亦待改进，于是一批以新学为旨的书院应运而生。

　　求是书院是继天津北洋西学学堂（天津大学前身）、上海南洋公学（上海交通大学前身），1897年由浙江巡抚廖寿丰、杭州知府林启等人创立的。自1901年起，几经改名，为求是大学堂、浙江大学堂、浙江高等学校、国立第三中山大学，至1928年，始名为国立浙江大学。1928～1936年的早期浙江大学，体制上是求是书院到高等学堂的办学延续，"求是"传统得以继承和发展。蒋梦麟、邵裴子、程天放、郭任远先后担任校长。学校在教学、科研、实验等方面取得了初步成效，但也经历了动荡和挫折[2]。1935年12

月9日，北平学生举行了抗日救国示威游行，浙大学生也在12月10日响应，并于次日发动近万人的抗日示威游行。当时校长郭任远听从国民党旨意逮捕学生。此举导致了浙大学生的罢课及"驱郭运动"，学生们要求教育部另派人继任。蒋介石在陈布雷等人的推荐下，同意竺可桢出任浙大校长。竺可桢先生时任中央研究院气象研究所所长，不愿意离开他所喜爱的气象科学研究工作，且不屑烦琐的行政工作，犹疑难决。后经夫人张侠魂、学生胡焕庸和张其昀等的力劝，并与蔡元培先生多次商讨，竺可桢才决定担任校长职务，但他向蒋介石提出三项条件：（1）财政须源源接济；（2）用人校长有全权，不受政党之干涉；（3）时间以半年为限（后改为一年）[3]，蒋介石欣然接受了他的条件。1936年4月25日，著名科学家、教育家竺可桢正式出任第五任浙大校长。

竺可桢（1890~1974），浙江省上虞县东关镇人。1909年，毕业于唐山路矿学堂土木工程系。1910年，通过第二批庚子赔款留美考试，赴美伊利诺伊州立大学习农，3年后获学士学位，转至哈佛大学研究院地学系攻读气象学，在4年内先后获得硕士、博士学位。1918年，学成回国，在武昌高师任教，授地理学与气象学；1920年，到南京高等师范教授气象学与地理学。1921年，南京高师改名东南大学，在竺可桢主持下，建立了中国第一个地学系，并担任系主任。当时东南大学地学系与北京大学地质系南北相辉映，成为中国培养地学人才的两大摇篮。1925年，因东南大学的"易长风波"，竺可桢辞职，任上海商务印书馆编译所史地部部长。1926年，转至南开大学教授地理气象学。1927年，国民政府定都南京，东南大学（后改名中央大学）再次邀请竺可桢回校任地学系主任。在此同时，中央研究院院长蔡元培请竺可桢筹建气象研究所，并担任第一任所长。1936年，担任浙大校长，直到1949年。中华人民共和国成立后，竺可桢担任中国科学院副院长，直至1974年病逝于北京。

竺可桢担任浙江大学校长期间，他一方面继承了中国文化书院优秀的国学传统，另一方面融合了从哈佛学习来的西方先进科学，以这种东西文化兼容并蓄的教育思想，明确地指出浙大的办学理念。他毫不犹豫地修改了许多旧校规。1936年，竺可桢接任校长发表演说谓："诸位在校，有两个问题应该自己问问。第一，到浙大来作什么？第二，将来毕业后要做什么样的人？""科学的方法、公正的态度、果断的决心，统应该在求学时代养成和学习的。""诸位求学，应不仅在科目本身，而且要训练如何能正确地训练自己的思想；我们人生的目的是在能服务，而不在享受。"[4] 浙大的办学宗旨是德育和智育并重，校训是"求是"，是研究真理，拥护真理。一系列正确的办学方针，有力地、迅速地扭转动荡不安局面，使浙大走上平稳发展的道路。

1938年秋，赵松乔刚来到浙大当时西迁新址广西宜山，聆听了竺校长在开学典礼上的演讲，题为"王阳明先生与大学生的典范"，号召青年学子以王阳明为榜样，在困难环境中接受磨难，不屈不挠而成就大业。他说："他（阳明）答学者之问，尝有一段很有意义的话说：'君子之学，岂有心乎同异，惟其是而已。吾于象山之学，其同者非是苟同，其异者自不掩其为异，吾于晦庵之论，有异者非是求异，其同者自不害其为同也。'"又说："本校推原历史的渊承（本校的前身是前清的求是书院），深维治学的精义，特定'求是'二字为校训。阳明先生这样的话，正是'求是'二字的最好注释，我们治学做人之最好指示。"[5]

在以后多次的演讲中，竺校长都从不同的角度来说明校训的意义，使学生更加明了办学理念和方向。例如他在"求是精神与牺牲精神"中提到："何谓求是？英文是 Faith of Truth。美国最老的大学哈佛大学的校训也是'求是'，可谓不约而同。"又说："所谓求是，不仅限于埋头读书或实验室做实验。求是的路径，中庸说得最好，就是'博学之，审问之，慎思之，明辨之，笃行之。'单是博学、审问还不够，必须审思熟虑，自出心裁，独著只眼，来研辨是非得失。既能把是非得失了然于心，然后尽吾力以行之。"他进一步强调："你们要做将来的领袖，不仅求得了一点专门的知识就足够，必须具有清醒而富有理智的头脑，明辨是非而不徇利害的气概，深思远虑，不肯盲从的习惯，而同时还要有健全的体格，肯吃苦耐劳，牺牲自己，努力为公的精神。这几点是做领袖所不可缺乏的条件。"[6]

竺可桢接长浙大后，每年在新生入校和毕业典礼上都发表演说，内容或讨论国内外形势，或谈论古今中西的学术。1937年9月，浙大从杭州市内迁到天目山禅源寺。竺校长就禅源寺的风景，对新生谈到了中国古代的太学和书院教育，他认为古代书院"训教合一"的特点可以熏陶学生的品格，他首次提出"导师制"，以增进师生间的切磋砥砺。"我们行导师制，是为了每个大学生明了他的责任，……我们更希望有百折不挠、坚强刚果的大学生，来领导民众做社会的砥柱。"[7]

竺校长认为办学之道首为教授人才的充实，提倡教授治校，也强调要重视校舍的建筑和图书、仪器设备的充实[8]，以改善学习环境。竺校长鼓励学生能学习近代西方的科学研究方法，如类推法、归纳法和演绎法，以及科学专业的态度，"知之为知之，不知为不知，丝毫不能苟且"[9]。竺校长中西贯通的办学方向和措施，在他任职浙大13年间（1936~1949），浙江大学从一个地方性大学一跃而成为当时国内四所著名大学之一（另三所为北大、清华、南开），被西方的著名学者李约瑟誉为"东方剑桥"。

赵松乔一到浙大（宜山），竺可桢就在办公室接见他，并在询问了沿途情况、家中情形后，鼓励他再接再厉，奋发图强，成为一位真才实学的地理学家。在贵州浙大校园里，赵松乔度过了他的大学本科、硕士研究生、助教、讲师、副教授的学习与教学生涯。期间对他治学影响最大的，是两位大师：一位是当时的浙大校长、中国近代地理学奠基者竺可桢先生，另一位则是浙大史地系系主任、史地研究所所长、文学院院长、中国现代人文地理学开创者张其昀先生。

如果说赵松乔是在浙大的求是精神中学习、成长的话，那他对史地科学知识的汲取及科研方法的探讨，以及对中华文化、伦理道德传承的思索，则得益于恩师张其昀先生。

3. 浙江大学史地系系主任张其昀

张其昀（1901~1985），字晓峯，浙江鄞县人。1923年，毕业于南京高等师范学校，师从哲学大师刘伯明、史学大师柳诒徵、地学大师竺可桢。毕业后在上海商务印书馆工作，主编的《高中本国地理》，为当时全国通用的三大中学教材之一（其他两者是，林语堂主编的《开明英文读本》，及戴运轨主编的《高中物理》）。1927年，得柳诒徵先生之荐，回母校中央大学地学系任教，前后10年（1927~1936），期间还率领学生做地理考察，曾到东北考察了55天，到浙江全省各地考察了43天，并到西北甘肃、宁夏、青海3省考察了近一年，考察报告均发表于学术期刊上；并另有专书《人地学论丛》，以及有关国防问题和都市史研究论文的出版与发表[10]；他是理论与实践兼顾的。张其昀是首位将西欧人地学引入中国地学界的学者[11]，是中国人文地理学的开创者，是中国第一位使用"历史地理"这一学术用语的学者。早在1922年，他就将西方近代历史地理学的主要内容介绍到中国[12]，并在1923年发表了论文"历史地理学"[13]，较中国最早的历史地理研究学术刊物《禹贡》（1934年创刊）早了11年。为发展中国地理学，1934年，张其昀与翁文灏、竺可桢、胡焕庸在南京创立了中国地理学会[14]，并担任总干事。1935年，34岁，即当选为第一届中央研究院评议会评议员，是当时评议员中最年轻且唯一未曾出国留学者。1936年4月，竺可桢继任浙江大学校长，延聘张其昀新办史地系，后增设史地研究所，兼研究所所长。1941年，张其昀与梅光迪、钱穆、张荫麟诸教授创办《思想与时代》月刊，内容包括哲学、科学、政治、文学、教育、史地等，作者多为当时之著名学者。（按：2007年，浙江大学出版社遴选53篇有代表性的文章，辑为一册，名《传统与现代性：〈思想与时代〉文选》，可见其重要性与贡献。）1943年，应美国国务院之邀，赴哈佛大学访问讲学，历时两年余，回国后接任浙大文学院院长。浙大在西迁贵州遵义的7年期间，通过对遵义地区地质、地形、气候、土壤、人口、聚落、土地利用、产业、交通、民族与史迹等实地考察，且做详尽的调查研究，完成了《遵义新志》的编纂，1948年于杭州刊行，为我国治方志学者起一凡例（1953年在台重印出版，易名为《新方志学举隅》）。

1949年夏，张其昀渡海来台，曾先后出任国民党党政要职，创办台湾新闻出版公司、"中华文化出版事业委员会"，及多种学术期刊。1985年，病逝于台北，享年85岁。

张其昀先生在筹建浙大史地学系时，地理科学正宽广地发展，各种新概念、新理论应运而生。在这种情形下，他积极带领浙大史地系，敦聘优良的教师，扩大教学的领域，结合史学和地学。他说："时代造学者，学者亦造时代；新地学者，新时代之作品也。"[15]又说："法国地理学家白吕纳（Jean Brunhes）曾说：'20世纪学术上最大的贡献，是史学精神与地学精神的综合。'盖一为时间的演变原则，一为空间分布的原则，两者相合，方足以明时空之真谛，识造化之本原。史地系创立的宗旨在此。综合是我们的目的，分工是我们的方法。本系不但史地分为两组，与他校独立成系者课程相仿；到了研究所则分析更细，例如地学门，又分为地形、气候和人文地理三组。

但是我们认为史学组的学生能够练习野外习察的方法,地学组的学生能够练习整理文献的方法,都是终身受用不尽的。当然,史学精神与地学精神、演变原则与分布原则,也是其他任何学问所不容忽视的。"[16] 这些论述让学生终身受益。赵松乔在日后曾写道:"因工作需要,半个世纪来,几乎踏遍祖国的山山水水,'自然'和'人文',以及'空间'、'时间'也能较好融会贯通。因此我在 10 年以前即能在大陆和美国分别出版《中国自然地理》这部专著的中文版和英文版,……又在美国出版《中国地理:环境、资源、人口和发展》这部综合性专著的英文版。"[17]

张其昀先生在浙大 13 年,认真贯彻竺可桢校长的办学理念。他认为"任何学府的成就,都会有学生、教师、设备、环境和传统五个因素",对这五方面的改善,努力不懈。任文学院院长时,聘请许多名师,史地系师资之盛,冠于当时,如钱穆、张荫麟、陈乐素、方豪、俞大纲、谭其骧、叶良辅、涂长望、任美锷等。浙大的 4 次西迁,他都竭尽心力协助,寻找适合的校址。又备尝艰辛地搬运 2000 多箱浙大的图书和仪器,几无损失,这在当时险恶的战争环境下实在极为艰难。同时还协助将杭州文澜阁的《四库全书》迁到贵阳。竺校长在"国立浙江大学黔省校舍记"碑中叙述:"其书自四部、七略暨声、光、电、化、算数、农艺、工程之著作,不下五万余册;其仪器以件计者三万;机器以架数者七百有奇;标本都万二千。"在抗日战争初期,张其昀多次在《大公报》撰写星期论文,谴责日本侵略并讨论国际形势,深受蒋介石的注意与器重,而且他与陈布雷等国民党要员有良好的关系,后被任命为国民参政会参政员、制宪国民大会代表、三民主义青年团中央干事等职。因此浙大在抗战时经济虽拮据,但始终都能得到国家的援助。张其昀的从旁协助,深获竺校长的器重。在他的辛勤努力下,浙江大学史地系发展成为一个师资力量雄厚、学术成果丰硕的系科,培养了不少的史学、地学人才,当今中国地学科学领域中许多学科的开拓者和权威者,多出自于当年张其昀所主持的浙大史地系,如研究干旱区地理的赵松乔，遥感地学的陈述彭，冰川冻土学的施雅风，海洋学的毛汉礼，河口学的陈吉余等。

来台任职台"教育部长"期间（1954~1958），恢复台湾图书馆，建立台湾南海学园，设有历史博物馆、科学馆、艺术馆、教育资料馆、教育电台及广播电台，社会教育功能大著；设置国民中小学教师讲习会，以提高师资水准；促成台湾"政治大学"、"清华"、"交通"、"中央"各大学，及"私立东吴"、"辅仁"等大学在台复校；改师范学院为师范大学；并于大学广设研究所，建立硕士班、博士班制度，以提高学术水准；对台湾学术、文化与教育事业贡献甚巨。1962年，筹办台湾文化研究所；次年，易名为台湾文化学院；1980年，正名为台湾文化大学，现为集高等教育和学术研究于一体之海内外知名学府。他的母校南京大学（前身为东南大学）校史馆特设立杰出校友展厅，肯定他为中国文化教育事业的贡献。

1961年起着手撰写《中华五千年史》，欲"明天人之际，通古今之变，成一家之言"。原预计32册，期于10年内完成，但因忙于政务与校务，至1982年冬，出版了远古、西周、春秋（前、中、后编）、战国（前、后编）、秦代与西汉史，共9册，后因病体弱，就此搁笔。《中华五千年史》可谓为历史地理学的研究成果和结晶，其中第五册《春秋史·后编·孔学今义》，更是传世之作，成为研究孔子学说最重要的著作。（按：2010年，北京大学出版社发行《孔学今义》简体字版；2012年，浙江大学出版社发行《孔学今义》全球英文版。）

1962年，邀请多位专家学者编纂《中文大辞典》，至1968年始出齐。全书收单字5万余，词条53万条，为世界汉学研究机构必备典籍。张其昀先生一生著述丰硕，有专著上百种，中文论文1000余篇，英文论文100余篇，可谓并世之学人罕有其匹。

张其昀一生以"承东西之道统，集中外之精华"为毕生志业。他认为"中华五千年的历史，孔子学说是承前启后的枢纽，不明孔子学说，则不能充分了解中国文化的由来、发展与其前途"[18],因此孔子的思想必须发扬光大,儒学应是中国文化的主流,而"程朱陆王"的宋明理学思想则应传承给浙大学子。浙大校园内的建筑多是以宋明诸子或其思想命名的,如求是桥、阳明馆、梨洲馆、舜水馆等。张其昀先生在对学生谈及文理学院阳明馆、梨洲馆、舜水馆之命名,是为纪念明代大儒王阳明、黄梨洲、朱舜水3人,云:"阳明学说,注重笃行。他以为博学审问,慎思明辨,应以笃行贯通之,是即知行合一之学说。凡此心信其为是为善者,不问如何困难,当断断乎行之,勇往直前,百折不回,精神何等痛快!梨洲、舜水都曾阐扬民族、民权、民生之大义,梨洲著《明夷待访录》,尚在法国卢梭《民约论》之前一世纪。舜水则为中外文化交流最伟大的先导,明治维新后的日本,饮水思源,不能不归功于舜水讲学江户(今东京)之明效大验。"[19]

张其昀晚年总结其教育思想,云:"我毕生志愿在于办教育,……华冈学园之创设,其教育宗旨为德、智、体、群、美五育并重,使通才与专才相融合,理论与实用相发明,期能始于德育,终于美育,而构成完整之大学教育体系,负起作育建国人才之任务。"[20]

赵松乔获得张其昀先生的注意,是他以当年入学考试第一名录取浙大史地系并获得黄膺白奖学金开始的。张其昀先生曾忆及道:"民国二十五年夏,黄膺白先生家属捐助了3个奖学金,其中一个指定给新设的浙大史地系,这使本人感觉到无上光荣。当年教务长张绍忠先生曾对我说,这是最好的鼓励,希望能多收优秀的学子。果然,第二年浙大在江西泰和举行入学考试,全校第一名便是投考本系的同学——东阳赵生松乔。他后来在研究所取得硕士学位,两年之后,又在美国取得博士学位,回校担任副教授。可见奖学金是何等有价值的投资,这不过举一个例子罢了。黄夫人沈女士现寓居美国,我们对于她设立奖学金的美意,还是时时怀念不忘呀!"[21]自此"东阳赵生"就成了松乔的称号,也因此常得到张其昀的当面教诲。即使在半个世纪后,在松乔怀念恩师的文章中,仍可清晰地描绘出:"追忆57年前初秋的一个下午，我刚考入浙江大学（当时内迁至广西宜山）史地系不久，恩师本着大教育家热忱培养后进的宏愿，命我从教室随行至寓所，作长达4小时的谆谆教诲，主要内容在于'立志'和治学之道。下列几点我尤为铭刻在心，终生不忘。

（1）必须毕生勤恳治学和工作，不得稍有懈怠之心；并应做到'只问耕耘，不问收获'。

（2）努力发扬浙东学派'经世致用'的精神，以科学和教育救中国，并为全人类服务。

（3）治地理学必须'读万卷书，行万里路'，自然和人文相结合，必能像蜜蜂一样，采百花酿为蜜。

（4）'空间'（地理学）与'时间'（历史学）必须密切结合，相互依存，相互促进。

（5）读书必须苦学和深思相结合，要勤于分类做札记和搜集资料。"

"此后大学生4年和硕士研究生3年，我均在恩师亲自指导之下。恩师命我'通才'教育和'专才'教育并进，既广泛修习高等数学、高等化学、历史、地质学等自然科学课程，以及哲学、政治学、经济学、逻辑学、中国文学等社会、人文课程。又几乎全部修习地理系、历史系和外文系的主要课程。在'专才'教育方面，则着重钻研人文地理、历史地理、中国地理及东南亚地理等专业。"[22]张其昀老师为史地系订立有深度的通识教育课程，开阔了松乔的思想境界，打下了坚实的通识科学的基础。张其昀执掌浙大史地系时，十分重视对学生们的科研精神之指导和培养。他说："正义明道，实事求是，原为我国固有之学风，此种精神极适宜于科学研究。"又说："自抗战八年，继以戡乱，神州陆沉，政府播迁，民生凋敝，物力维艰，而学人艰苦卓绝之精神，不屈不挠，愈挫愈奋，追怀前修，益励壮志，环境纵极艰苦，奋斗始终不懈，此正气、民族之元之学术命脉所扶持而长育者。"1941年12月20日，他借徐霞客逝世三百周年之际，在遵义城内柿花园浙大教工俱乐部举办了史地系"徐霞客逝世三百周年纪念会",以此来纪念和发扬徐霞客的精神。在开幕致辞时,张其昀说道:"霞客之游历,纯然为学术上之兴趣,既无使命,亦无其他目的,此种无所为而为之爱智求真,即为近代之科学精神。霞客只身远游,探奇历险,亘40年,……多方竭虑以赴之,其坚忍不拔之志节,至足钦敬。自滇南得病而归,未几即捐馆舍,可谓以身殉其学。"[23]竺可桢也在会上作了题为"徐霞客之时代"演说。他将徐霞客游记视为浙大文军西迁的指南,鼓励学生们学习徐霞客的品德:"孝于其母"、"忠于其友"和"待人接物之宽恕",并讲述了霞客"德"之养育来自于嘉靖、万历年以来"东林诸贤,本程朱之学,操履笃实,无论在野在朝,均能守正不阿,故霞客受东林之熏陶也必深,而其忠孝仁恕如出天性,非偶然也。"竺校长追溯了自嘉靖、万历年利玛窦、徐光启等先贤开始传播"地、天文、医药之学",到霞客时代之西欧科学发展史,他强调:"霞客之有求知精神,非偶然也",是"殆已受科学之洗礼,必已博览当时西洋人所与地诸书矣。""欲求如霞客之以求知而探险者,在西欧并世盖无人焉。是则吾人今日之所以纪念霞客,亦正以其求知精神之能常留于宇宙而称不朽也。"[24]校长和主任殷切地希望学生们能以徐霞客的精神为楷模,开创了中国徐学研究的新纪元。这对松乔以后科学研究生涯产生了很大的影响,他曾多次反复地提到这位中国地理界的先贤。

在张师的循循善诱下,赵松乔在本科学习4年间,非常注意基础科学和专业科学的学习。每学期他就其能力所及内选修科目:大一时,除了必修专业科目自然地理和中国近代史外,还选修国文、英文、数学、化学、经济学、哲学。二年级,除必修专业科目5门外,还修了国文、法文、英文、中国文化史。大三时,选修的专业科目高达9门,同时又加修德文和法文。在大学最后一年,他除了完成毕业论文撰述外,还选修4门专业科目,及中国文化史、伦理学、德文。大学4年,每年每学期都是品学兼优,体育成绩则略逊一筹。

4. 抗战时期浙江大学校园生活

  1937年7月7日，日本军队攻打北平卢沟桥，抗日战争全面爆发。8月中旬，日寇以海陆空三军进攻上海，京沪杭沿线日机狂轰滥炸，战争气氛笼罩着东南各省。众多的学校疏散、停办或向内地搬迁。浙大的一年级秋季新生改在杭州郊区天目山的禅源寺开学，其他各年级仍在杭州市内坚持上课。11月，日寇近逼杭州，浙江大学被迫举校西迁，开始了为时两年，行程2600千米著名的"浙大文军西迁"。11月底，浙大迁至浙西富春江上游的建德县。12月底，杭州沦陷，敌寇续南下进犯，浙大再西迁至赣州交通、文化中心吉安，月余，又南下到泰和县的上田村。安顿下来后，师生们即刻开始在这穷乡僻壤中努力补上所缺课业。半年后，在日军占据九江之际，浙大再向西迁，于1938年10月底到达桂北重镇宜山。宜山处于西南山区，在该省的中北部，距柳州西80千米，当时属战时的后方，很少受到敌机袭击。1938年夏，松乔在江西泰和考场应试入学，到夏末接到入学通知后，立即星夜兼程赶往浙大新迁地桂北宜山。浙大迁抵宜山后，就以原工读学校作为总办公室，以文庙、湖广会馆为礼堂、教室，并在东门外标营盖草屋作为临时教室和学生宿舍，教师们则分散居住在城内各处。1939年，是日寇全面侵华第三年，仗其装备先进，大肆烧杀掳掠，同时有计划、有目的地轰炸一些大学的校舍及设备，想从根本上铲除中华文化。在浙大迁至宜山的短短数月里，就不断遭到敌机的骚扰与轰炸。最严重的一次发生在1939年2月5日，日军派出18架飞机，在浙大宜山投下118枚炸弹，使浙大险陷万劫不复之地。当天的惨景，松乔到晚年还能清晰地回忆起来。1939年底，日寇占领了桂首府南宁，桂南形势十分紧张，宜山天天处在警报声中。11月28日，浙大成立了迁校筹委会，派张其昀、胡刚复、李熙谋和蔡邦华等7人订出紧急处置办法。竺校长及迁校筹委会决定再次北迁到贵州遵义，1940年元月，浙大第四次大迁移来到黔北的遵义地区。遵义地处黔北交通要道，北通重庆，有娄山作屏障；南接贵阳，有乌江天险，浙大当时迁校此地，现在看来是一个非常正确的决定。因为在往后的 7 年里，浙大在遵义和距其 70 千米的湄潭办学，得到了相对稳定的环境，使学生们能在相对平静的校园里安心学习，直到抗日战争胜利后，1946 年浙大始迁回杭州。在"文军西迁"中，浙江大学师生们虽然遭受种种的磨难，但他们在精神上所得到的收获，却是难以估量的。

赵松乔的 4 年大学生活在 3 个地方度过：一年级在广西宜山，二年级在贵州湄潭，三四年级在遵义，是当时所称"抗战级"学生，时史地系全系学生约有 100 多人，多来自浙江、安徽、湖南。因处战时，不论在何地，生活都相当艰苦。宜山素有"宜山宜水不宜人"之说，宿舍空间狭小，住满了学生，空气不流通，气味杂陈，下雨则屋漏，蜗牛、蚂蚁成群，夜间蚊虫一抓一把，呼吸时都会吸到鼻子里。恶性疟疾还不时发作。学校为躲避日机频繁的轰炸，将上课时间改在清晨和晚上，白天则躲警报和空袭。中午的干饭改在早上用，中午不开伙。生活颠倒，缺乏安全。从 1938 年秋至 1939 年底止，仅年余，师生因病死亡者就有 20 人以上。军事战略家蒋百里就在 1938 年 11 月病逝于宜山。在遵义时，学校以租借民房、祠堂、庙宇作为教室、办公室和学生宿舍。史地系的办公室在水洞街民房，教室大部分在老城何家巷，图书馆在江公祠内，开会的会场则在新城电影院。学生宿舍有的在何家巷，有的在老邮局，女生宿舍则在杨柳街。宿舍是十多人一间，分上下铺。床板上的臭虫也常在夜间骚扰，使人睡不着觉。每两个学生一张桌两个小凳，一盏桐油灯。每月发一斤桐油，仅能够勉强用一根灯草芯。松乔就在这豆大、随风飘摇的油灯下度过了本科生的生活。1942 年 5 月，东阳沦陷，赵松乔失去经济来源，全靠学校每月发放的战区学生贷金，勉强支付伙食费。每餐除米饭外几没什么菜，一碗酱油汤或加点盐就解决一顿饭，饭中的沙子、稗子多得无法挑。所穿的衣服都是抗战初从老家带出来的，已十分破旧，但无力购买新衣，只能一补再补。他后来在自述中有这样的回忆：1938年夏，我兼程万里到了内地，进入浙江大学史地系。4年大学部、3年研究所，再加1年服务，8年韶光，全是在颠沛流离与弦歌不辍中度过的。生活几乎全靠公费维持，时常到了无菜蔬无早餐的地步。但从没有呻吟或怨叹，只恨没有直接参加击败侵略者的机会。

史地系的学生课外活动很活跃，有史地学会、读书会、同乡会等组织，并时有体育活动和假日郊游。史地学会是全系学生的组织，老师为特别会员，有时举行学术报告、时事座谈会，或请系里教授来演讲；还定期出版"时与空"墙报，这个墙报名称是张其昀先生所题，稿件由同学撰写，分别按"时"与"空"的概念，以各种形式与文体阐述各自的见解与心得，大家相互学习与交流，这墙报对学生的影响很大。赵松乔在大学期间，积极参加各种学生活动。1939年第一学期，担任史地学会的会计干事；1940年第一学期，担任主席；同时还参加东阳同乡会的活动。

史地系包括了四个单位：二系（文学院史地系、师范学院史地系）、一所（史地研究所）和一室（教育研究室），经费比较充裕，加之张其昀先生领导有方，师资雄厚，教学和课程相当完备，这使得史地系学生人数迅速增加，在文学院与师范学院各系中都居首位。

1942年，赵松乔在浙江大学文学院史地系获得学士学位。他的学位论文题目为"从《史记》看中国古地理"。

赵松乔（倒数第二排右五）大学毕业照（1942 年）

注释

1. 沈亦云：《亦云回忆》（第二版），台北，传记文学出版社，582 页，1980 年。

2. 王玉芝、罗卫东主编：《图说浙大：浙江大学校史简本》，杭州，浙江大学出版社，2010 年。

3. 《竺可桢传》编辑组：《竺可桢传》，北京，科学出版社，55 页，1990 年。

4. 竺可桢："毕业后要做什么样的人"，《国立浙江大学日刊》，1936 年 9 月 23 日。

5. 竺可桢："王阳明先生与大学生的典范"，见李絜非编：《浙江大学西迁纪实·附录》，国立浙江大学，7~16 页，1939 年。

6. 竺可桢："求是精神与牺牲精神"，见《浙江大学西迁纪实·附录》，17~22 页。

7. 竺可桢："大学生之责任"，《竺可桢传》，96~98 页。

8. 竺可桢："大学教育之主要方针"，《国风》，8 卷 5 期，1936 年。

9. 竺可桢："科学之方法与精神"，《思想与时代》，第 1 期，1~7 页，1941 年。

10. 宋晞：《张其昀先生传略》，台北，台湾文化大学出版部，5~7 页，2000 年。

11. J. Brunhes 著、张其昀译："西洋人地学史"，见竺可桢等译：《新地学》，南京，钟山书局，19~77 页，1933 年。

12. 张其昀："最近欧洲各国地理学进步之概况"，《史地学报》，2 卷 1 期，1922 年。

13. 张其昀："历史地理学"，《史地学报》，2 卷 2 期，73~77 页，1923 年。

14. 张其昀："中国地理学会概况与其希望"，《张其昀先生文集》，第 1 册，台北，台湾文化大学出版部，162~163 页，1988 年。

15. 张其昀：《新地学·序》，《张其昀先生文集》，第 20 册，台北，台湾文化大学出版部，10611~10629 页，1989 年。

16. 张其昀：《国立浙江大学史地系成立二十五周年纪念集·序》，台北，台湾文化研究所，1963 年。

17. 赵松乔："缅怀恩师张其昀教授逝世十周年"，见《张其昀先生百年诞辰纪念文集》，台北，台湾文化大学出版部，243~247 页，2000 年。

18. 张其昀："自序"，《中华五千年史》，第 5 册，台北，台湾文化大学出版部，1 页，1982 年。

19. 同注 16。

20. "张创办人晓峰先生自述"，1986 年 3 月 1 日。

21. 同注 16。

22. 同注 17。

23. 张其昀：《徐霞客纪念论集·序》，《张其昀先生文集》，第 20 册，台北，台湾文化大学出版部，10712~10713 页。

24. 竺可桢："徐霞客之时代"，《竺可桢全集》，第 2 卷，上海科技教育出版社，556~557 页，2006 年。

第八章

浙江大学史地学部

1939年7月，奉教育部令，浙大成立了文科研究所史地学部。张其昀先生以史地学系主任兼史地学部主任。下分四组：史学组、地形学组、气象学组和人文地理学组，每年招收2~3年制的研究生，当年史地学部就在广西宜山招收了5名研究生。1940年初，浙大迁到贵州遵义和湄潭后，因环境相对安定，西南联大、中央大学、中山大学和浙江大学的优秀学生多纷纷报考。

1. 导师张其昀：中国人文地理学开山大师

1942年夏，赵松乔自浙大文学院史地系毕业后，即考取了史地学部的研究生并兼助教，正式成为张其昀先生的入室弟子，主攻人文地理学。

19世纪是欧美科学复兴时期。德国科学家洪堡德（Alexander von Humboldt）和李特尔（Carl Ritter）奠定了近现代地理学基础，洪堡德和李特尔一反传统描述性的古典地理学，提出地理学不仅要描述，而且还应该进行解释和比较，从而提升科学研究的高度。随后，德国地理学家拉采尔（Friedrich Ratzel）在达尔文进化论的影响下，发表了"环境决定论"，从而创立了近代人生地理学。之后法国的地理学家白兰士（Vidal de la Blache）和其高徒白吕纳（Jean Brunhes）对拉采尔的"环境决定论"表示异议，而提出人地相互关联、相互影响的人生地理学说，得到当时地理学界的广泛认同。1907年，白吕纳在瑞士洛桑大学主持了第一个人地学讲座，并发表了一系列的人生地理学著作，如《人生地理学史》、《人地学原理》等。当时中国新地学之发展较欧美要慢了60多年，直到20世纪的20年代才由丁文江、翁文灏、竺可桢将之介绍到中国，且偏重于自然地理[1]。张其昀于南高师毕业后到商务印书馆工作期间（1923~1926），编辑了两部教材——《人生地理教科书》和《高中本国地理》，一反旧教科书的陈腐观念和弊病，首次将欧美新地学思想引进中国教育系统。1930年，张其昀又翻译白吕纳的《人生地理学史》英文本，商务印书馆发行[2]。

1926年，张其昀在《史学与地学》杂志第一期发表"人生地理学之态度与方法"一文，说明何谓人生地理学："人生地理学（Human Geography）乃从空间、时间两方面，解释地理环境与人类生活之相互的关系与变迁的关系者也。"阐述人生地理学与其他科学的关系："近年人生地理学之勃兴，其原因由于自然地理之进步。故人生地理非为一种新科学，实为地学研究之新趋势。……人生地理学以自然地理为凭借，而别具一种新眼光，大致近是。……人生地理既以研究人地之故为职志，则于社会科学如人类学、社会学、经济学、政治学，亦不可不稍有门径。史学与地学关系尤为密切，……盖人生地理为最复杂之一种科学，所需他科之协助者至多。"并提及研究人生地理学的方法："人生地理学独立之方法为何？曰，实验之方法是也。……而人生地理必从研究环境入手，苟离环境，则如无源之水，其涸立待。地学家观察社会问题，必问其起于'何处'，然后问其'何故'发生，故有正确之地理事实，以为社会问题之背景，此其特色也。""人生地理要义有二：其一，人地关系为相互的；其二，人地关系为继续的。前者但论现在的关系，后者兼及过去的关系。……人生地理则经比较、分类、讨源、明变，种种手续，以达于解释事实，构成理论之目的。"在张其昀主持浙大史地系和浙大史地研究所期间，大力推展新地学思想，开设人生地理学课程及研究课题。张其昀不但教授人文地理，还发表了许多文章，论著之多为他人难以企及。如果说人生地理学鼻祖是德国的 F. Ratzel，那么在法国则为 Vidal de la Blache，在英国为 A. J. Herbertson，在美国为 W. M. Davis，而在中国则是张其昀。张其昀称得上是中国人文地理学的开山大师。

师从张其昀，赵松乔的硕士论文题目是"中国与缅甸之间的几个政治地理问题"（边界、交通、侨务与商务），研究范围涉及人生地理诸多分支学科，如历史地理、政治地理、经济地理、人口地理等。1929 年，张其昀曾在《建国》月刊上发表"滇缅边务与西南大局"一文，从云南腾越道的江心坡事件，论述云南、缅甸边务之地理背景，与中国、印度和缅甸的政治地理关系，并在文中大声疾呼加强国民的地理教育。十几年后，他指定赵松乔对滇缅边务进一步地深入研究，希望能通过科学研究，切实地解决西南边界各种问题。因在战时，不可能去实地考察以取得第一手研究资料，赵松乔只能尽其所能收集相关文献和书籍。赵松乔的硕士论文虽已遗佚，但论文的评注仍有存盘，记载如下："评者认为赵君具有甚高之研究能力。本文之作虽以作者未曾亲察其他兼以材料，因战事发展不能求其精确新颖致无缺憾。但整本言之，则见作者才华丰沛，且曾竭其所能努力以赴，尚不失为不可多观之佳作也。"（赵松乔硕士论文的校外评审委员是李旭旦先生[*]

---

[*] 李旭旦（1911~1985），江苏江阴青阳镇人。1931 年，毕业于南京中央大学地理系，后留校任助教。1936 年，考取中英庚款留学奖学金，赴英国剑桥大学留学，两年后获理科硕士学位回国。1938~1941 年，任重庆中央大学地理系教授，并担任《地理学报》总编辑。1942 年后，兼任中央大学地理系主任。1957~1979 年，被定为"右派分子"，因而极大影响了他的地理学教育和研究生涯。1985 年病逝于南京。

和凌纯声先生*）

在浙大史地所时，赵松乔在理论阅读和分析能力有长足的进步；且实地考察手段与方法，也不断得到经验的积累。这为他日后在美国攻读地理学博士打下扎实的基础。

2.《遵义新志》

1942年，文科研究所史地部的师生们开始致力于遵义地区的实地考察，以协助贵州省从科学角度丰富其地方志。张其昀先生早在1933年就强调方志学的重要性。在竺可桢当年主编的《新地学》中，张先生将英国地理学者米尔（Hugh Robert Mill）于1921年在英国地学协会为纪念牛津大学赫伯森（A. J. Herbertson）教授之演讲"方志学之价值"，翻译成中文，曰："方志学者注重于特定区域之地形状况与其地理事实之联络观念，……地理学上事实之确定端在观察与实测，而多数事实之相互作用又须在一特定区域研究之；本立而道生，然后可有统一的原理以建设普通地理学。"[3] 在当时战争环境条件允许下，张先生将方志学课题列入研究计划。史地部的师生们考察遵义本土的项目，包括地质、地

---

* 凌纯声（1902~1981），江苏武进县人。1923年，毕业于东南大学，随后留学法国巴黎大学，师从著名人类学家莫斯（Marcel Mauss）。1929年，获博士学位回国。后历任中央研究院历史语言研究所研究员，国民政府教育部蒙藏教育司司长、边疆教育司司长，中央大学边政学系教授兼系主任。1949年到台湾后，任台湾大学教授。1956年，创办台湾"中央研究院"民族学研究所，并任所长。曾任台湾"中央研究院"评议员、院士。1981年病逝于台北。

形、气候、土壤、人口、聚落、土地利用、产业、交通、民族和史迹等。赵松乔参加任美锷教授领导的遵义土地利用调查组，小组成员还有陈述彭、施雅风、杨利普3人。施雅风是他大学史地系同学，陈述彭和杨利普则是浙大师院史地系学生。从1942年9月24日至10月27日，他们在南迄刀靶水，西到鸭溪，东抵遵义城郊，南北约52千米，东西约50千米，面积1340平方千米的遵义地区，进行了土地利用调查。他们以1940年陆地测量局出版的五万分之一地图为基础，根据实际考察资料，将耕地、森林、荒地、道路及房屋分布填绘到图中，并从科学角度加以分析解释，从而提出有关民生利弊的具体建议。据施雅风后来回忆道："赵松乔和我一组，负责遵义南部鸭溪附近的土地利用调查；陈述彭和杨利普一组，负责遵义西部土地利用调查。最后由任先生汇总，撰写了"遵义土地利用"一文，在《地理学报》上发表。"[4] 这种土地利用的调查及土地利用图的绘制，是中国土地利用调查之始。经过师生7年的努力，1948年，浙大史地研究所出版了《遵义新志》。张其昀在序中云："此种土地利用图之绘制，在我国尚属首次，倘能普遍推行于各地，裨益建国大业，当非浅鲜。篇中关于遵义农业改良之若干结论，均本之田间目验，实事求是，非但可供今后遵义地方建设之准绳，且为我广大农村画出一幅剖面，深望我国言农政者留意及之。"[5] 浙江省地方志编纂委员会办公室研究员王永太在其"张其昀与《遵义新志》"文中指出："地方志的编纂多数以文献为主，然而《遵义新志》的基本数据或是通过实际观测所得，……或进行专题研究，得出研究结论，……全书抄录其他文献的极少，这一点可以说同一般的地方志有着明显的不同。《遵义新志》在内容编排上作了周密又科学的取舍，选取具有代表性的对象加以分析、研究和载录……。《遵义新志》不是仅仅从遵义自身狭隘的记录出发，而是以其他地区的情况为背景，更鲜明地衬托出遵义的地域特点。……可以说，《遵义新志》是一部学术水平很高的研究专著。……在学术规范上几乎接近完美，堪称典范。"[6]

浙大史地所非常重视实地考察和野外实习，通过对遵义土地利用的实地考察，赵松乔了解到真知的科研手段，体会到透过实地考察，收集第一手的研究材料的必要性和重要性。凡有野外考察机会，他都尽力争取，每年至少有 1/3 的时间都在野外工作。在他日后半个世纪的地学研究工作中，他几乎跑遍了全中国，也访问了世界五大洲许多国家。

3. 叶良辅教授与《瀚海盆地》

赵松乔在史地所就读时，除教授地质学和中国地理课程，兼助教工作，还担任数位教授的助理，著名的地质、地貌学家叶良辅教授即为其中之一。

叶良辅（1894~1949），是我国最早期的地质学家、地貌学家和地学教育家。1913 年，上海南洋中学毕业，考入北洋政府农商部地质研究所，受教于丁文江、章鸿钊、翁文灏及安特生等名师。1920 年，派赴美国哥伦比亚大学地质系攻读。1922 年，获理学硕士学位。在美期间，除攻读地质学外，还师从约翰逊（D. W. Johnson）攻读地形学。1916 年起，先后在地质调查所工作 9 年，在中央研究院地质研究所工作 10 年。著作严谨，内容丰富。1920 年出版的《北京西山地质志》，1925 年的"扬子江流域巫山以下地质构造与地文史"（与谢家荣合著），是我国区域地质研究的典范，也是我国地貌学开创者之一。曾任教北京大学、中山大学。1938 年，应浙大竺可桢校长之聘，在史地系教授地质学、地形学。叶教授在浙大期间，赵松乔从他那学习到一流的地学知识和研究方法，终生受益匪浅。1943 年，浙大史地教育室出版叶良辅的《瀚海盆地》，赵松乔在日后怀念叶师的文中曾提到："这些科学内容，都构成了我认识蒙古高原的基础。之后我多次在蒙古高原上考察，差不多到过内蒙古自治区的每个旗（县）以及中蒙边界的大部分地方，《瀚海盆地》一书均成为我不可缺少的基本参考书。""叶良辅教授治学严谨，特别强调野外考察，也重视资料整理分析。……叶师对学生们的野外实习及其报告撰写，都抓得很紧，差不多每个历史地质系学班的学生，都曾跑遍了贵州高原的西北部，并做出相应的报告。"……"叶师反对保守学术观点，主张'开放'，学习外国人的优点。他的英文水平是很高的，并常为我讲述他自己在美国学习的经验。1946年到1948年我去美国学习时，他还一直通信指导。"赵松乔对叶良辅的教学记忆深刻："叶师对教学是非常严格的，每次上课之前，必定进行认真准备。每次考试，也都是十分认真的……1944年一个学期，叶师曾一度失音，他命我代授普通地质学这门课，在病榻中，他仍严格帮助我备课，几乎要每备上三四个小时，才能讲授一课。这也是叶师对我进行严格训练的一种方式，让我体会到'学然后知不足，教而后知困'的滋味。"

叶先生教育学生，要求德才兼备。赵松乔十分敬佩他的为人为学，并深受其影响。他回忆道："他对青年学生则爱护备至，不但关心他们的学习，还体贴他们的生活。在抗日战争期间，大部分青年学生依靠微薄的'贷金'维持生活，……就是助教和研究生们，也过着'颜回式'的寒酸生活，脸黄肌瘦的。叶师对此深为痛心。记得1944年，叶师和叶师母就对浙大史地系的助教和研究生实行'包伙'，让大家吃饱，有足够的营养。据说叶师撰写《瀚海盆地》一书所得的稿费，就大部分补贴给这种'包伙'。"[7]

在浙大期间，赵松乔时常向师长请教。当时学术气氛自由，学生可以直接与校长来往，或请其当导师，或讨论问题，或借阅书籍与资料等。在竺可桢的日记里，记载有赵松乔在浙大读书时与他之间的往来，1948年11月14日："晨六点半起。八点约赵松乔、陈吉余，及一广东同学及彬彬、松同行，……因松松随行，兼之赵君等须看土地利用，故一路行走并不甚速。"同年11月16日："今日赵松乔交来谭其骧著《杭州都市发展之经过》交阅。余阅后即可交还。"[8]

为赵松乔硕士论文收集资料，竺可桢校长还亲自函请有关部门协助："兹有本大学文学研究所史地学部研究生赵松乔为搜集关于缅甸之地理资料，以备编著论文，前赴重庆各机关参考图书。除分函外，相应介绍，即请查照，于该生到时，惠予指导，并给以一切便利为荷。"[9]

4. 学衡派与《思想与时代》

1941年夏，张其昀先生与张荫麟等创办一份抗战时期在中国学术界颇具影响力的刊物《思想与时代》月刊，宗旨是"融贯新旧，沟通文质，为通才教育作先路之导，为现代民治厚植其基础。英国《自然》（Nature）周刊，是一个有计划地论述现代自然科学、人文科学和哲学教育的良好园地，本刊对于《自然》周刊的宗旨实深具同感。"[10]1941年6月，竺可桢校长记载创刊的缘由："晓峰来谈《思想与时代》社之组织。此社乃为蒋总裁所授意，其目的在于根据三民主义以讨论有关之学术与思想。基本社员6人，即钱宾四（穆）、朱光潜、贺麟、张荫麟、郭洽周、张晓峰6人。主要任务在于刊行《思想与时代》月刊及丛刊，与浙大文科研究所合作进行研究工作。"[11]《思想与时代》的撰文者多是浙江大学、西南联大、武汉大学等校的教授。他们针对中华民族的特点，借鉴世界各国的思想成果，结合自己的学识视野，在哲学、科学、政治、史地、文学、教育、经济、社会等领域内引介西学，积极寻求救国与建国良方。该期刊特重时代思潮与民族复兴之关系。张其昀创办此刊物之思想渊源，可上溯至1919年的《史地学报》，1922年的《学衡》杂志，1932年的《时代公论》与《国风》半月刊。他曾说道："当时浙大文学院同人创办《思想与时代》杂志，以沟通中西文化为职志，与20年前的《学衡》杂志宗旨相同。"[12]《学衡》的宗

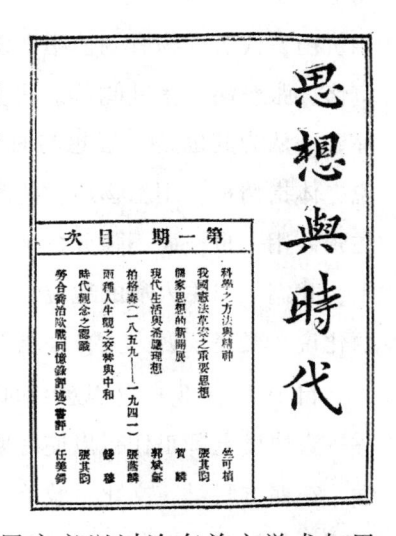

旨是："论究学术，阐述真理，昌明国粹，融化新知，以中正之眼光，行批评之职事，无偏无党，不逐不随。"《国风》半月刊的宗旨是："以隆人格而升国格为主。"[13] "发扬中国固有之文化，昌明世界最新之学术。"[14]

1922年初，一群反对新文学运动的学者共同创办了《学衡》杂志，因而形成了"学衡派"，以与当时陈独秀、胡适等人提倡的全盘西化新文化派相抗衡，代表人物有刘伯明、柳诒徵、梅光迪、吴宓、梁启超、王国维、陈寅恪、张荫麟、张其昀等。张其昀后来对"学衡派"的精神做了精辟的演绎，并认为其也是《思想与时代》的精髓。他说："古有'全体大用'之说，体指精神，用指物质，两者互为表里，不可分离。……我们对于西学，主张体用一贯，而不强分精神文明与物质文明，此与全盘西化之说，毫不相干，我们是以主人翁的地位，来沟通东西，融贯新旧，借以壮大自己。全盘西化说，乃是反客为主，舍己芸人，为他人父，那还成什么话呢？"[15]

自1941年8月《思想与时代》创刊起，至1947年12月停刊止，赵松乔一直协助老师工作，以使每期均能按时出刊。在此同时，老师对世事的哲学，东西方科学、文化、政治、史地等观点，都深刻地影响他的科学观、世界观、哲学观，在其以后的学术生涯中，即身体力行"论究学术，阐述真理"，"融贯新旧"，"通才教育为先路"等。1949年后，《思想与时代》被认为是个反动思想刊物，赵松乔因此受到牵连和审查。虽然受到批判，但赵松乔在思想的深处，从未怀疑过自己所信仰的哲学。2007年，浙江大学以"传统与现代性"为书名，收集了《思想与时代》文选53篇，其中选录张其昀论文"论现代精神"（上）、（下）两篇。内容涵盖六大类：（1）中华人民共和国成立时期主义与国策之理论研究；（2）我国固有文化与民族理想根本精神之探讨；（3）西洋学术思想源流变迁之探讨；（4）与青年修养有关各种问题之讨论；（5）历史上伟大人物之传记之新撰述；（6）我国与欧美最近重要著作之介绍与批评。

张其昀任职浙大13年，领导史地系所及文学院，恪尽其职；在政治上，跟随蒋介石，拥护国民党；作为布衣教授，他爱护学生，无论是在学业方面，还是日常生活方面。有时明知学生反对当时的政府，是军警搜捕的对象，他也会利用职权尽量地保护学生的安全。据当时史地系学生说：张先生能把政治和学术分开。他对学术上有前途的学生，只谈学术不谈政治。此话用在赵松乔身上十分贴切，自赵松乔得到黄膺白奖学金进入史地系以后，张先生就对他做学问上加以重点培养。多次告诫赵松乔少过问政治，专心做学问，做一个终身一流教授。虽然他自己参加国民党，但他从不建议赵松乔参加任何党派。这种情况很难被人们理解，所以是否曾追随老师参加过国民党及其他组织，一直是在1949年后多次的政治运动中，赵松乔必须交代和被审查的重点问题。我们姑且不论张其昀是否真能做到政治和学术分开，但就其"学兼中西"的背景，一代宗师的地位，他内心其实是更希望高徒能在学术上有所成就，以造福人类。张其昀先生晚年刻意从政治圈引退，兴办大学，就是一代鸿儒最好的证明。赵松乔听从老师的告诫，终身做一个"自由思想，独立精神"、无党无派的学者，亦是恪遵老师的人生哲理。

赵松乔在杭高时就有"读书救国"的宏图，在浙大时，"科学救国，科学报国"和"自由思想，独立精神"的想法更深植他的血脉中，流淌全身。当他大学快毕业时，蒋介石的侍卫室需要新进一名侍卫官，有关方面询及赵松乔是否愿意应聘，他当即回绝，他的愿望是进研究所继续深造。此事后来也得到老师张其昀的赞同。在抗日战争时，年轻人满腔爱国热忱，当时赵松乔年仅20出头，时或参加一些学生活动，如1941年的反统考，1942年的"倒孔运动"，抗议孔祥熙的行为；同时在浙大当时风行的结社气氛下，他和志同道合的同学创办了"立社"。立社主张"立己立人"，以中立政治成立好人政府，强调实现中国工业化，支持三民主义，实现世界大同。立社的成员有陈述彭、杨利普、管佩韦、宋铭奎、赵昭炳、张维等人。赵松乔还主张不和苏联结盟，因为从历史看来，苏俄一直就持有大国的扩张主义，对中国的边界领土虎视眈眈，与帝国主义没有什么不同。赵松乔的这些活动和言论，在 1949 年以后也都成为他的重点政治问题，被多次审问和调查。

5. 妻子谦华万里寻夫到贵州

在赵松乔读大学的 4 年间，妻子朱谦华一直和松乔父母辗转在东阳一带的山区躲避日本的袭击。1939 年，日军轰炸宜山浙大后，谦华就十分担心他的安危，很想赴内地与他同甘共苦。但苦于战争时局势的不稳定和经济的拮据，一直未能成行。直到 1942 年松乔大学毕业后，就读研究所兼助教，谦华就下定决心，只身万里寻夫到遵义相聚。虽然公婆一再以路途遥远、艰辛危险相劝，但谦华决心已定，不辞万难，跋山涉水，花了大半个月的时间，在 1942 年秋来到黔北，终与分别 4 年的夫君团聚。松乔时已大学毕业，为张其昀门下的硕士研究生。谦华的到来使他原已窘迫的生活，更是雪上加霜。老师张其昀帮助谦华在校财务科找了份临时工作，以解松乔的燃眉之急。谦华立即开始边工作，边细心照料松乔的饮食起居。在以后 50 多年相濡以沫的生活里，谦华总是家务重担一肩挑，尽量让松乔专心于教学、科研工作，有时她还主动协助整理资料，抄写文章，这使松乔的生活安定了不少。当时就读浙大机械系的东阳同乡程月初回忆他们夫妇那时的生活写道："战时后方，生活相当清苦，大家都不计目前，但图未来。当时松乔刚毕业，收入有限，夫妻二人的开支自然是省之又省。同事、朋友之间除非有特殊事故，平时决不相互打扰。我常去他家，碰巧时，偶然亦会吃点甚么的。他们即不以我为客，我亦不以客自居。有啥吃啥，从不计较，从不挑剔。"[16]他们夫妇俩与史地系同学及东阳同乡们相处融洽，立社和东阳同乡会有时就在他们家办活动。同乡、同学若有需要帮忙的，都会找他们。程月初回忆他后来离开遵义南下时的情况："第二天一早，他们夫妻俩来到我的住处为我送行，整理箱子。一应料理停当，便送我上车站。用情之殷，率性之真，让我感动得含泪欲滴，久久不能自已。"[17]

赵松乔与朱谦华夫妇（1942年秋于遵义）

赵松乔和朱谦华在遵义生活了4年（1942~1946），直到赵松乔到美国克拉克大学留学进修。期间他们先后生育三子，一男二女，其中男孩因小产而夭折。

注释

1. 李旭旦：《近代人生地理学之发达及其在我国之展望》，1942年。
2. J. Brunhes 著、张其昀译：《人生地理学史》，上海，商务印书馆，1930年。
3. 张其昀："方志学之价值"，见竺可桢等译：《新地学》，147~148页。
4. 张九辰访问整理：《施雅风口述自传》，湖南教育出版社，49页，2009年。
5. 张其昀主编：《遵义新志》，国立浙江大学史地研究所，88页，1948年。
6. 王永太："张其昀与《遵义新志》"，《中国地方志》，2005年第2期，58页。
7. 杨怀仁主编：《叶良辅与中国地貌学》，杭州，浙江大学出版社，421~424页，1989年。

8. 《竺可桢全集》，第 11 卷，256、258 页。

9. 《竺可桢全集》，第 24 卷，316 页。

10. 张其昀："复刊辞"，《思想与时代》，第 41 期，1947 年。

11. 《竺可桢全集》，第 8 卷，95 页。

12. 张其昀："自序"，《中华五千年史》，第 1 册，4 页。

13. 《国风》，创刊号，1932 年。

14. 《国风》，2 卷 1 号，1933 年。

15. 张其昀："研究学问的方法"，《歌颂大学》，台北，华冈出版有限公司，43~44 页，1970 年。

16. 程月初："记过往点点滴滴"，《杭高校友通讯》，第 18 期，10~11 页，1989 年。

17. 同上。

第九章

漂洋过海留学北美

1. 到美国去

  1946 年 5 月 5 日，美国国务院提供浙江大学两名研究生奖学金，浙大从全校各系推荐的候选人中选拔，以年资、在校成绩、服务成绩、著作，及英文能力为选拔标准，结果史地系的赵松乔和数学系的卢庆骏获选[1]。竺校长立即从南京打电报到遵义校本部，要当选人快速到南京办理出国手续。赵松乔在接到通知后，立即和谦华收拾了简单的行李，带着两个幼女，一个刚满周岁，另一个刚出生没多久，乘坐浙大搬运仪器的卡车去南京。临行前在校本部子弹库门口遇见了老师张其昀。他告诉松乔，史地研究所创始不易，现在总算有点成绩了，要好好在美学习，回来后接续他的工作。松乔原本只打算到美国知名的地理研究学府克拉克大学（Clark University）进修，将美国新地理学理论研究和方法带回来，以提高浙大史地所的研究水平。听到老师这番话后，他顿时感到此次出国肩上的担子更沉重了。

  与赵松乔一家同行的还有史地系严德一教授一家三口，及电机系的顾怡训女士。车子从遵义经贵阳、邵阳到长沙后，改乘汽轮到汉口，再转轮船到南京。到南京后，因办理出国手续还得等十来天，松乔就将妻子和刚出生的女儿送到杭州浙大宿舍，自己则带着一岁多的女儿回东阳老家，将女儿托付给母亲代为照顾。这是他自 1938 年进入浙大后第一次再见到母亲，但马上却又要远行。在家只停留了一天他就匆匆赶回南京，松乔先到美国大使馆报到，进行体检和注射各种预防针，然后去资源委员会看望同学杨利普和宋铭奎，并住在他们的宿舍里。此期间松乔还到教育部拜见了当年自己硕士学位校外审查人之一的凌纯声教授，除当面感谢他对自己论文的审阅，另一主要原因，是因为赵松乔听从严德一教授的提示，这样做可避免如果不是国民党员或三青团员，在办理护照时会有困难。

与赵松乔同批留美的，约有 20 人。在办理完出国手续后，各自赴上海美使馆报到，领取出国船票和途中补助金。到美国的交通工具是一艘运输船，经日本、夏威夷，直抵旧金山，历时约半个月。同船约二三百人，其中多为中国人，以旅美华侨为主。在船上遇见出国访问的冯玉祥夫妇和出国讲学的西南联大华罗庚教授。

船抵旧金山后，这批留学生由美国国务院一位女性工作人员接待，每人发给火车票和两个月的生活费（每月 125 美元）。赵松乔再坐火车由旧金山经大盐湖和伊利诺伊州首府芝加哥，到达目的地克拉克大学所在的马州伍斯特（Worcester）城。

2. 美国地理学研究重镇——克拉克大学

地处新英格兰区的马州小城伍斯特，是一位经营硬木家具的商人克拉克（Jonas G. Clark）的故乡。在淘金热（gold rush）时期，因同时在旧金山、纽约和波士顿投资获巨利后，到欧洲学习教育，打算在自己的家乡建立一所大学。1887 年，克拉克 72 岁时，投资 100 万美元建立了以他名字命名的全美第二所以培养研究生为主的大学。1900 年，克拉克去世，1902 年，克拉克大学扩充为同时也培养本科生的大学。

1909 年，克拉克大学因著名奥地利心理学家弗洛伊德（Sigmund Freud）的造访而闻名。弗洛伊德应克拉克大学之邀，主要因为克拉克大学的首任校

克拉克大学

长斯坦利（G. Stanley Hall），他是美国首位著名的儿童心理学家。在他任职30年间，克拉克大学吸引了世界许多知名心理学家的来访与任教，使克拉克大学的心理学研究和教学名列全美前茅。1920年，斯坦利校长退休，由任教哈佛大学多年的著名地理学教授阿德湖（Wallace Walter Atwood）继任。阿德湖接任后即计划成立地理研究院，并邀请当时的地理学界泰斗戴维斯（William Davis）到校演讲。戴维斯在演讲中说："地理学研究院（Graduate School of Geography）是克拉克大学首创，因而克拉克大学实处于特别之地位。……克拉克大学于各科中，将格外注重地理，使之得到特别发展。今新任校长阿德湖是著名地理学家，则更可见我的预言不假。"最后他说："设地理学研究院果能实现于克拉克大学，则其中之学者，必能循其所学以日进，以冀有所贡献于世界。且以克拉克大学现有如斯之良教授，完美之设备，富有研究心之学子，溢有学者风之空气，则地理学研究院固可以于此实现也。果能实现，则必能引起世人之瞻仰，游者之驻足，而克拉克大学成为全国地理活动之中心，亦意中事耳。"[2] 讲词后刊登于1920年美国《科学》杂志第2期上，引起竺可桢的重视，他在1933年编译《新地学》时，将此文收入书中，作为中国地理学发展的指导。

在阿德湖任职的 26 年里，如戴维斯所言，克拉克大学的地理研究院成为全美地理学研究中心。许多著名的地理学家都任教于此，如森普尔（E. C. Semple，拉采尔的弟子，美国著名地理学家）、布鲁克斯（C. E. Brooks）、琼斯（C. E. Jones）、埃克布劳（W. E. Ekblaw）、里奇利（D. C. Ridgeley）、范根堡（Van Valkenburg）及小阿德伍得（W. W. Atwood Jr.），克拉克大学因此被称为"中心学校"（heartland school）。甚至 1940 年美国南极服务局（US Antarctic Service）将在南极新发现的山脉命名为克拉克山脉（Clark Mountain），并以研究院的地理学者命名此山脉的山峰，如 Peak Atwood、Peak Jones、Peak Ekblaw、Peak Burnham 和 Peak Van Valkenburg。

因克拉克大学声名不断提升，不但美国国内学生人数持续增加，且世界各国的学子们更纷纷选读。如 1910 年，南开大学校长张伯苓的弟弟张彭春考取第二批庚子赔款留美考试，即选读克拉克大学，攻读欧美文学。1918 年，后来成为中国著名考古学家的李济和著名诗人的徐志摩，也都选读克拉克大学，分别攻读心理学和财政学。赵松乔到克拉克大学地理研究所留学进修，也是经竺可桢校长和张其昀主任所推荐的，他们深知克拉克大学地理研究院是当时美国地理学界的领军者。早在 1923 年，张其昀就已将克拉克大学校长阿德湖的经典之作"美国之地理学"[3] 译成中文，介绍与中国地学界，竺可桢特为此文作序加以推荐。

3. 盖伊·伯纳姆索引

据克拉克大学盖伊·伯纳姆索引（Guy Burnham Index）记载，自 1922 年克拉克大学开始授予地理学研究生学位始，至 1970 年止，共有 4 位中国人分别获得地理学硕士或博士学位。分别是：1931 年，刘恩兰（Liu En-lan）获硕士学位，论文题为"Climate：A Dictator of China"；1944 年，罗开富（David Kai-Foo Loa）获博士学位，论文题为"Climatic Atlas of China

Proper"；1948 年，赵松乔（Sung-Chiao Chao）获博士学位，论文题为"Geographic Regions of China: Their Component, Factors and Chief Characteristics"；1954 年，张镜湖（Jen-Hu Chang）获得博士学位，论文题为"Variability of the Monthly Precipitation from the Long Period Mean in Europe"。

克拉克大学地理研究院培育的第一位中国地理学博士是罗开富。他是中国水文地理学的开创者。1913 年 9 月出生于湖南长沙市。1935 年，毕业于中山大学地理系后留校担任助教，之后在西南联大担任助理研究员。1940 年 9 月，赴加拿大多伦多大学攻读硕士学位，1942 年，转入克拉克大学攻读博士学位。1944 年，获博士学位后即到美战时情报局地图处工作。二战结束后，1946 年 9 月回国，先后在南京地理所任研究员和代所长、中山大学地理系教授、中国科学院地理研究所研究员。在 1957 年反右运动中，因说了句"所领导应和群众一样，坐椅子不能高低不同"，而被错划为右派分子。这使罗开富的科学研究生涯受到致命打击，1962 年后，被调往广州地理研究所、广东省地震局，从事资料的翻译工作直到 1979 年，在此期间曾发生他撰写的"中国水文区划"一文，因为是右派分子，该文竟未列有作者的名字，令人不胜唏嘘。1979 年后，任广东省科学院地理研究所研究员、副所长、所长、名誉所长，广东省第五届、第六届政协常委，1992 年 9 月病逝于广州。

张镜湖是克拉克大学地理研究院培育的第三位中国地理学博士。1927 年出生于浙江省鄞县，是张其昀先生的独子。1950 年，获克拉克大学地理研究院奖学金入读该校，1954年，获博士学位。在1953年时，他已在约翰·霍普金斯大学（Johns Hopkins University）微气候研究所担任研究员；在获得博士学位后，到哈佛大学蓝山气象研究所（Blue Hill Observatory）工作，负责美国陆军所委托"地下温度研究所计划"，后由哈佛大学出版报告两册。1958年，参加威斯康星大学（Wisconsin University）舒米（Vernon Suomi）教授所领导之美国最早的太空气象观察仪器研究计划。1959年后，任夏威夷大学地理系教授20余年，教授气候学、农业气象学等课程。1973年，应世界银行之聘，数次赴巴西贝伦（Belem）担任气候与水文研究所顾问，参加亚马逊河（Amazon）流域开发计划。1981年，担任联合国教科文组织"热带水文与气候委员会"召集人，并协助编纂 *Hydrology and Water Management in the Humid Tropics*，撰写"Hydrology in Humid Tropical Asia"一文[4]。1984年，其父病重；次年，他辞去夏威夷大学的教职回到台湾，于病榻前侍奉父亲。1987年，当选为台湾文化大学董事会董事长，以迄于今。

4. 美国的留学生活

赵松乔初到美国，首先遇到的是语言的障碍。当地人说的话他听不懂，而他所说的英文当地人亦不知其所云。更使他难以忍受的，是随时都感受到的种族歧视。赵松乔留学克拉克大学原本只打算进修两年，全力学习欧美的新地学理论和研究方法。但当与克拉克大学地理研究院指导人员交谈后，赵松乔即改变初衷。在日后的留学记载中，如此叙述："克拉克大学地理学院当局对中国的大学完全采取蔑视态度，不承认我在浙大所得的学士、硕士学位，劈头就问我：'你读不读学位？'我说：'不想读'时，就哼了一声，说：'料你不敢。'我赌气说：'我改变主张，我要直接读博士学位。'他又哼了一声，仍不让我修土壤学等课。"这些苦涩的经验再加以生活上的不习惯，促使他更想努力学习，尽快完成学业，早日回国。

甫入克拉克大学，赵松乔就遇到一年一度的野外实习，当时松乔刚经历了8年抗战的流离生活，以及数月的旅途跋涉，身体状况很差，又发烧，但他仍咬紧牙熬过去。

第一学年的第一个学期，松乔全力克服各种困难。他从未离开过学校，除野外实习期间去新英格兰区的普利茅斯（Plymouth）外，每天就在教室、宿舍、餐厅三个地方往返。美国学生每周末的娱乐会（party），他也从未参加过。一学期下来，每门功课成绩都得到"A"，英语也过关了。

当年克拉克大学地理学院约有研究生50人，其中1/3来自中国、缅甸、印度、埃及、伊拉克、土耳其、比利时、瑞典、荷兰等国。中国学生除赵松乔以外，还有林观得和女学生阚纫琼。教授有地理系主任范根堡，教气候学和政治地理；埃克布劳，教人文地理，并任《经济地理》杂志的总编辑，也是赵松乔研究生评审会的主任委员；洛及（R.J. Lougee），教地貌学；墨菲（R. E. Murphy），教经济地理学；小阿德湖，教绘图学；老阿德湖（Wallace Atwood Sr.），原是第二任校长兼地理研究院主任，时已退休，但还指导地理学院的事务，他曾请赵松乔吃过一次饭；沃曼（H. J. Warman），教拉丁美洲地理及地理教育。此外还有英国伦敦大学的客座教授福塞特，他是当时海权论的倡议者。

第二学期，赵松乔参加了美国地理学会。因为已熟悉了环境，课业压力稍微减轻，除了读书以外，赵松乔还参加一些小区活动。如在星期天为伍斯特的青年和妇女团体分别介绍中国大学生在抗日战争时期的活动，及中国传统文化。他曾去波士顿两次，看望同批来美在哈佛大学的留学生王浩。有时与克拉克大学中国留学生聚会，如机械系的王大伦和生物系的同学；有时也拜访开餐馆的华侨老板。在这学期，克拉克大学的校友刘恩兰曾访问母校，赵松乔与之结识并往来。

以下摘录1947年竺可桢校长访美期间的日记，从中可以看到些松乔在美学习和生活的剪影：

3月4日："下午4：10到Worcester City Hall附近下车，不见赵松乔，心知有异。Take Taxi至Clark大学，进内问知Prof. Van Valkenburg去Boston，而其时方有Conference。余在图书馆阅Chen Tai关于人口问题论文。未几赵松乔来，知Van Valkenburg要余于13号至Seminar讲演，……晤史地系（浙大）本年毕业女生阚纫琼、燕大地理系毕业林君及刘恩兰女士。刘于去年7月来，余去年10月至N. Y.某处参加会议，回途汽车相撞，伤及腿、臂与眼，在医院4个月，迄今眼尚不能看书云。Clark前校长W. W. Atwood方退休，新校长为Howard B. Jefferson，于去年9月就职。6点偕林、刘、阚、赵四君至Thurston Restaurant晚餐。餐后别赵君，乘7：30车回。"[5]

3月13日："晨7点起。8点早餐，即回。预备演讲。……系Clipper直达车，未2点即到。即有阚纫琼及赵松乔在此相接，乘车至Clark大学。晤Director, Graduate School of Geography, Van Valkenburg (Samuel)。渠系荷兰人，在Utrecht、Zurich、Berlin等大学毕业。在Java 5年，曾出席Australia Pan Pacific Series Congress，著有 Economic & Social Geography 等书。据云去年Prof. Atwood辞职，以Dr. Jefferson为校长，以渠为地理组主任。渠在Clark已12年，乃于1931年继Charles F. Brooks者。对于赵松乔，渠以为工作不坏，甚能思想。"[6]

3月14日："晨7点起。9点早餐后至Clark University地理系晤赵松乔，余告以Clark大学地理教员Van Valkenburg、Ekblaw及Murphy均告余，以成绩论，赵之成绩可称超等。……11点听Jefferson之课，讲Aristotle，谓阿氏云：All men desire to know。余谓孔孟如讲则说：All men desire to be good。此是东西哲人不同之点也。12点至 Worcester Club，应 Jefferson 之邀中膳，到 Prof. Dodd、Murphy（Eco. Geog.）、Van Valkenburg（Poli. Geo.）、Louggi（Physical Geo.）、Lea（历史）诸人。膳时谈及中俄共产党问题。2点告别。Pres. Jefferson 送至 Sheraton（Bancroft）Hotel。未几林观得、赵松乔、阚纫琼3人来，渠等欲留余至8点晚餐再走，余以座位定好，故于3：45乘 Clipper 特快行。"[7]

松乔在克拉克大学地理研究院攻读博士学位时，他和竺校长可桢、张主任其昀及叶教授良辅时有书信往来，这些在《竺可桢全集》中有多处记载。松乔在当时的通信地址是：Sung-Chiao Chao, School of Geography, Clark Univ., Worcester[8]。

5. 加拿大的哈佛——麦吉尔大学

欧美大学的暑假较长，通常有3个多月，因为有些课程和研究计划在这段时间开课，赵松乔在克拉克大学的第一个暑假过得十分繁忙。暑假开始的前3个星期，他担任地貌学教授洛及的助手，在新英格兰区数州做冰川地质的调查工作。之后的两个月，他又应邀以特约讲师的身份，到加拿大的麦吉尔大学（McGill University）暑期学校教授地理学的课程。

麦吉尔大学位于加拿大魁北克省的蒙特利尔（Montreal）市。1813年，蒙特利尔的苏格兰裔商人及慈善家詹姆斯·麦吉尔（James McGill）去世，

在遗嘱中将自己 47 英亩的庄园土地和 1 万英镑馈赠给皇家高等学会，用以创办大学。1821 年，英王乔治四世以麦吉尔的名字建立了一所大学。经百余年来的发展，麦吉尔大学已成为蜚声全球的综合性大学，被誉为"加拿大的哈佛"。

1947 年，麦吉尔大学有两个暑期学校，一个是法语暑期研究院，另一个是气候学家兼地理系主任金布尔（G. Kimble）教授建立的地理暑期研究院。金布尔为了提升麦吉尔大学地理学教学，特别邀请当时载誉地理学界的克拉克大学准博士来暑期学校教学。麦吉尔大学的暑期地理研究院设在蒙特利尔市东的斯坦斯第学院（Stanstead College）内。金布尔教授认为这个地点便于野外实习，同时，这里虽是法语区但可以用英语交流，也便于教学。第一期的暑期学校有学生 100 多人。赵松乔在此期间认识了加拿大地理环境决定论学者泰勒和美国的斯坦普教授，并再次遇到来此参观访问的刘恩兰和克拉克大学的一些中国留学生。

麦吉尔大学授课结束后，赵松乔回到克拉克大学的地理研究所，开始全力准备法文考试和博士论文初试。松乔决定以中国地理区域作为博士论文研究主题，因为在 20 世纪 40 年代，"地理区域"是欧美地理研究的重点。自从美国地理学家戴维斯在 20 世纪初提出地理区域概念后，至松乔到美攻读博士学位时，美国地理学家都认为研究地理区域不是仅需观察或描述，更要去认识地区间的规律性和重现性。在浙大史地所攻读硕士学位时，松乔已受到这种新地理学观点的启示，而现在则是在一个更高、更广的平台去认识中国各区域间的异同，以归纳出中国地域区划的理论。在克拉克大学地理研究所教授埃克布劳的指导下，松乔的博士论文题目为 Geographic Regions of China: Their Component Factors and Chief Characteristics（中国地理区域：它们的构成因素和主要特征）。在准备论文时，松乔深感研究资料的缺乏，在最短的时间内，他用 5 种文字搜集世界有关中国地理区域的数据，最后从 2000 份资料中筛选出 1/10 的文章，作为自己论文的参考文献。他所筛选出的 229 篇文献，几乎囊括了当时全中国和世界各国所有与中国区域相关的文章。依据这些文献，加之自身 10 多年在中国各地区观察研究的实际经验和判断，赵松乔将中国地理区域的构成因素，如河流、地貌、气候、土壤、植被、种族和人口等所有能找到的资料，以水系、地貌和气候为主要区划因素，用叠置和综合分析法进行全面研究。赵松乔以东北北端的瑷珲向西南到云南的腾冲连线，将中国国土划分为：大东南（Great Southeast）和大西北（Great Northwest）两大区域，下再分 7 个组和 23 个地理区。他在论文中总结道："此论文试图总括评价中国的地理因素，以便用它们来对中国地域进行区划。此论文尽力试图为更进一步规范区划研究做一个相对满意且可行的初步大纲。而进一步的区划工作，则将期待在 10 到 20 位中国地理学家合作研究，经过多年共同努力来完成。"赵松乔在克拉克大学地理研究院的这两年学习，为他日后在中国地理区划工作，奠定了深厚的实践和理论基础。

在克拉克大学地理研究院就读的研究生，必须兼修德文与法文。这是戴维斯的主张，阿德湖校长则力行贯彻其主张。戴维斯说："入地理学研究院者，其学力不仅在能熟贯地理学之基本知识而已，必于地理之某门类中，有所专精始可，……此外则德、法之文，亦宜兼通，本国文字尤须畅达。凡此诸事，皆为修业时所宜先事预备者也。"[9] 学习重要语言的要求，松乔在浙大史地系时就已有认知，并因此终身受益。日后在翻译哈特向（Richard Hartshorne）地理经典著作《地理学性质的透视》，与撰写两本英文中国自然地理专著时，他的德文和法文造诣，都帮助于资料的收集。

1947年9月至1948年6月，是赵松乔在克拉克大学留学的第二年。在他日后的留美"回忆"中，有十分清楚的记载：

（1）参加地理学院举办的野外实习（康涅狄格河［Connecticut］河谷区）及赴华盛顿参观。二者都是全体研究生参加。主要参观国务院地图部门，及国防部的地图、气候和服装部门。

（2）地理学院研究生约为50人左右，中国人除我外，还有张景哲和史立常（此二人后转学他处）。

（3）主要时间除继续听课外，集中力量准备通过Ph. D。首先是法文考试，再是六门专业课"初试"（考），再德文考试，最后写毕业论文及其考试，特别是博士论文，因为过去没有准备，出国时原来不想读学位，临时选课题，搜集材料，写出后又须打字及再三修改，全文还须在3月底交出，才能在5月间进行考试和毕业（否则就得到明年5月了），因此一般社会活动都停了，每天工作12小时以上，有时达16小时，以至于健康状况不佳。

（4）少量社会活动。参加过一次在Worcester召开的新英格兰地区黑人要求平等待遇的集会，并发言；另外参加过一次克拉克大学召开的新英格兰地区地理学会，在星期天参加一些青年组织和妇女组织的几次谈话。在这一学年竺可桢曾来克拉克大学参观，并向地理学院学生讲了一次话。寒假时还到过纽约城一次，会见了东中同班同学吴忠葵、江应澄等人。

1948年5月底，赵松乔通过了他的博士论文答辩，克拉克大学地理研究院正式授予他博士学位。仅用两年的时间就获得博士学位，这是非常难得的，教授们都纷纷向他祝贺。克拉克大学地理研究院在当年的会报中刊载了他的论文摘要[10]。

6. 归来

完成论文答辩，和老师、同学话别后，赵松乔立即启程，横贯美国大陆，到西海岸的旧金山乘船回国。他首先到纽约探望在哥伦比亚大学的江应澄，又到布法罗（Buffalo）参观著名的尼亚加拉大瀑布；并访问了附近的锡拉丘兹（雪城）大学（Syracuse University），该校是美国地理研究的另一重镇，在那里他见到了浙大史地系高一级的同学谢觉民，当时他正和夫人阚家蓂分别攻读博士和硕士学位。松乔也拜见了谢觉民的导师，也是克拉克大学毕业的"中国通"葛德石教授。谢觉民在该校获博士学位后，曾在美多所大学任教，后被匹兹堡大学聘为终身教授。之后，松乔继续西行，在伊利诺伊州州府芝加哥市，见到在芝加哥大学留学的浙大学长谢义炳和叶笃正，又北上威斯康星州的麦迪森（Madison）市，拜访了在威斯康星大学访问的浙大史地系教授严德一，并经严德一引见拜访了美国地理界著名学者哈特向；再向西南经艾奥瓦州（Iowa），到艾奥瓦大学去见方根寿，方根寿不但是松乔的东阳同乡，而且还是浙大的校友。方根寿主攻农学，学成后，一直留在美国农业部工作。话别方根寿后，南下到得克萨斯州（Texas），至州立大学看望一位美国同学，并一起旅游了大峡谷（Grand Canyon），再向西行到加州的洛杉矶市，他见到了当时正在加州大学攻读海洋学博士的浙大史地系同学毛汉礼，并拜访菲律宾专家斯宾塞。毛汉礼学成回国后，在中科院海洋研究所任研究员、所长和中科院院士。别离毛汉礼，松乔北上到了旧金山。在等待上船的日子里，他去加州大学看望

中国留学生周廷儒和胡善恩。周廷儒学成回国后，任职北京师范大学地理系教授、系主任和中科院院士。从5月底离开克拉克大学始，至8月中旬到达旧金山，赵松乔在这两个多月的行程中，对美国的自然环境及风土人情有了深刻的了解。在克拉克大学的两年里，赵松乔所学到的新地学理论，所接受的方法上的训练，以及参与多次的野外考察，大大地开拓了他的眼界，不仅大幅提高了专业的水平，并对西方社会有切身的体验。赵松乔就像一只雄鹰，急切地想飞回祖国的怀抱，以其所学所知，贡献给国家，使之成为世界的强国。

在他的留学"回忆"中，还记述了回国途中所发生的事："我从旧金山登上一艘载重3万吨的客轮，经过洛杉矶、夏威夷、菲律宾马尼拉到香港，再到上海。沿途共花费一个月时间。同船四五百人，约1/4是中国人，其中大部分是返广东和台湾探亲的旅美华侨。将抵上海时，由新闻记者杨市月（女）倡议，十几个中国人签名，对美国轮船公司种种歧视中国人的暴行，提出严正抗议。抗议书登载在上岸后第二天的《大公报》上。"两年前踏上西方领土伊始，赵松乔就感受到种族歧视；两年后在回国的船上又发生了。这一切都使赵松乔对祖国的热爱之情更加深切，对西方的种族歧视更加深切的体会和痛恨。这种情感可以从他发表在《地理知识》的"美国国内的种族歧视"一文中看出[11]。

船在太平洋上行驶了整整一个月。9月中旬，松乔抵达上海，与久别的妻子谦华相见，两人回东阳老家住了一天，立即返回杭州浙大开始工作。

注释

1. "浙江大学迁黔大事记"，见贵州省遵义地区地方志编纂委员会编：《浙江大学在遵义》，浙江大学出版社，1990年。又，参见《竺可桢全集》，第10卷，111页。

2. W. 戴维斯著、王学素译:"地理研究院之计划",见竺可桢等译:《新地学》,142~144 页。

3. W. 阿德湖著、张其昀译:"美国之地理学",《史地学报》,2 卷 3 期,31~38 页,1923 年。

4. Chang, J. H., Hydrology in Humid Tropical Asia, In: International Hydrology Series, *Hydrology and Water Management in the Humid Tropics*, Bonell, M., Hufschmidt, M. M. and J. S. Gladwell (eds)., UNESCO, Cambridge University Press, 55~66, 1993.

5. 《竺可桢全集》,第 10 卷,388~389 页。

6. 同前引,395 页。

7. 同前引,395~396 页。

8. 同前引,336 页。

9. 同注 2,143 页。

10. *Abstracts of Dissertations and Theses*, *Clark University Bulletin*, Worcester, Mass., 11~14, 1948.

11. 赵松乔:"美国国内的种族歧视",《地理知识》,2 卷 6 期,135~136 页,1951 年。

第三篇 风雨教学科研人生路（1949~1978）

> 天将降大任于斯人也，必先苦其心志，劳其筋骨，饿其体肤，空乏其身，行拂乱其所为，所以动心忍性，增益其所不能。（《孟子·告子下》）

赵松乔而立之年，学有所成，正踌躇满志，欲报效祖国时，遭遇了翻天覆地的政治变动。他本着质朴坚毅的学者气质，顽强地工作在环境极其艰苦的祖国大地，磨练成就为真正的地理工作者。正当学术科研黄金时期，一次又一次的政治运动，给他带来了极大的冲击和磨难。他以特有坚韧不拔的个性，度过了浩劫，走过这段坎坷的道路。

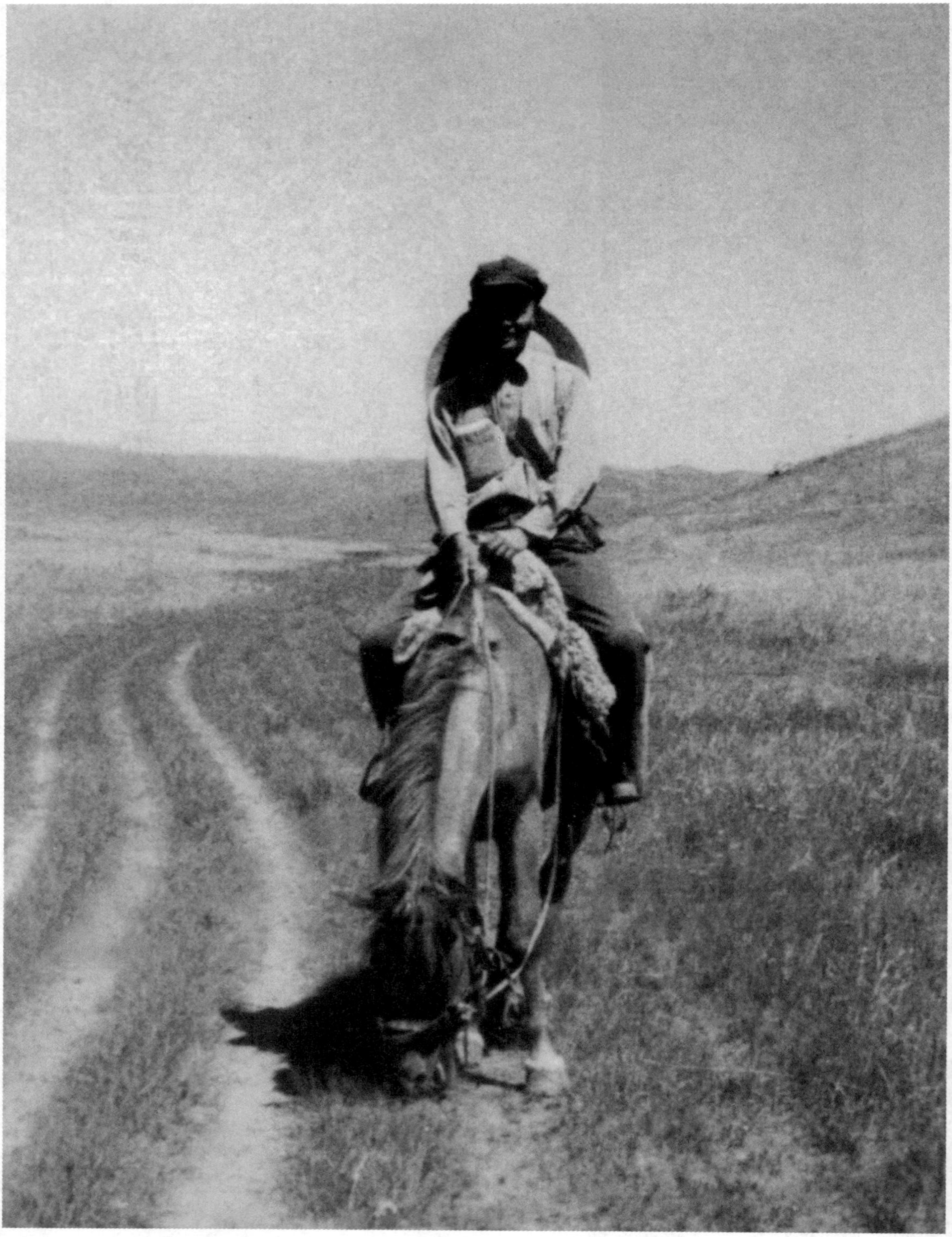

第十章

留学归来

1. 年轻的教授

1948年秋，赵松乔留美归来，回到浙江大学史地系，时年29岁。怀着满腔热血，急切地计划在而立之年实现"科学救国"的抱负。他任职副教授，教本国地理总论、亚洲地理、政治地理和地理名著选读等课程，除授课外，他还做一些人文地理方面的考察和研究，发表的论文有"从地理学观点看'世界国'"（陆权、海权、空权与人权）[1]、"杭州市之土地利用"[2]。当时在史地系正教授中，张其昀教地缘政治地理学，叶良辅教地质学，宋庭祐和孙鼐教考古学，顾毂宜教西洋历史学，陈乐素教中国历史学，谭其骧教历史地理学，严德一教人文地理学，么枕生教气象学；副教授有严钦尚教地形学，黎子耀和张崟教历史学。讲师有陈述彭、徐规、管佩韦、倪士毅、郑士俊和胡玉堂。

2. 暴风雨前的浙大

赵松乔归国时，正值国共内战情势发生巨变，国共战局攻守异位。从东北到华北，自 1948 年 9~11 月的东北辽沈战役始，经 1948 年 11 月~1949 年 1 月的淮海战役（徐蚌会战），至 1948 年 12 月~1949 年 1 月底的平津战役，共产党解放军均节节胜利，国民党军队则步步溃败。淮海战役结束不久，解放军百万大军布阵长江北岸，随时待命过江，国民政府首都南京城岌岌可危。国民政府内有主张"'罢兵弥战'，同共产党举行谈判，早日停止内战，国民党或许还能保半壁江山"，但蒋介石坚持背水一战，他认为"目前战局确实不利，但不必悲观；即使谈判也保不住半壁江山，只有背水一战，成败在天"[3]。在决心背水一战的同时，1949 年 2 月，蒋介石派蒋经国邀请张其昀到奉化溪口面谈，听取他对时局的看法。蒋十分器重张其昀在地缘政治学上的造诣，也欣赏他的思想和才华。张其昀所著的《中国历代教育家史略》一书，以及其立论严谨、见识宏远的几篇有关建都南京的论文，深得蒋介石的激赏，在抗战时蒋介石常阅读其有关"国防地理"的论文。蒋介石也深知张其昀的为人，与其第二侍从室主任陈布雷一样，非常正直。陈布雷去世后，张其昀有"陈布雷第二"之称。在奉化溪口谈话中，张其昀力主国民政府南迁台湾，而反对杨森和张群等人迁到四川或海南岛的建议。张其昀认为台湾有其特殊的优越地理条件，不但有较宽的海峡地带与大陆相隔，而且有供大吨位船只进出的高雄港，可发展工商业，保持岛上经济命脉，这些条件都比四川或海南岛更好。蒋介石采纳了张其昀的建议，国民政府边战边开始了撤退台湾的计划：一方面，继续从上海把储备的黄金、白银等，全部运往台湾；另一方面，把故宫的大量珍藏运往台湾。同时，在平津开始了"学人抢救计划"，即中研院、北大和清华等学术、教育界知名人士的抢救，以及将校内财物运往台湾。

浙江大学地处杭州，所以当时抢救学人的计划并未包括在内，但教授们的去留问题已成日常话题。赵松乔自美国留学回来后，一头钻进做学问的象牙塔，对激烈的政局动荡而引起的纷争并不敏感，也不太关心。他认为自己是一介书生，不想在政治上得罪任何党派，认为无论任何党派当权都与他做学问关系不大。虽然他也很不满意国民政府的腐败无能，不满意民生的艰难，物价飞涨。他曾对学生说，在浙大教书时，每当拿到薪水，就得抱一大堆纸币赶快去买日用物品，否则钱就贬值了。但他对共产党也并不了解，因而采取观望的态度。当时浙大的学生运动十分活跃，学生们在中共地下组织的领导下，纷纷组织起来护校。学生社团的活动已因时局关系减少，赵松乔此时已对社团活动失去兴趣，空闲时多在家中与妻儿在一起。系中有些学生因他和张其昀的师生关系，对他心存戒心。因当时的时局变化迅速，时有对他不友好的事件发生，个性倔强的赵松乔更加不闻时局，拒政治于千里之外，实实在在地成为一位天马行空、我行我素的学者。此时作为一介布衣的老师张其昀虽为蒋介石出谋献策，但在政局激烈动荡的形势下，他并没有决定自己的最后去向。1949年4月15日，蒋百里夫人到杭州扫墓时，他还陪同竺可桢校长一起设宴招待她。4月23日，解放军攻占南京，杭州局势十分危急，国民党政府下令政府机构从杭州迁往宁波。次日晨，张其昀到竺可桢处商谈学校搬迁和自己的去向，竺校长认为："为校着想，渠（晓峰）去系一巨大损失，为渠个人着想，则或以离去为是，因若干学生对渠不甚了解也。"建议他"乘车去沪，不往宁波，因沪上友人甚多，可以长商酌也"[4]。于是张其昀决定乘坐沪杭最后一班火车去上海。在张其昀决定离开杭州时，他把史地系教授李春芬和赵松乔找来，给他们一人一把办公室的钥匙，交代请李春芬代管史地系工作，请赵松乔代管史地研究所工作，他自己则打算先南下到广州或厦门一带教书。5月，张其昀从上海到广州后，遇到了曾在浙大史地系任教的老友钱穆，邀请他与已在广州的谢幼伟（《思想与时代》同仁）和崔书琴（北大教授）同去香港办学。此时在广州的郑彦棻（时任国民党秘书长）将张其昀已到广州一事禀报蒋介石，蒋介石立即叫郑秘书长请张其昀去台湾，于是张其昀携妻、子搭军机飞往台湾。在台湾任政府要职10多年后，张其昀又重返布衣生涯，创办了台湾文化大学，直至辞世，这是后话。

竺可桢校长在张其昀离开杭州后，成立了浙大应变委员会以保护学校。4月28日，在得到省主席、保安司令"绝不入浙大捕人"的保证后，在上海的教育部部长杭立武再三敦促下，于次日凌晨也离开了浙江大学去上海。到上海后，他婉拒了杭立武和蒋经国去台湾之邀请，在朋友处静等解放军的到来。6月2日，他写信给校务会议常务委员蔡邦华、王国松和谭天锡，及所有同事、学生，恳切地表示："14年来，弟在浙大虽竭尽绵力而仍不免左支右绌，烂额焦头。……近则弟已年达耳顺，精力日衰，……自当退让贤路。"[5] 长期的校长生涯已使他心力交瘁，他想回到科学研究的本行去，这也是他长久以来的心愿。从此竺可桢离开了高等教育系统，出任中科院副院长，直到离世。

3. 浙大解聘

在张其昀决定乘坐沪杭最后一班火车去上海的当夜，赵松乔将老师一家送到杭州火车站。在《凤鸣华冈》一书中，叙述如下："这时候，浙江大学的学生对那些政治上倾向于国民党的教授，进行了监视。张其昀的私人图书数据，都放在学校里。逃难之际，当然也顾不了许多，只能将讲稿、笔记拿出，装进一个麻袋，随身携带。张其昀和夫人以及儿子张镜湖三人，勉强挤上火车，行李和麻袋只能由学生由窗口塞进去。"[6] 这个学生就是赵松乔。后来赵松乔用"万般无奈"来形容当时送别老师的心情。他只是一介书生，除了"万般无奈"外，他又如何能料到这种由于政治引起的时局变化，对他个人的未来会有什么样的影响和冲击呢？谦华后来回忆道："我当时问他，张先生一家走了，那我们怎么办呢？"松乔答道："张先生必须得走，因为他参加了国民党，谁都知道蒋介石很信任他。我没有必要走，我不是国民党员，只是个刚从国外回来的教授。再说我是东阳老家的长子，老家父母需要我照应。"这就是深受中国传统文化影响的中国读书人在时局动荡时处世的态度。儒家的"仁爱、忠义、礼和"根植于赵松乔的血脉里，表现在动荡的时局中。

1949年5月7日，解放军华东军区杭州市军事管制委员会宣布成立，谭震林为主任，谭启龙、汪道涵为副主任。6月6日，杭州市军事管制委员会决定对浙江大学实行军事接管，并派出军代表林乎加、副军代表刘亦夫到校进行接管。当天下午在阳明馆召开领导干部会议，会上宣布："（1）停止中国国民党、三民主义青年团等一切反动组织的活动，违者严惩不贷；（2）查封原文学院院长张其昀教授的全部文稿、书籍及全部财产，张系国民党中央委员，解放前夕已去台湾。"[7] 在军管人员查封张其昀的全部文稿、书籍以及财产时，因受老师之托，赵松乔对军管人员说："这里有很多的手稿、书和资料是属张其昀私人的，我可以帮你们分开来。"在这个时间，这个地点，说这样的话，就足可以使浙大当时的领导将所有要对张其昀算的账都算到赵松乔头上了，更何况赵松乔是张其昀的得意入室弟子，老师对他的用心栽培，在浙大史地系是尽人皆知的。解放军接管浙大后，在6月16日发布的第2号通告，对接管检点手续作了9条明文规定，其中提到"调整教师的聘用"。不久，赵松乔就被浙江大学解聘了。据统计，浙大在解放军进驻后被解聘的教职员工有150多名。此事在"1949年周恩来究问浙江大学'拒竺'风波始末"中叙述如下："9月1日，竺可桢在日记中写道：'上海发表马寅初浙大校长，江华杭州市长。'竺可桢终于松了一口气。然而不久，他又听到这样的消息：浙大被接管之后，军管会听任左派学生和助教'取报复主义，停聘教授60余人之多，储润科、朱正元、胡刚复等均在其内，职员如赵凤涛亦在其列，全以过去有恩怨关系为主，而不问教授法、学问之如何也。——可知浙大接管情形与北大、清华、南开可谓全不相同也。'在被停聘的人员中,除了国民党背景的诸葛振公等,以及训导处全部人员,还有过去因反对学生罢课而罢教的郦承铨、王焕镳,及谢家玉、赵松乔、竺士楷等。至于竺可桢,无疑已不再是校长的人选了。而竺可桢花费13年心血创建的浙江大学,延至1952年院系调整,原来的浙江大学,终于面目全非矣。"[8]

1948~1949年,浙大史地系师生合影(前排右三为赵松乔)

注释

1. 赵松乔:"从地理学观点看'世界国'"(陆权、海权、空权与人权),《东南日报·云涛》,第66期,1948年12月25日。

2. 赵松乔:"杭州市之土地利用",《浙江学报》,2卷2期,1~12页,1948年。

3. 李勇、张仲田编:《蒋介石年谱》,中共党史出版社,1995年。

4. 《竺可桢全集》,第11卷,426页。

5.《竺可桢全集》，第 2 卷，697 页。

6. 王永太,《凤鸣华冈——张其昀传》，杭州，浙江大学出版社，52 页，2003 年。

7. 浙江大学校史编写组：《浙江大学简史》，杭州，浙江大学出版社，304 页，1996 年。

8. 散木："1949 年周恩来究问浙江大学'拒竺'风波始末"（2），《历史学家茶座》，第 17 辑，2009 年。

第十一章

金陵女子大学

在浙大停聘赵松乔时，他刚过30岁生日，开始时他觉得很迷惑，不明白为何这个学习、工作、生活了11年的校园，他正打算大展宏图的地方，突然要他离开。随后他那浙东山里人倔强的个性使他十分不服气，但又即刻意识到他需要马上找到工作来维持7口之家的生活。因当时松乔已有3个孩子，大的10岁，已上小学，小的刚满3岁，此时谦华又有7个多月的身孕，东阳老家的亲人也依赖他的接济。这生活的担子需要他的肩膀挑起来。在这时候，他想到了学长刘恩兰，刘恩兰此时正在南京金陵女子大学教地理学，并担任地理系系主任。在赵松乔留学美国克拉克大学及在加拿大麦吉尔大学暑期学校授课时，他们因而相识且建立起校友加同行的朋友关系。他留下谦华在杭州照顾孩子们，即刻坐火车到南京去。

1915年，金陵女子大学创建于南京绣花巷，后迁至陶谷，是一所北美教会创办的私立女子大学。第一任校长是美国清教徒德本康夫人（Mrs. Laurence Thurston），任校长职14年。1928年，由该校第一届毕业生、美国密歇根大学生物学博士吴贻芳接任校长，直到1951年，金陵女大被接收，与金陵大学合并。金陵女大在当时是一所培养中国妇女领袖的大学,以"厚生"(Abundant Life)为其校训。吴贻芳谓:"'厚生'涵义为:人生的目的,不光是为了自己活着,而是要用自己的智慧和能力来帮助他人和社会。这样不但有益于别人,自己的生命也因之而丰满。"在这样的背景下,该校曾培育出许多杰出的教育家和科学家,如吴贻芳、鲁洁、洪范、徐芝秀、鲁桂珍、胡秀英、何怡贞、刘恩兰、李果珍等人。金陵女子大学在抗日战争时期十分有名,因留校的美籍教务主任魏特琳(Minnie Vautrin)女士在日本占领南京期间,勇敢地带领留校人员坚守学校,于南京大屠杀时,积极保护南京市民的生命安全,英勇事迹流传至今。

1. 地理系系主任刘恩兰

刘恩兰,1905 年出生于山东安丘。1925 年,金陵女子大学毕业。留该校附中任教,并兼管理工作。1929 年,赴美国克拉克大学攻读地理学,3 年后获硕士学位回国,在母校金陵女子大学创办了地理系,并任系主任。1939 年,她赴英国牛津大学深造,1941 年,获地理学博士,回国后,任已内迁成都的金陵女子大学地理系系主任。1951 年,因政府接收了所有的教会学校,金陵女大也包括在内,刘恩兰在金陵女子大学工作 26 年后,转至东北师大、哈尔滨军事工程学院任教。1961 年,被调到海军航海保证部工作,授以将军军衔。1964~1972 年,任职于国家海洋局第一海洋研究所。1972 年,任国家海洋局顾问,直到 1986 年逝世。刘恩兰早年曾参加创建中国地理学会的工作,并参加中国科学院组建工作,是中国地理界的老前辈,也是中国第一位女海洋学家。刘恩兰在自然地理、人文地理和

气象学方面著述甚丰。

2. "南京都市地理初步研究"

自 1933 年刘恩兰创办金陵女子大学地理系，由于刘恩兰曾两度留学西方，因而在她领导下的金陵女大地理系的教材和教学方法都能与时俱进，这也都是赵松乔所学、所教、所熟悉的。因为他所要教的科目比浙大史地系多，因此薪水也较高。赵松乔就决定在金陵女子大学工作，任职地理系教授。他在金陵女子大学这一年，教授经济地理、土地利用、地学通读、专题研究、苏联地理，及地学名著选读 6 门课。期间曾与其他教授共同做一些专题研究，如"南京都市地理初步研究"[1]，这是根据 1950 年春季以前的各种调查统计资料，加以他来金陵女大一年内所做的实地调查整理而成，对六朝古都——南京，从城市的地理环境及历史的发展，到城市的构造及功用，进行综合性的论述。该文综合分析南京市的土地利用、环境管理、城市规划，并从理论上对南京的城市发展及建设提出一些意见。

虽然找到了新工作，全家的生活有了着落，但局势急剧的变化，却使赵松乔感到十分失落和彷徨。他一如既往对政治不感兴趣，但他率直地对日常所见所闻时或也发表一些看法，如对当时的城市管理所存在的问题，对"人类征服自然"说法的反驳等。在 20 世纪 50 年代初，他的这些言论并没有为他带来严重的后果，这可能是因为金陵女大当时依然有西方的办学背景，因而"阶级斗争"气氛还不高的缘故。

赵松乔当时内心十分苦闷，极渴望能有

多做些科学研究的机会。在他日后的记载,可以看到他当时的心境:"1948年返国后,先后在浙江大学及金陵女子大学任教,自信对教课态度是认真的,每次讲授之前,必多方搜集资料,细加推敲,写作讲稿。初时颇为雄心勃勃,希望教数年之后,讲稿即可充实成书。待写好二三种,由自知而自惭,废然暂息此想了。因此又怀疑到:一个初出茅庐的科学工作者,是否适合在大学教书?抑或是趁年轻力壮,先做一些野外考察及实际调查工作。在客观环境未彻底明了以前,地理学是既不可能提高水准,也难以普通化、大众化。综观这些年来,自己大部分时间沉浸于学术研究工作,在事业上愧未问津,即在学术上,贡献也绝少。唯一堪解嘲的,自信对学术已发生高度热爱,并已树立相当广大基础,以此为起点,在正确领导下,好好干上四五十年,可以在生产实践和文化建设方面有些作为。"赵松乔未曾想到自己渴望从事科学研究以报效国家的机会,正在向他招手。

注释

1. 赵松乔:"南京都市地理初步研究",《地理学报》,17 卷 2 期,39~72 页,1950 年。

第十二章

中国科学院地理研究所（南京）

1949年3月下旬，中共中央进驻北平。在国共战争即将结束时，中共中央预见到科学技术对国家建设的重要性，决定在新政权成立后，建立全国最高科学机构——中国科学院。7月13日，周恩来在中华全国自然科学工作者代表会议筹备会上宣布，不久的将来必须成立为人民所有的科学院，并号召科学工作者参加筹备工作。9月中旬，遵照宣传部部长陆定一的指示，钱三强等起草了"建立人民科学院草案"。草案中提出暂时就原中央研究院和北平研究所的架构进行调整改组，并对两院的研究所做了分析，提出具体的合并调整意见，为科学院的筹建工作打下了基础。10月19日，任命郭沫若为科学院院长，陈伯达、李四光、陶孟和与竺可桢为副院长。郭沫若、李四光、陶孟和与竺可桢4人均是1948年当选的中央研究院院士。陈伯达曾任毛泽东政治秘书，后任政务院副总理兼文化教育委员会主任。1950年春，中科院分三批接收旧有的研究机构，共23个单位，除中央研究院的数学、历史语言两研究所，因已随国民党政府迁往台湾。经过半年的整理和筹划，旧有的中研院被调整成15个研究机构，另成立3个筹备所：地理所、数学所、心理所。

1. 中国地理研究所

　　1937年抗战前，中央研究院曾一度准备建立地理所，委托李四光着手筹备工作，先在庐山修建办公室，请丁骕驻庐山监修。后因抗日战争全面展开，中央研究院各所西迁重庆、桂林等地，地理所的筹建也因此停顿。1939年，李四光辞去筹建地理所的工作，丁骕也到重庆中央大学地理系任教，地理所的筹建工作完全停顿下来[1]。1940年中，中英庚款董事会经济情况改善，新建3个研究所，地理研究所即其中之一，是董事长朱家骅提议创办的。朱家骅是1918年北洋政府派往欧美进修的教授，1922年获德国柏林大学地质学博士，回国先后任北大、中山大学地质系教授。他非常重视地理学，认为"地理教育恪于课程之分配，对于实际工作方面，未克集中力量多所表现，以引起社会人士之重视，是以设立一纯粹研究地理之机构，举办区域考察，着重研究工作，实属刻不容缓。"[2] 因此积极倡导中国近代地理学和筹建地理所。在建所初期，中国地理研究所由中英庚款董事会领导；1947年，所址迁至南京，时朱家骅任教育部长，将中国地理研究所改隶教育部。地理所从建所至1949年，前后三任所长，为黄国璋*（1940~1945）、李承三（1945~1947）和林超**（1947~1949），均由朱家骅任命。1940年8月，

---

　　* 黄国璋（1896~1966），1919年，毕业于长沙雅礼大学。1928年，美国芝加哥大学地理系毕业。回国后，先后任中山大学、北平师范大学地理系教授。抗战时期任西北联大训导长，兼地理系主任。抗战胜利后，复任北平师范大学地理系主任、理学院院长。1952年，因政治因素被免除地理学会副理事长和北京师范大学地理系主任职务，调任西安陕西师范大学地理系主任。1966年含冤去世。

　　** 林超（1909~1991），1930年，毕业于中山大学地质地理系。1934年，以优异成绩考取公费留学至英国利物浦大学，1938年，获该校第一位地理学博士。回国后历任中山大学教授、地理系主任、理学院代院长。1940年，在重庆北碚协助筹建中国地理研究所，并历任副研究员、研究员、人文地理组组长、地理研究所所长。1949年，代表中国赴葡萄牙里斯本参加国际地理联合会第十六届大会，为中国在国际地理学界争得应有的地位，成为国际地理联合会正式成员。回国后，因同意中国地理研究所南迁广州，而不被允许回中国科学院地理所工作。之后，他任北京大学地理系教授。1991年病逝于北京。

地理所在重庆北碚正式成立，首任所长黄国璋在公路车站附近购一栋两层楼的房子为所址，并购置办公家具，完成其他筹备工作。在抗战时期，因研究经费有限，图书、仪器设备都很简陋，野外考察和勘测主要限于嘉陵江与碚江流域、汉中盆地、大巴山区、成都平原、川东地区。1941年，地理所创办《地理》季刊，刊登有关学者的地理学术论文，内容重要，在当时深具影响力。时地理所分4组：自然地理、人文地理、大地测量和海洋组。1943年，大地测量组迁往宜宾，与同济大学测量系合作；海洋组迁至厦门，与厦门大学合作。所以在1943年后，留在北碚的地理研究所，实际上仅余人文地理和自然地理两组，以及地图室、图书室和行政部门了。全所最盛时有60余人，其中50余人为科技人员，研究员和副研究员共10余人，多为留学归国的专家、教授；助理研究员不到10人，为大学教师[3]。抗战结束后，紧接着内战，"经费更加支绌，仅勉可糊口，人员日益减少"。1949年，中国人民解放军兵临南京城下时，国民政府要求中央机构迁往广州。所内工作人员的去留，则依据各人的具体情况而定。当时的所长林超代表中国赴葡萄牙出席国际地理联合会（IGU）年会，以使中国能正式加入此国际地理组织，所长一职由罗开富代理。许多广东籍或在广东有关系的人决定去广州，其他人有些回老家，有些人去探亲，以暂避战祸，余下的人则留守南京。至中科院驻宁办事处接管时，地理所内人员仅余10多人，以及很少的设备和图书。所以中科院成立时，地理所也仅处于筹备阶段。

2. 老校长的邀请

在中科院接管前还有一段插曲，至1950年4月，中央人民政府正式派员来宁接收属于中央的有关文教科研单位，当时地理所的去向有两种可能：一是由中央教育部接管，与原国立编译馆合并，主要任务是编写教科书；另一是由中国科学院接收。时全所职工都主张归属科学院，乃邀约留在宁、沪的地理界专家、教授 10 余人，联名向当时中国科学院副院长竺可桢陈情，得到竺老大力支持，才得以由中国科学院接管[4]。

赵松乔当时在金陵女大教书，他也在信上签了名。信中从 5 方面强调地理研究的重要性：（1）地理科学作为国家建设所需要；（2）人民政府对地理很重视；（3）苏联重视地理学的经验；（4）大学地理系既有独立成系的必要，科学院中自应筹设专所；（5）地理科学具有独特的性质与功能，绝不能与其他科学研究机构并合组织；如果地理界无一中心研究机构，则必将影响地理学的长远发展。在信上签名的人还有周立三、刘恩兰、徐近之、李旭旦、任美锷、李海晨、朱炳海、宋铭奎、杨纫章、楼桐茂、施雅风、程潞、吴传钧和高咏源等人[5]。

中科院地理研究所

在竺可桢副院长的大力支持下，中科院地理研究所筹备处在 1950 年 6 月成立。竺可桢任主任，黄秉维任副主任，有委员 15 名，曾世英、黄国璋、孙敬之、徐近之、李春芬、周廷儒、王成祖、刘恩兰、周立三*、罗开富、李旭旦、夏坚白、方俊、王之卓和周宗俊。在第一次地理所筹备委员会正式会议上，"决定地理所分为三组：第一组普通地理研究，二组大地测量，三组制图。次讨论拟聘之研究员，计有徐近之、方俊、曾世英、丁啸等四研究

---

* 周立三（1910~1999），1933 年，毕业于广州中山大学地理系。毕业后先后在陆地测量总局、国立编译馆工作，之后任广西大学副教授。1940 年，协助黄国璋筹建中国地理研究所。1949 年，协助竺可桢筹建中国科学院地理研究所。自 1958 年，任中科院南京地理所研究员兼所长。1980 年，当选为中科院院士。1999 年，病逝于南京。

1950年，中科院南京地理研究所工作人员（前排左一为赵松乔）

员，副研究员赵松乔，助理研究员陈述彭等，共13人。"[6] 三个组的主持人分别为周立三、方俊和曾世英。加上当时新分配的大学生，至1950年9月，筹备中的地理所职工人数已增至29人。1950年7月，金陵女大暑假期间，赵松乔从金陵女大转到中科院地理所工作，职称副研究员。

在地理所筹备期间，竺可桢不但强调聘用高级研究人才，还十分重视充实图书设备和确立研究方向。这和他主持浙江大学13年的思维及方法是一致的。筹备会还以3亿元人民币从上海一位盐商处购得所珍藏的全部中国各省、州、县地方志，共300多种，加上以后陆续征购的地方志，其种类、数量之多，已跃居当时全国第五六位，成为南京地理所图书馆的一大特色。同时，竺可桢也先后捐赠了很多书刊给地理所，其中包括整套的二十四史，共280本。

3. 锻炼成一位真正的地理工作者

1950年1月14日，院务汇报会议讨论通过"中国科学院1950年工作计划纲要（草案）"，草案中提出近几年科学院的方针和基本任务。6月14日，中国科学院下达了关于中国科学院基本任务的指示："改革过去的科研机构，以期培养科学建设人才，使科学研究真正能够服务于国家的工业、农业、保健和国防事业的建设。"[7] 在竺可桢主持的地理所几次筹备会议中，都强调贯彻中科院的任务和研究方向。他提出三点基本精神：（1）确定科学为人民服务的观点，并实际密切配合，以矫正过去脱离现实、自由散漫的作风；（2）根据近代科学发展的趋势，吸收国际进步科学经验，有计划地开展理论与实践研究，以期赶上国际学术水平；（3）强调科学研究的计划性与集体性，以加强各学科之间的有机联系。依据这三点具体的研究方向，地理所分3组，第一组普通地理组，由周立三负责，主要任务是：（1）南京附近土地利用调查；（2）黄泛区地理调查；（3）黄河山西、陕西地区土壤流失调查；（4）铁路新线地质和经济调查。第二组大地测量组，由方俊负责。第三组制图组，由曾世英负责，编制中国100万分之一的地形图。

1950年9月，赵松乔刚进地理所两个月，在工作上属普通地理组，他的第一项工作就是参加由徐近之负责的黄泛区地理调查。"黄泛区"是一个苦难的代名词。1938年，日军进攻开封、郑州一带，国民党军队炸开黄河花园口大堤，试图以水阻止日军南下。浑浊的黄河水向东南方向下泄，在河南、安徽和江苏省之间形成一个沼泽区，后称之黄泛区。黄泛区从花园口到淮河长400千米，宽10～50千米，面积达5.4万平方千米。经黄河水冲刷后，形成了数米厚的砂石和泥沙堆积，给该地区带来长期复田耕种的困难。赵松乔参加的黄泛区地理调查是对1938～1945年间由于黄河泛滥所造成的灾害情况及灾后留下来的许多问题进行实地调查研究。其他参加人员有罗来兴、祁延年、汪安球。在完成任务后，1951年4月，赵松乔又参加当时铁道部向科学院提出的9条计划新建铁路的地质勘测和经济调查。他到内蒙集宁（乌兰察布）、吉林省白城子一带进行实地调查，提供有关集白线客、货运量的预测。

早年赵松乔是主攻人文地理，对任何与人文地理有关的研究，如经济地理、历史地理、农业地理及人口地理等，都抱持专业性的兴趣。因此在为铁道部做调查时，赵松乔也抽空对与当地人文地理有关的一些问题，做些实地调查。范围从内蒙古的集宁到吉林省的白城子，包括前察哈尔省北部的6个县（张北、崇礼、尚义、沽源、保康和商都），内蒙古察哈尔盟的3个县、5个旗及锡林郭勒盟的5个旗。赵松乔在这面积20多万平方千米，人口近百万的地区做了大量的自然地理（气候、地貌、降雨量、植被和土壤）及人文地理（历史、农牧业生产、人口分布及交通）调查，提出对该地区农业发展的一些看法及意见，并写成论文"察北、察盟及锡盟——一个农牧过渡地区的经济地理调查"[8]，发表于1953年的《地理学报》上。

自1950年9月参加黄泛区地理调查始，至1951年9月完成为铁道部集白线做铁路运输调查止，在这一年内，赵松乔有10个月的时间完全在野外，工作流动性很大，住的是帐篷，时常是吃了这顿饭，不知道下顿饭在何时何处。有一次他饿了很久，遇到一户牧民，就把身边所有的钱拿来买了十几个鸡蛋一次吃下；又有一次在进入沙漠之前，一次喝下3升牛奶。生活条件的艰苦，难不倒他，工作上的收获，带给他学以致用、学以报国的喜悦。就在如此紧张、繁忙下工作了一年，回到南京后不久，赵松乔得了重病，检查后确诊为肺结核。这突如其来的重病，使他卧床不起。当时治疗肺结核的特效药链霉素才刚上市，又贵且难买到。此时家中已有4个孩子，第五个孩子又将出世，生活拮据，无钱买药。谦华只得把家中所有能卖的东西都卖掉，包括松乔回国时，他的房东所送的一套餐具，以及谦华的大衣等。凑得钱后，谦华跑遍南京市的药店去买链霉素，但都买不到，她绝望地坐在药店的门槛上哭了起来。万般无奈下，最后只得去邮局打电报给在上海的松乔小弟，当时在同济大学物理系任教的赵松龄，请他在上海帮忙找链霉素。松龄接到电报后，立即请假在上海找药，买到后又即刻坐火车赶到南京。这些救命的链霉素针剂，由住在南京九华山宿舍区的邻居，植物所研究员周太炎的夫人，每天定时来家里帮忙注射，且拒绝收费。松乔在晚年回忆起当时的情景，对女儿说："这辈子我有几个人要感谢，你周伯母就是其中的一个。"

松乔从这场重病中死里逃生后，元气大伤，以前那种一天似有无限的精力已不复再见。生病期间的医药费和九口之家（此时又添了一个儿子）的开销，使得一家陷入十分窘迫的经济困境。有点营养品主要给松乔和刚出生的婴儿，孩子们的衣服都是大的穿过，缝补后再给小的穿，谦华只得在地理所财务处工作以补贴家用，松乔在身体状况许可时，也写些文章投稿杂志，赚取些稿费以应付开支。在恢复期间，松乔每天上午到所里办公，下午在家休息。他主要做些外国地理的研究，20世纪50年代初期，地理所的外国地理研究是相对薄弱的，由留美的赵松乔负责一些这方面的工作，也可帮忙带领新人。松乔在地理期刊发表外国地理研究论文，并翻译有关文章，如"加拿大"、"世界的风系"、"世界的雨量分布"等。另外，不时还有为各大部服务的工作，如外交部急需地理所提供中缅边界的有关资料，松乔为了能按时完成任务，几乎每夜都要查考、整理过去的相关资料，并加入新资料，再经过分析研究后写成报告，以供外交部参考。

1953年5月，身体健康恢复后，赵松乔就立刻加入由南京大学任美锷教授带队的嫩江中游经济考察队，奔赴东北北大荒地区。考察自嫩江县的库莫屯，到中长铁路间的嫩江中游，地处大小兴安岭之间的黑龙江部分。此地带是嫩江流域精华的平原地区，包括嫩江、克山、依安等11个县和齐齐哈尔市，面积约6万平方千米，占黑龙江省总面积的1/5，人口约180万，占全省总人口的1/3。主要考察：（1）影响有利发展的自然条件，包括气候、雨量、地形、森林植被、土壤等；（2）经济地理状况，包括工农业、手工业、畜牧业、农副业和交通。经过考察发现区域经济发展上的问题，并加以科学分析，提出合理改进建议，如水利开发和合理的土地利用等。

9月底，赵松乔回京整理考察资料后，即撰写"嫩江中游的自然条件与经济发展"的论文，刊登于1954年的《地理学报》上[9]。1954年5月至9

月，又参加河北省与北京地区的永定河官厅山峡水土流失问题调查计划。这是地理所应水利电力部之邀，参加的一个由中央水利部、中国科学院、北京市政府和北京林科院共同组成的大型合作计划。永定河古称无定河，又名浑河、小黄河，是一条含沙极多，历史上水灾频频发生的河流。因其临近北京和天津两大城市，为了保障该地区的用水、用电、航运，及防止洪水灾害和经济合理发展，官厅山峡地区的水土保持工作成为当时迫在眉睫的重要经济建设任务。经半年的调查，赵松乔写了"永定河官厅山峡的水土保持问题"[10]一文，分析水土流失的主要成因，讨论该地区土地利用概况及当地水土保持的经验，总结水土流失形式和分布，最后提出今后水土保持工作的几个中心问题。

自 1950 年 7 月始，赵松乔的工作已从高等院校的教育体系，转入中科院地理所的科学研究领域，他自青少年即秉持的"科学救国"、"科学报国"之人生理念，有了可以实际发挥的平台，即全力以赴于毕生热爱的事业，不怕吃苦，不怕劳累，不怕疾病的打击，不怕贫困的干扰，满腔热情地投入到一个接一个的研究调查。从黄泛区的综合调查、集白线的调查、嫩江中游经济调查，到永定河官厅山峡水土保持的调查，一连串在荒漠野地里不断地磨炼，逐渐将他锻炼成一位真正的地理工作者。

4. 农业地理

浙东学派所提倡的"经世致用"，在赵松乔一生的学习工作中，得到充分的体现。中国是农业古国，拥有悠久的农业文化，是世界种植业起源地之一。中国地理学者若真要做到"学以致用"、"经世致用"，就不能不涉及农业的研究。不论是早期的遵义地区土地利用调查，钱塘江南岸湘湖农场土地利用规划，杭州市的土地利用，内蒙古的农业生产配置，和甘青、川滇农牧交错地区农牧业调查研究，还是后来的黑龙江及其邻边地区农垦问题调查研究，内蒙古东部地区环境变迁调查研究，横断山、祁连山地农业系统比较，西北干旱区的农业自然条件和资源的综合评价，我国耕地资源分布和合理开发以及对农业发展和变迁的研究等，赵松乔都十分关注农业的研究。赵松乔在农业地理研究的重要贡献有：

（1）农牧交错地带的考察研究

"农牧过渡地带"这一学术用语是赵松乔1953年在"察北、察盟及锡盟——一个农牧过渡地区的经济地理调查"论文中所提出，其后被以"农牧交错带"应用于地理学。1955~1957年，赵松乔负责一系列中国农牧界线调查的研究。他和同僚分别在甘青毗邻带、内蒙古地区，和川滇毗邻带，就中国主要农牧界线进行实地调查。这些研究的总结汇报，后由科学出版社分别出版。1958年4月，出版《甘青农牧交错地区农业区划初步研究》[11]，是赵松乔和周立三、吴传钧及孙承烈合著，他们4人在甘、青两省农牧交错地区进行为时约3个月的野外调查，包括自然条件、历史发展、民族与人口、经济情况和农业生产专门化等调查，又将此地区分为9个农业经济区（兰州区、固原区、临洮区、武都区、夏河区、共和区、西宁区、祁连区和张掖区），分别加以讨论，以便更有效地利用各地区的自然和经济资源。1958年8月，出版《内蒙古自治区农牧业生产配置问题的初步研究》[12]，该书是赵松乔在1951年、1953年及1956年的实地调查报告，再参考中外有关文献编写而成。全书分三部分：（1）讨论内蒙古自治区农牧生产的现状，包括自然条件、历史经济条件、牧业、农业生产现状及农牧区划；（2）阐述1956年调查的8个重点地区，包括牧业区、半农半牧区、半农半牧过渡农业区及农业区；（3）对内蒙古农牧业生产配置问题提出具体意见。在此书之前，赵松乔对内蒙古的研究还有另两本书，一本是1954年地图出版社出版的《内蒙古自治区》[13]，另一本是1959年7月科学出版社出版的《内蒙古自治区地理文献目录》[14]。1959年11月，科学出版社又出版《川滇农牧交错地区农牧业地理调查资料》[15]，主要论述我国从大兴安岭向西南直到高黎贡山的主要农牧交错地区最西南组成部分，包括四川省的西部（阿坝藏族自治州、甘孜藏族自治州、凉山彝族自治州和西昌专区）和云南省的西北部（丽江专区、迪庆藏族自治州、大理白族自治州和德宏傣族景颇族自治州），面积约41.5万平方千米，居民690余万人，这地区的一般地理情形，过去很少有人考察研究，因此缺乏了解。该书填补了这地区地理资料的空白，极有参考价值。从1951年到1957年多次的野外考察，赵松乔完成了全国主要农牧交错地区的实地考察，即横贯内蒙古自治区，至甘肃省西部、四川省西部和云南省西北部。以上5部专著说明了这些地区当时的经济计划和生产建设，也是他农业地理和经济地理研究成果的总结。据统计，赵松乔在这段时间共发表了12篇论文与5本专著，他的刻苦与努力，可见一斑。

（2）黑龙江省及毗邻地区农垦调查研究

1955年初，赵松乔曾撰文论述有关黑龙江省的开荒事宜；"文化大革命"后，受农垦部委托，参加黑龙江及其邻近地区农垦问题的调查研究，时间长达5年以上，所提的建议大多被采纳。他写了"我国农垦问题——农业自然资源和自然条件的综合分析"[16]，和英文论文"Transforming Wilderness into Farmland: An Evaluation of Natural Conditions for Agricultural Development in Heilongjiang Provence"[17]，展现了他的研究成果。

（3）中国农业（种植业）的历史发展和地理分布的综合分析

赵松乔在20世纪90年代所做有关中国农业（种植业）的历史发展和地理分布研究，将中国农业的历史提前了3000年。旧有的史料认为我国农业的历史是从5000年前开始，而赵松乔依据大地湾遗址和河姆渡所发掘的资料，推定为7000~8000年前[18]。他还认为"我国传统农业技术滥觞于战国时代（公元前403~前221年），集大成于西汉（公元前206~前209年），

第十二章　中国科学院地理研究所（南京）　101

东北、西北野外实地考察

是全世界历史悠久而持续不断的一种种植业经营方式。近代以前，是产量最高并地力维持不衰的一种农业形式，有不少成功经验可以总结提高和发扬光大。""我国农业可分为3大区和7个地区，自然、经济条件以及历史发展过程各不相同，农业发展方向和技术措施也有差别。今后应因地制宜，发展近代化农业，但不能'一刀切'。"

此外，他的"Large-scale Agricultural Reclamation in the Tarim Valley and

Its Impacts on Arid Environment"[19]、"我国耕地资源的地理分布和合理开发利用"[20]、"Systems of Vertical Agriculture in the Mountain: A Comparative Study of the Hengduan and Qilian Mountains of the Tibetan Planteau"[21]、"内蒙古东部的半干旱区——一个危急带的环境变迁"[22]、"横断山地和祁连山地自然地理条件和农业系统比较"[23]等,也都是他在农业地理上的研究成果。

5. 外国地理

赵松乔在浙大读研究所时,专攻湿热东南亚地区的人文地理。他的硕士论文所讨论的,就是中国和缅甸两国间的政治地理。他在克拉克大学留学时,也结交了几位来自东南亚的同学和朋友。其中有一位来自缅甸,祖父是华侨的女同学,名叫Thin Kyi。她与松乔相约要共同合作研究、出版一本有关缅甸人文地理的书,当时缅甸很需要这方面的专业书籍。他们在各自回国后,都还保持联系,20世纪50年代初,Thin Kyi 随缅甸代表团到北京访问,在王府井巧遇松乔,二位老同学相见甚欢。在各自述说现况后,Thin Kyi 认为,此时两人共同合作研究出书的可能性已不大,因此,她建议松乔把手上有关缅甸的资料先撰文著书。赵松乔欣然同意,就开始利用出差的空闲时间,着手撰写。松乔写作过程中遇到一些科学研究方面的问题,很想有机会去缅甸实地考察。这也是 20 世纪 40 年代他写硕士论文期间曾有过的愿望,却因战时未能成行。1954 年,在参加"官厅水库水土保持"研究工作期间,他在向竺可桢汇报工作情况时,提出这个请求。竺院长告诉松乔,首先他要努力提高自己的政治水平，否则难有此机会[24]。赵松乔再次失去实地考察的机会。1956 年，松乔《缅甸地理》初稿完成，1958 年，《缅甸地理概述》[25]和《缅甸地理》[26]两本专著，分别由中国青年出版社和科学出版社出版；1959 年，他又写了"伊洛瓦底三角洲——一个区域地理的研究"，刊登在《地理集刊》上。《缅甸地理》是松乔将所收集世界各国有关缅甸的文献资料整理分析后，对缅甸的自然地理要素、历史背景和经济状况做的综合的论述。此书是当时国内首次出版的外国地理著作，对地理所的外国地理研究产生了带头的作用。另外，在 1957～1958 年，赵松乔又与吴关琦、王士鹤合著《菲律宾地理》[27]，进一步推动地理所外国地理的研究。

在撰写外国地理专书的同时，赵松乔也翻译当时世界重要的地理专著，如 1958 年，与侯学焘、徐成龙合译英国地理学家道比（E. H. G. Dobby）的《东南亚地理》[28]，三联书店出版；1963 年，商务印书馆出版了他的两本译作，一本是他以笔名黎樵翻译美国地理学权威哈特向（R. Hartshorne）的《地理学性质的透视》[29]；另一本是与程鸿、徐成龙和吴关琦合译英国地理学家菲兹杰腊（W. Fitzgerald）著，布腊斯（W. C. Brice）修订的《非洲地理》[30]。

6. 中庸之道和好人政府

在工作时，尤其是在野外考察中，即使是环境十分恶劣，条件十分艰苦，赵松乔也是兴致勃勃、孜孜不倦地专注其中。他就像一棵生命力十分旺盛的小草，奋力在严峻的环境中寻觅生根发芽的地方。他写道："解放后，我差不多每年都有机会出差做野外工作，这在过去是完全不可能的。在野外工作中，我不但进一步体会到祖国的伟大和可爱，并且亲闻目睹许许多多的新人新事，确信我所梦寐以求的祖国的富强已指日可待了。"但是在与新社会相处时，他的热情时时被浇熄。作为张其昀厚爱的弟子，又深受西方教育的影响，赵松乔不被准许到军政及经济敏感区做考察，如1950年，地理所有藏东昌都地区的调查工作，以及20世纪60年代西北三线地区的考察任务。他也更不被准许迈出国门去做科学研究和学术交流，如20世纪50年代，在他撰写《缅甸地理》和《菲律宾地理》两本专著时。更有甚者，还设立有专案，对他在1949年以前的社会关系和活动进行详尽的调查，令他感受到不公和屈辱。这种在政治上明显地被冷落和不被信任，使得他感受到与这个社会的距离。

从青少年时所受教育始，尤其是在浙江大学读书期间，赵松乔接受的是传统的中国文化教育"格物致知"、"以儒立身"、"以道处世"。在美求学时，他接受西方的"faith of truth"教育，信仰科学、民主与自由。他终生信奉宋明理学的"求是求真"，终生依《中庸》所说的"博学之，审问之，慎思之，明辨之，笃行之"的求是之路而行。在做人的哲学上，认同儒家学说的"仁、义、智、信"，即仁爱、忠义、睿智和诚信。在他一生中，不论处境的好坏，他总是对自己的父母、兄弟、子女，对自己的师长、同学、同事、朋友，甚至是不相识的人，都能做到"仁、义、智、信"；他经常说，"宁愿他人负我，我绝不负他人。"例如，在20世纪50年代，家里人口众多，经济较困难，但当知道女儿的同学因单亲而生活困难，交不出学费就要退学时，他主动提出要替她交学费，直到该同学毕业。又如，在各次政治运动中，尤其是"文化大革命"期间，赵松乔经常受到各种对他的揭发批判和打击报复，但他从不记恨。即使在"文革"中曾揭发、斗争过他的同事，在"文革"后他照样不计前嫌与其工作，共写文章。有位浙大的师长，因受不了红卫兵的折磨，就说赵松乔是浙大复兴社的特务，使赵松乔的案子变得更复杂，因而长期得不到落实，而久滞"牛棚"。"文革"后，该师长与夫人同来北京向松乔道歉，松乔对他说"事已过去，不必再提了。"不但留他们住在家里，还让谦华陪同他们去天安门广场参观，让女婿陪他们去颐和园游览。在政治理念上，赵松乔赞成孙中山先生所提的三民主义——

民族、民权、民生，也认同美国林肯总统所说的"of the people, by the people, for the people"（民有、民治、民享）。在社会实践上，主张中立政治和好人政府。在浙大时，他和志同道合的同学陈述彭等创办"立社"，以实践其政治主张，以"己立立人"、"无党无派"、"好人政府"为办社宗旨，以期中国能在"好人"的领导下，成为世界经济强国。从赵松乔日后的遭遇看来，他只不过是一介书生，怀抱美好理想，却乘着一叶孤舟在政治动荡中颠簸前行。

1949年后，社会上弥漫阶级斗争论，而他认为参加各党派组织的人都有好有坏；而人的好坏，不应以阶级来划分，是与每个人所受的教育，所信奉的理念，以及个人在实践上的行为有关。比如，他认为校长竺可桢和史地系主任张其昀都是接受中西文化之精髓，并身体力行的人。当时他们两人都是国民党员，竺可桢因为是一校之长必须是国民党员，张其昀则是因为信奉三民主义，在好友陈布雷介绍下加入国民党。虽然入党原因不同，但松乔认为两人都是自己值得追随的师长，就应以礼、以忠义待之。这就可以解释为什么在老师张其昀离校时，赵松乔会义不容辞，帮他一家挤上最后一班火车；为什么赵松乔在解放军接收浙大史地系时，会不识时务地站出来为老师说话，试图要回老师的书稿资料。又如，诸葛麒教授是竺校长的主任秘书，他也是国民党员，同时也是松乔的同乡和东阳中学的校友，他一直视其为长辈并敬重之，即使在中华人民共和国成立后，也不避嫌与他来往。1942年，浙大学生举行声势浩大的"倒孔运动"，主要是因孔祥熙在日军进攻香港时，只顾将自己的家人以专机载回重庆，而无视滞留在香港的许多政治家和文人们所引起。松乔参加了游行，因为他痛恨国民政府的腐败现象。在"倒孔运动"中他看到竺校长为了保护学生走在游行队伍最前面；也知道事后张主任为了帮助学生逃避追捕，在放行证上盖了史地系的系章，也知道诸葛主任秘书让知道此事的军训教官缄口保密。无论是校长、主任还是主任秘书，他们保护学生的行为，都给了赵松乔真实的"好人"教育。松乔的同班同学施雅风回忆当时情景说："有一天，我的同班同学赵松乔突然对我说：'你好大胆，做这样危险的事情（帮助史地系学生逃走）。'我问他是怎么知道的，他笑笑不肯说。直到解放以后他才告诉我，是从他的同乡、校长室主任秘书诸葛麒教授那里得知的。"[31] 当时赵松乔约20岁出头，他只是想告诉同学自己知道此事，但并不认为有什么大不了的。谁料到解放后，此事竟成为追查他是否出卖过同学的缘由，他这儿戏般的话语，给他的政治背景蒙上了难以洗净的污痕，甚至因此背了长时间的十字架。在中科院工作期间，赵松乔也用这种好人坏人理论来看待地理所的共产党干部和党员科研人员。他与作风朴实、谦虚好学、踏实肯干的人合作，而对那些专业能力不强却又喜发号施令，以手段打击不同意见者，当不得不与之共同工作时，他倔强的个性就显现出来，各种不愉快的矛盾就发生，结果可想而知，所有的错误总是归罪赵松乔。在多次发生这种事之后，他逐渐明白，目前的形势是任何事都要政治挂帅，要服从共产党员领导，凡事要以阶级观点看问题，遇事要先认真检讨自己的阶级立场，检讨自己所受的封建主义、资本主义毒害，更何况他的恩师在台湾，他所受到的祸害当然就比别人更深，更需要深切反省，以赶上新社会的步伐。赵松乔的自觉，让他躲过了反右运动。因为他了解以往的率直个性在此时不但无济于事，反而会为自己增添许多苦恼和麻烦。

在20世纪50年代，中共中央一再强调凡事都要向苏联老大哥学习，不论是理论上或施行的方法。从高等教育院系的调整，到科学院的规划，以及各学科的研究方向和方法都是如此。在浙大时，赵松乔受老师及其所提倡西方地缘政治和国家地理理论的影响，认为在国际上，各国都是维护本国的政治、经济利益的，无论东方的苏联还是西方的美国都一样。中国的强盛需要靠本身的实际经验，不能完全照搬别国的一套，而应该"取其精华，去其糟粕"。他不认同浙大的文理学院经调整后只剩下工科，而原有非常强的师资和研究水平的史地系反而消失。在科研方面，他对苏联专家对西北干旱区及东北荒地的资源开发和环境整治也有很多不同看法等。1949年后，赵松乔经历了多次政治运动，如"三反五反"、"知识分子思想改造运动"、"肃反"、"整风整改"、"反右斗争"、"拔白旗插红旗"、"总路线大跃进"、"反右倾机会主义"等，在每次运动中少不了被别人批判，少不了要对别人揭发的问题作交代，经常要进行自我批判和接受被批判。他所秉持的求是精神让他快速提高工作水平，可是在政治运动中，反而越来越糊涂，越求是越不敢有自己的看法。求是精神使赵松乔在政治理论和业务水平上的提高，常常起了相反的作用。在"原则性强"的科学问题上也时有错误发生，如"南京都市地理初步研究"一文，被认为是以资产阶级观点分析问题；《内蒙古自治区》一书，则因提及铁路而被指泄露国家机密；译著《地理学性质的透视》中的"译者前记"，被认为思想不正确，在再版时被删除。赵松乔在工作上的积极努力，认为是被个人名利所驱使，动机不单纯等。赵松乔在面对这些批评时，所能做的是在每篇新完成的论文或专书的前言中加上"限于科学资料以及作者的政治和业务水平，错误和欠妥之处可能很多，尚请读者不吝指正"云云，或干脆将当时的政治运动口号写入前言中，如"为了贯彻'厚今薄古'的精神，对1910年以前的文献原则上不录或少录"等语句。在这时时会不断地被揭发、批评、批判，和要求自我批判的环境中，赵松乔变得更加谨慎小心。公开发表个人意见的时候越来越少，而更埋头工作，更努力钻研于自然地理领域，离他的本行人文地理渐远了。

　　赵松乔倔强的个性、在政治上的固执己见、在处理人际关系上的不灵活，对他的工作安排、行政级别提升、科研级别评定以及生活待遇等方面，都造成一些负面影响。他则以王阳明"淡泊以明志"的态度相对待，不争不怨，不随波逐流而虚度时光，不丧失信心而一蹶不振。对此，谦华曾屡屡相劝，他却我行我素，泰然处之。常以"大肚能容，容天下难容之事；慈颜常笑，笑世间可笑之人"之语自勉。

注释

1. 施雅风："从中国地理研究所到中国科学院地理研究所",见吴传钧、施雅风主编:《中国地理学90年发展回忆录》,北京,学苑出版社,238页,1999年。

2. 朱家骅:"中国地理研究之重要",《地理》,2卷1~2期,1942年。

3. 侯学焘:"解放前中国地理研究所简况",见《中国科学院南京地理与湖泊研究所建所五十周年纪念文集》,1990年。

4. 周立三:"竺可桢与地理研究所",见《文史资料选集》,1985年。

5. 张九辰访问整理:《施雅风口述自传》,109页。

6. 《竺可桢全集》,第12卷,126页。

7. 樊洪业主编:《中国科学院编年史:1944~1999》,上海科技教育出版社,1999年。

8. 赵松乔:"察北、察盟及锡盟——一个农牧过渡地区的经济地理调查",《地理学报》,19卷1期,43~60页,1953年。

9. 赵松乔:"嫩江中游的自然条件与经济发展",《地理学报》,20卷2期,191~209页,1954年。

10. 赵松乔:"永定河官厅山峡的水土保持问题",《地理集刊》,第一号,1~37页,北京,科学出版社,1957年。美国JPRS(英文),1957年。

11. 赵松乔、周立三、吴传钧、孙承烈:《甘青农牧交错地区农业区划初步研究》,北京,科学出版社,1958年。

12. 赵松乔等:《内蒙古自治区农牧业生产配置的初步研究》,北京,科学出版社,1958年。

13. 赵松乔:《内蒙古自治区》,上海,地图出版社,1954年。

14. 赵松乔编:《内蒙古自治区地理文献目录》,北京,科学出版社,1959年。

15. 赵松乔等:《川滇农牧交错地区农牧业地理调查资料》,北京,科学出版社,1959年。

16. 赵松乔:"我国农垦问题——农业自然资源和自然条件的综合分析",《综合自然地理学参考资料》,北京大学地理系,1980年。

17. Songqiao Zhao, Transforming Wilderness into Farmland: An Evaluation of Natural Conditions for Agricultural Development in Heilongjiang Provence, Agriculture, No. 11, pp. 41~55, 1981.

18. 赵松乔:"中国农业（种植业）的历史发展和地理分布",《地理研究》,10卷1期,11~41页,1991年。

19. Songqiao, Zhao, Han, Chin, Large-scale Agricultural Reclamation in the Tarim Valley and Its Impacts on Arid Environment, *ICASALS Publication*, No. 81~1, International Center for Arid and Semi-Arid Land Studies, Texas Tech University, Lubbock, Texas, 1981.

20. 赵松乔:"我国耕地资源的地理分布和合理开发利用",《自然资源》,1984年第1期,13~20页。

21. Songqiao, Zhao, Qinye, Yang, Yuancun, Shen, System of Vertical Agriculture in the Mountain Areas: A Comparative Study of the Hengduan and Qilian Mountains of the Tibetan Plateau, *Mountain Farming Systems Series*, (22), ICIMOD/Kathmandu, 1990.

22. 赵松乔:"内蒙古东部的半干旱区——一个危急带的环境变迁",《干旱区资源与环境》,5卷2期,4~5页,1991年。

23. 赵松乔:"横断山地和祁连山地自然地理条件和农业系统比较",《干旱区资源与环境》,6卷2期,1~8页,1992年。

24. 《竺可桢全集》,第13卷,467页。

25. 赵松乔:《缅甸地理概述》,中国青年出版社,1958年。

26. 赵松乔:《缅甸地理》,北京,科学出版社,1958年。

27. 赵松乔、吴关琦、王士鹤:《菲律宾地理》,北京,科学出版社,1964年。

28. 赵松乔、侯学煮、徐成龙译:《东南亚地理》,三联书店,1958年；北京,商务印书馆,1959年。

29. 赵松乔（笔名黎樵）译:《地理学性质的透视》,北京,商务印书馆,1963年、1981年。

30. 赵松乔、程鸿、徐成龙、吴关琦译:《非洲地理》,北京,商务印书馆,1963年。

31. 同注5,47页。

第十三章

中国科学院地理研究所（北京）

1. 搬迁北京

中科院地理研究所初建时，办公楼和家属区在南京市北京东路九华山脚下玄武湖畔，是原中研院数学所与物理所所在地。研究所内有两栋东西并排的办公楼，西边的为地理所，东边的则是物理所。地理所楼前栽种成排的栀子花，花开时满院清香。楼前行人道两旁有小池塘，睡莲常开，鱼虾成群。离池塘不远的正南大门旁有一个小湖，波光粼粼。院内长着高大的法国梧桐树，到处绿草如茵，环境优美，十分适合从事科研工作。家属区与办公楼相隔着一片绿地，家属区内有七八栋西式旧红楼房和两栋集体宿舍。每栋西式小楼有两层，每层两户，可住四户人家。赵松乔家与徐近之家相毗邻。邻居有植物所的周太炎、陈封怀，土壤所的熊毅，地理所的周立三、楼桐茂、陈述彭和吴传钧等。当时大部分职工都在南京工作，少部分在北京工作。所长黄秉维常驻北京办公，主持全国自然区划工作，地理所的《中华地理志》编辑部也在中关村一带。在20世纪50年代，地理所的工作重点就是协助政府各大部开展工作，所以相关研究人员得经常到北京工作，如从事经济地理研究的吴传钧、从事黄土高原研究的罗来兴及当时在集白线与铁道部合作的赵松乔。因必须经常往返北京，造成了极大的不便和困难，因此所长和党委书记决定要将地理所迁到北京。在竺可桢院长的大力帮助下，1958 年 12 月底，地理研究所由南京迁到北京。松乔一家也迁到北京西郊中关村科学院宿舍区，与当时在北京医学院读书的大女儿团聚。

2.《中国综合自然区划（草案）》

1953 年 1 月，地理所正式成立，1954 年 1 月，黄秉维[*]为第一副所长并代所长。1955 年，地理所将自然地理和经济地理分为两个组，自然地理组由罗开富任组长，经济地理组由吴传钧任组长。赵松乔是学人文地理出身，但 1949 年后，中国仿效苏联研究机构模式，人文地理已成为经济地理的一部分，所以他被划归为经济地理组。从 1950 年到 1957 年，赵松乔所参加的各项综合考察计划（黄泛区、集白线、嫩江中游、永定河官厅山峡水土流失问题、中国农牧界线调查等）来看，他实际同时从事自然地理和经济地理两方面的研究，而且也从事外国地理的研究。1958 年，自然地理研究室成立，赵松乔被调往该室。

赵松乔到自然地理研究室后，首项任务就是协助当时的所长兼室主任黄秉维编写《中国综合自然区划（草案）》。黄秉维和赵松乔都是 1938 年到浙大史地系的，黄秉维当时是由翁文灏介绍给史地系主任张其昀，任职讲

---

[*] 黄秉维（1913~2000），广东惠阳人。1934 年，毕业于中山大学。1934~1935 年，获洛克菲勒文教基金会奖学金，进入北平地质调查研究所任研究生，1935~1938 年，任职地质调查所，1938~1942 年，任浙大史地系讲师，1942~1949 年，任职国民政府资源委员会经济研究所。自 1953 年起，历任中科院地理所研究员、代理所长、所长、名誉所长，长达 30 余年。1955 年，当选为中科院学部委员。2000 年病逝于北京。

师；而赵松乔则是刚入史地系一年级的本科生。黄秉维后来回忆道："我担任的课程中有一门是文理学院史地系的'自然地理'，……是当年史地系一年级的必修课。……当时常来找我的约有十几位，松乔是其中之一。……班中同学经常有 1/4 左右到我寓所谈天说地，执疑问难，松乔是其中一位。在浙大 4 年，松乔在我的印象中，是朝气蓬勃、力求上进、夙兴夜寐、勤奋异常的青年。"[1]

在当时，无论是在国内还是在国外，自然区划都是自然地理研究领域中最重要的部分，赵松乔的博士论文就已涉足此一领域。自然区划是依据自然地理环境组成成分发现其共同性、结构的相似性和自然地理过程的统一性，将地域划分为不同等级的区域，以反映自然综合体的地域分异规律。在对自然地理各分支（地貌、气候、水文、土壤、植被、动物昆虫等）进行区划和综合自然区划后，全国自然面貌的分异规律就勾画出来了。在此基础上，国家规划生产力合理分布就有了科学依据，从而为广义的农业（农、林、牧、水利）等事业发展服务，因此自然区划工作的开展直接影响国家的经济建设。中科院在第一个五年计划的 11 项重要研究工作中，全国的自然区划工作即列为其中一项，而 1956 年制定的十二年规划中，自然区划工作更列为首要项目。

在地理所建立初期，罗开富负责组织开展中国自然区划的任务。1954 年，罗开富在《中华地理志》上发表其研究成果"中国自然区划草案"。将全国按季风分为东西两大区，7 个基本区（东北、华北、华中、华南、蒙新、青藏、康滇）和 23 个亚区。1955 年底，中科院院部成立了中国科学院自然区划工作委员会，竺可桢任主任，涂长望、黄秉维任副主任，领导相关学科领域的专家集中力量研究。

同时，自然区划工作委员会也在苏联专家的指导和协助下，多次讨论区划研究的原则和方法。参与自然区划工作的研究所有：地理所、地球物理所、土壤所、植物所、动物所、昆虫所及地质部的水文地质工程地质所等单位。至 1958 年，所进行的考察和资料的编写已先后完成，松乔也参加此项工作，与国内和苏联专家们反复讨论草案中所用的原则、方法和界线，并负责部分章节的撰写。1959 年 10 月，草案撰写完成，将全国分为三大自然区：东部季风区、蒙新高原区、青藏高原区；再依温度、热量和水分的差异，及地形、土壤、植被、生物等进行次级区划。竺可桢在《草案·序言》中说道："此次自然区划包括地貌、气候、水文、潜水、土壤、植被、动物和昆虫，及综合自然区划人文部门，说明书共约 100 万字，插图 400 多幅，各组负责撰写的单位和执笔人员，在各项区划说明书中均有说明。……本书虽经四五十位各方面的专家先后 4 年时间的计划、讨论和撰写，三番五次的修正。"[2]《草案·前言》中说明："第二至八章、第十四至十七章、第二十五至第三十章由黄秉维编写，其余十二章，第九章、第十一至十三章、第十八章由高泳源编写，第十章、第二十二章、第二十四章由赵松乔编写，第十九至二十一章、第二十三章由其他人员编写，均曾经黄秉维修改。……"第十章为"温带干旱地区东部亚地区"，第二十二章和第二十四章则为亚热带和热带温湿地区西部亚地区。这个方案将全国分为 3 大自然区，6 个温度带，18 个自然地区和亚地区，28 个自然地带和亚地带，90 个自然省。

《中国综合自然区划（草案）》全面、系统地发展了自然区划的方法论。它所采用的综合自然区划分类单位是由上而下的：自然区、热量带与亚带、自然地区与亚地区、自然地带与亚地带、自然省、自然州和自然县。最大单位为"自然区"，分为东部季风区、蒙新高原区和青藏高原区。这种划分法与松乔 1956 年发表的"我国三大景观地带交汇处的天祝"一文中的划分法相吻合。他写道："甘肃省张掖专区最东面的一个行政单位——天祝藏族自治县是一个饶有地理学理论研究及实践意义的地区。它起伏于外洋流域与内陆流域分水岭的祁连山之中，又恰当我国三大景观地带交汇处，……我国在自然区划上，首先可以划分为三大景观地带：Ⅰ东部地带，……Ⅱ蒙新地带，Ⅲ青藏高原，……天祝藏族自治县基本上是上述三大景观地带的青藏高原最向东北突出部分，也是青藏高原与其他两大景观地带相接触的地区。"[3] 我们可以看到，此时他的观点已与其 1948 年博士论文中的两大区域划分法不同且更进步。这说明赵松乔从大量的实地工作中不断地修正自然区划的方法，以期达到最好的方案。从以后他再次提出广为地理科学工作者认可的新方案中，我们同样可以看到他也吸取了《中国综合自然区划（草案）》方法论中的精华。赵松乔的这种诚恳踏实、勤于学习、积极进取，以及深思熟虑的态度，引导了他一生的工作。

3. 治沙工作与"中间突破，两头开花"

中国幅员辽阔，有优越的自然条件和丰富的自然资源，但是早期留存的资料极少。占全国总面积 60% 以上的边疆地区，在科学上几乎还是一片空白，中科院副院长竺可桢认为必须加强全国自然资源综合考察工作，他说："进行一系列专业和综合的调查研究工作，以便在充分掌握自然条件的变化规律，自然资源的分布情况及社会经济的历史演变过程等资料的基础上，提出利用和开发的方向，国民经济的发展远景，以及工农业合理配置的方案，作为编制国民经济计划既有长远的展望又有可靠的基础。"[4]1955 年，中科院成立了综合考察委员会，以统一领导和组织有关的综合考察工作。从 1951 年到 1959 年，已有了 10 个考察队：黄河中游水土保持综合考察队、黑龙江流域综合考察队、新疆综合考察队、云南热带生物资源综合考察队、华南热带生物资源综合考察队、土壤调查队、盐湖科学调查队、青海甘肃综合考察队、治沙队、西部地区南水北调综合考察队。治沙队初隶属于 1953 年开始工作的黄河中游水土保持综合考察队，而黄河中游水土保持的考察工作到 1958 年就完成了。1958 年，毛泽东提出"总路线大跃进"方针，全国的国民经济进入大跃进时期。当时的客观形势迫切需要明了冰川、沙漠地区的自然条件和资源潜力情况，再针对国民经济的需要，提出改造治理和利用的意见。于是科学院成立了高山冰雪利用研究队，在祁连山一带开展冰川考察工作。而沙漠地区的工作，则依 1958 年 10 月在内蒙古呼和浩特召开内蒙古、新疆、甘肃、青海、陕西和宁夏 6 省的治沙规划会议中，对沙漠进行改造和利用，以进一步发展和发挥西北地区的生产潜力之建议，科学院成立了治沙队，并于 1959 年元月份召开工作计划会议。在会上竺可桢副院长有"吹起号角来向沙漠进军"的开幕致词。会议通过了本年度的三项科学任务："（1）完成全国沙漠的综合考察；（2）在西北、内蒙古地区建立 6 个定位试验站，以便总结经验，掌握沙漠发展的规律；（3）集中一定力量研究沙漠中的风能、太阳能和新技术的应用。"[5] 此时赵松乔已完成《中国综合自然区划（草案）》有关章节的撰写工作，而即将展开治沙工作的六省，也是他 20 世纪 50 年代主要工作的地区，因此他积极地参加了治沙队，开始了他以后学术研究生涯极为重要的部分——干旱区研究。

从 1959 年参加治沙队，到 1965 年"文化大革命"前，赵松乔先后在内蒙古、陕西、甘肃、青海和新疆等地的荒漠进行了大量的综合实地考察工作。他在治沙队负责历年的学术总结，并担任甘肃民勤综合试验站副站长，民勤站是西北和内蒙古干旱地区所建立的 6 个定位试验站之一，其他站为：陕西的榆林站、内蒙的磴口站、宁夏的灵武站、青海的格尔木站和新疆的托克逊站。他在民勤站工作期间，"在引水灌溉，防治盐渍化，防风固沙林网建设等方面，做了许多基础性、示范性和开拓性试验，积累了宝贵的科学资料。这个治沙站后来发展壮大为甘肃省沙漠研究所"[6]。

1959~1964 年，他先后发表了"甘肃民勤沙井子地区的景观及其改造利用的初步探讨"（1959），"我国干旱地区土地类型划分问题"（1961），"河西走廊西北部戈壁类型及其改造利用的初步探讨"（1962），"从几个沙漠站的定位观测资料，试论沙漠地区沙丘的湿沙层"、"乌兰布和沙漠农业自然资源和农业自然条件综合评价"（1963）及"我国沙漠和戈壁的自然特点及其改造利用途径的初步探讨"、"对乌兰布和沙漠北部地区三个大型农林场（保尔套勒盖农场、太阳农场、哈腾套海综合林场）的一些意见"

116　质朴坚毅——地理学家赵松乔

西北干旱区野外考察

（1964）等论文，开始对戈壁、沙漠、干旱区的成因、结构、特点和改造利用的理论研究。后来，"他提出我国的治沙战略：中间（指磴口—沙坡头—民勤沿线的乌兰布和沙漠及腾格里沙漠）突破，两头（指东边的内蒙古诸沙漠以及西边的新疆、甘肃诸沙漠）开花。当时中国科学院领导（包括竺可桢副院长）对此设想大加赞许。"[7] 在《竺可桢全集》中，赵松乔的名字因其杰出的干旱区沙漠实践和研究成果，而经常出现在他的20世纪50年代后期和60年代初期日记中，例如，1958年6月23日，"和赵松乔谈一小时。他在内蒙已工作2年，并于去年往青海、西康。他认为目前风沙最大问题是腾格里沙漠，一支从狼山和贺兰山间缺口即磴口地方（沙）走入，一支在贺兰山与六盘山间缺口中卫流入。……又说在东西多伦与锡林浩特间有200公里×150公里大的沙漠，不能通行，须绕道张家口。"[8] 1962年10月22日，竺可桢写道："赵松乔以为治沙是综合性的工作，不能单走地学或生物路线，以为关键在于风沙规律、水土地资源和生物资源，以为理论应该走在前面，但主张不能分，应保存完整性。"[9] 10月27日，"最后赵松乔谈今年的总结。今年有160人参加，而站内人员（如民勤有55人）尚不在内。现站有毛乌素、柴达木（格尔木）、塔克拉玛干（皮山）、西辽河、高沙头、灵武、磴口、沙坡头、头道湖共9个地方。在1959年有860人参加，总结了两个月。《治沙研究》中3、4、5期的文章统是1959年所作。1960年只做了几个问题总结，也匆匆只出了几篇文。1961年在呼和浩特总结，有86篇报告，但3年来没有提高。今年由各队分头总结，只开5天会，到会人不超过55人云。"[10] 又如，在1962年11月20日："晨6点3刻起，太极拳20分钟。8点半驱车至中关村。9点和过兴先、陈道明、黄秉维及赵松乔等谈党中央农林牧办公室谭震林副总将召集会议，讨论开垦问题，包括海涂、湖滨、山地种植、治沙、开发草原和治理盐碱，要认真调查和研究，开展学术讨论，提出论文。赵松乔认为开垦荒地广种薄收政策，可以收到一点粮食，如昭乌达盟（赤峰），雨量三四百毫米，甘肃河西走廊均用洒播或漫撒播，但是容易起沙。云南西双版纳则是刀耕火种。但干燥地区产量不稳定，如武威可产4亿斤，而今年只产6000万斤，有50万人口，所以粮食今年不足，甚至树皮吃光。此地射阳河可灌溉二三百万亩，今年水量降至40%。武威七分靠雨，三分靠雪，不如酒泉大部靠雪。……赵说青海太高，小麦只能种到2400米，青稞3100米，但草肥宜于畜牧。黄谈盐碱问题。我个人认为农林牧的分界要弄清楚，侯学煜也主张因地制宜。12点散。"[11]

在治沙工作的岁月里，孩子们很难在家里见到父亲，照顾孩子们的学习及日常生活的重担，就都压在谦华的肩头上。松乔的工作环境十分艰苦，经常是"白天顶着炎炎烈日，经受50多度高温，饥饱无度，餐风露宿，日步百里"。从这个时期，他的头顶开始变得无发，浓密的黑发渐稀疏、渐白了，满口的牙齿也开始逐渐掉落。可是孩子们看到他时，他总是精神饱满、笑眯眯的。一次，女儿问松乔："爸爸，以后你的牙都掉光了，怎么办？"松乔哈哈大笑，回答道："装上假牙更好看吧？"女儿还记得父亲说过："做一个科学工作者，尤其是做地质、地理研究的，就要随时准备吃苦，否则做不了深入研究，也出不了像样的成果。"赵松乔就是抱持这种工作理念驰骋在地理研究领域。他从学界先驱们身上继承了这种理念，一生笃行之。这也是为什么他在70多岁高龄还亲赴塔克拉玛干沙漠腹地的原因，不顾有人说他是为了个人名利，这纯粹是以小人之心度君子之腹，燕雀何以能理解鸿鹄之志？！

4. 敦煌不用搬迁

20世纪60年代初期，敦煌莫高窟文物保护和管理单位向文化部紧急报告，称鸣沙山的沙大量向东移动，30年内莫高窟有被沙子埋没的危险。此事向国务院报告之后，周恩来亲自指示要不惜代价尽全力保全莫高窟。当时有关部门曾提出几种治沙方案，甚至有人提出莫高窟"搬家"的方案。赵松乔先生受命带队前往实地考察，事后他写道："记得1962年春，敦煌莫高窟（千佛洞）的一些治沙工作者，仅根据二三个月的风沙移动观测资料，就发出'30年内鸣沙山和三危山将东移埋压莫高窟'的危急讯号，引起中央领导重视，当时我受命处理这一个问题，我从两个基本事实否定了这个耸人听闻的'警告'：（1）鸣沙山及三危山的地表虽有不同厚度的浮沙，但其基底都是岩石，在数十年、数百年乃至数千年内不会整体向东移动；（2）当地是东西风过渡带，两者大致势均力敌，而以东风略占优势。因此，流沙基本上是'向上'移动，形成了金字塔形高大沙丘，并可能略向西迁，不会东移。因此，我敢于保证300年乃至3000年内，鸣沙山及三危山不致向东埋压莫高窟，那些花费几百乃至几千万元的'治沙计划'，以及莫高窟全部搬迁方案，完全是没有必要的。当然，有需要消除上方平台的浮沙，主要措施就是把莫高窟建筑的屋顶坡度加大到 33°~35°以上（干沙的休止角），使浮沙能从屋顶滑落，再加清扫。"[12]赵松乔的这次科学考察，解除了一场虚惊，避免了不必要的搬家，为国家节省了数百万元人民币；并为敦煌地区的防风固沙提供了科学依据。为此文化部部长在人大常委会上提出了对此项工作的赞扬。据说竺可桢曾问："这么重要的成果，为什么没有写成论文？"

赵松乔的同事大多都知道这个的故事，这也是松乔一贯的"学以致用"、"经世致用"的体现。凡是书本里学过的知识，一旦有实践的机会，松乔就以满腔的热情去运用；并从运用中发现更多的内在相关现象，进而更深入地研究。除了"敦煌不用搬迁"一事外，他在 20 世纪 50 年代大量的野外工作中，也运用纯熟的科学知识解决不少地方上的问题，同时，他所发表的论文也都是针对存在的实际问题而写的。

5. 地理学经典译著——《地理学性质的透视》

20 世纪 50 年代中期，中央提出"双百方针"——"百花齐放、百家争鸣"，鼓励知识分子给党提意见，以改进工作，后来却发展成为 1957 年的反右斗争，一些知识分子被定为右派分子。他们被解除公职，发配到偏远的穷乡僻壤去接受劳动改造。赵松乔的克拉克大学地理所学长罗开富及他浙大硕士论文校外评审李旭旦，均因被打成右派而离开了工作岗位。在反右斗争之后，紧接而来又有 1958 年的大跃进，和 1959 年的庐山会议及会议后的反右倾运动。一系列的政治运动，为各行各业造成巨大损失，全国经济面临严重问题。1961 年，共产党倡导大兴调查研究之风，并要求各行各业总结出具体的方针和政策。因此中科院也制定了"十四条",明确确定研究机构的根本任务是出成果,出人才;要尊重和保护科学家;明确所一级党的领导权,并要求共产党员尊重非党员科学家的意见;要认真贯彻"双百方针",区分政治问题和学术问题等。1962年,科学院又在广州召开会议,国务院总理周恩来和副总理陈毅先后在会上充分肯定大多数知识分子是革命的,应该取消"资产阶级知识分子"的帽子,科学院的科研工作逐步开始正规化。全国科学出版界也因此发生了相应的变化,原以出版各领域学术专著为主的商务印书馆,这时转变为以翻译、出版世界学术名著。"1962年春,由商务总经理陈翰伯主持,在政协俱乐部(欧美同学会)举行了座谈会,竺可桢、黄秉维、吴传钧、瞿宁淑、赵松乔,及北京大学、北京师范大学等几位老师,共10余人参加。会上成立了'外国地理学名著翻译出版委员会',成为中国地理学会所属一个专业委员会,由陈翰伯担任主任委员。随之就组译书稿,陆续出版。"文革"前……只出版了《民主的理想与现实》(〔英〕麦金德著)、《地理学性质的透视》(〔美〕哈特向著)等五六种。……"[13]

商务印书馆在地理学领域首先选择的名著,是美国著名地理学家、威斯康星大学地理学教授理查德·哈特向所著《地理学性质的透视》(1959)。早在1939年,于明尼苏达大学任教的哈特向出版了《地理学性质》一书。该书综合很多地理学家关于地理学性质的观点,出版后被认为是曾对地理学思想作出贡献的权威学者的总结。该书很快就成为地理学方法论的权威性著作,同时也为地理学思想史树立一座里程碑[14]。后来,全美的地理学界试图以此书为地理学的性质做出结论时,产生了一些疑点和非难。为了明确解释这些疑点和非难,哈特向在《地理学性质》的基础上,加入自己和地理学界近20年来的新见解和新的文献资料,以讨论地理学10个重要问题为主要内容,重新论述地理学的性质。1959年,出版《地理学性质的透视》,该书后来被认为是20世纪50年代四部重要地理专著之一[15]。该书与《地理学性质》同为美国很多大学研究生必读的书籍,它"标志着美国地理学的另一个顶峰——20世纪50年代对'地理学思想'兴趣的顶点,即让地理学成其为地理学的理论和本质。""著作内容详尽,覆盖面广,有理论深度,参考书目详尽。"[15]该书为美国地理工作者协会所出版地理丛书的第一本,这可能也是商务印书馆选定该书为其第一本地理汉译名著的缘由。

国外很多读者都认为阅读这本著作会让人筋疲力竭,因为方法论的著述本来就比较难读,加以地理学各学科的开山始祖们大多是德国人和法国人,所以哈特向在书中所引用并释义的近300本方法论著作,有很多是德文、法文,读者需同时具有阅读英文、德文和法文的能力。因翻译此书同时需要具备专业知识和多种语言的能力,商务印书馆决定聘请赵松乔来担任,因为赵松乔既有专业的知识,又有精通多种语言的能力。松乔在浙大求学时,就在"通才教育"的要求下,同时选修了德文和法文,这为他在克拉克大学攻读博士学位奠定了极好的基础;因为克拉克大学地理研究所规定,攻读地理学博士学位,除懂英语外,必须同时通过德文和法文的考试。此外,赵松乔娴熟欧美各地理学派的理论,对威斯康星大学地理系的教授也并不陌生,包括哈特向在内,松乔与他还有一面之缘。

松乔翻译此书时,除仔细研读这本书,并将原著尽量以"信、达、雅"的中文表达出来。他仅花了不到一年的时间就完成了该书的翻译。在"'文革'前,虽然认为出版地理学名著是一项文化积累的基本工程,但是思想上有不少框框,突出的认为这些书有'资产阶级或修正主义观点',有的'特别反动',当代的'毒素更大',尤宜慎重选择,所有的书全部内部发行,而且必须写批判性前言,以免读者中毒。"[16]所以赵松乔按规定写了"译者前记"(见附录四)。从"译者前记"里,我们不难看出赵松乔在地理学研究角度上对该书的评价是客观的、肯定的,他写道:"地理学是一门古老的独立的科学,但在理论方法上及具体工作上还存在着不少问题,特别是地理学研究的对象和任务,自然地理和经济地理是否截然区分,系统地理和区域地理是否截然区分,地理学主要探讨科学法则还是阐述个别事例,以及地理学在科学分类中的地位等等问题，差不多震撼着地理学作为对一门完整科学的基础。""本书所提出的问题是重大的，推理是前后一贯的，阐述是崭新而有力的，结论亦是鲜明的。作者又标榜客观主义和思想自由，并不强求读者同意他的见解。特别值得称道的，作者广泛地而详尽地引用了英、德、法文有关文献，览阅本书，无异涉猎了整个资本主义世界主要地理学理论著作。因此，就是对本书的观点和结论完全不同意的地理工作者，本书亦值得一读。"同时，赵松乔还对作者的几个观点表示异议，他说："本书的观点和结论显然有许多不全面的、不正确的甚至很错误的地方。例如，作者再三强调：地理学是研究地区差异的科学，它没有必要区分自然因素和人文因素，亦没有必要区分为系统地理学和区域地理学，它又比其他科学更着重于个别事例的阐述等等，都是需要进行严格检验的。"作者未引用社会主义国家的著作是"夜郎自大"。赵松乔仍秉持对自己研究的领域要求客观、坦率和自由思想，与哈特向的"客观主义"和"思想自由"相谋合，从他对哈特向的某些学术观点所表示的不同意见上看，在 20 世纪 60 年代初期，赵松乔已有对地理科学综合研究方向及方法上的考虑了。

在赵松乔的"译者前记"中，不但看不到对此书所具有的"资产阶级或修正主义观点"、"特别反动"、"当代的毒素"的批判；反而看到他对当时国内地理界的批评："解放以来，我国许多地理工作者对这些问题知难而退，避而不谈。亦有少数地理工作者大胆下过结论，但终嫌资料欠缺，论证不足，'压服'的成分多，'说服'的成分少。所以，地理学界在方法论上依然呈现某些混乱的状态，还带有一点萎靡的情调。" 20 世纪 50 年代，中国的科技教育界全盘苏联化，一概否定西方的科技教育，不加分析地照搬、照抄苏联的做法。其中最典型的例子之一，就是在全国范围内推行苏联李森科院士的"米丘林生物学",而大力批判西方经典"摩尔根基因理论"。科研中有关经典遗传学课题全部停止,学刊中只许刊登米丘林学派的文章,大学停止全部经典遗传学之课程,中学教材则全部重新编写。这种只许"一花独放"、"一家争鸣"的做法,造成了科技教育界的"万马齐喑"局面。赵松乔在"译者前记"中坦承其言完全是出自一个学者赤诚、坦率的责任心,试图从学术观点对当时中国地理学界的状况提出诚恳的批评,希望能推动地理学界的前进。很显然,赵松乔所写的"译者前记"不符合当时的氛围,因此,1963年初版的《地理学性质的透视》(印刷1000本,全部内部发行),其中的"译者前记"在1981年后再版时就被撤销了。在竺可桢60年代中后期的日记里,可以看到当时对《地理学性质的透视》译者的批评。1965年4月29日:"她(瞿宁淑)并报告了广州所关于地貌学和经济地理会议,说赵松乔因提出我国地理界的思想有受压迫形势,广州中山大学地理系系主任曹廷藩的经济地理因完全脱离实践,而均受到了批评。沙漠室已决定本年即移兰州,朱震达调沙漠室,赵松乔留地理所云云。"[17] 9月2日:"今天看赵松乔译 Richard Hartshorn 著《地理学性质的透视》(氏已于去年去世)。赵在前言中说,'本书所提出的问题是重大的,推理是前后一贯的,阐述是崭新而有力的,结论也是鲜明的'云云。这引起了孙敬之等的批驳,其中大部是根据苏联1951年地理研究所出版的《为美帝服务的资产阶级地理学》书中的材料。"[18]

所幸20世纪60年代初期的政治气氛相对宽松,中国人民刚从反右斗争、大跃进、三年自然灾害等等一连串的政治、经济灾难走过来。赵松乔所写的"译者前记"仅仅被认为是"犯了政治性的错误",如果是在20世纪50年代后期,则就难以避免蹈罗开富、李旭旦的遭遇了。但到"文化大革命"时期,在这近乎批判和否定所有东西方文化、古典与近代文化的时期,《地理学性质的透视》及其"译者前记"就成为向"反动学术权威"赵松乔开火的重型炮弹。在竺可桢的日记中,1966年6月7日写道:"从院党委星期日发动写大字报后，各所已纷纷响应。综考会在二楼，一楼还是批三家村和陆平，但地理所在膳厅上已贴满大字报，……而主要是批评赵松乔，说他所译的哈特向《地学的透视》书是毒草，而赵的序言更是恶毒。"[19]在当年年底12月2日日记中，他也开始评述赵松乔所译的《地理学性质的透视》是"反动透顶的言论"了[20]。

历史是公正的，科学代表着真理，《地理学性质的透视》这部在地理科学思想发展史上居重要里程碑地位之巨著，至今仍熠熠闪亮。该书自商务印馆于1963年出版后，曾多次再版重印（1981、1983、1997、2008、2011、2012年），它对中国地理科学工作者理论素养的培养与提高，发挥着重要作用。"译者前记"不仅是赵松乔个人地理科学理念的忠实记录，而且也是他对当时中国地理学界状况的透视，是中国现代地理科学发展史上难得的、可贵的史料。我们由衷地期盼该书能将之再次完整地呈现于读者面前！

黎樵——"黎明的樵夫"，是赵松乔译《地理学性质的透视》时所用的笔名。松乔常说："我就像一个天刚亮就去砍柴的人，不论天气好坏，不管砍柴的路是否坎坷，我都早起劳作。"他一生勤奋工作是出了名的。此外他还用黎樵笔名写了"盐水灌溉沙地"[21]和"敖鲁古雅散记"[22]二文。

6. 北京地理研究所沙漠室与兰州冰川冻土沙漠研究所

1958年，针对国民经济的需要，中科院成立了高山冰雪利用研究队，在祁连山开展冰川考察，计划用山上融化的冰雪来增加西北灌溉水源，后又成立了治沙队，考察西北干旱地区的沙漠情况，并在农田和交通在线开展研究风沙防治工作。为了进一步开展工作的需要，中科院又在呼和浩特和兰州成立了治沙研究所筹委会和冰川冻土研究所。1961年，这两单位又改编制为两个室，由地理所领导。冰川冻土研究室由施雅风负责，办公地点仍在兰州。沙漠研究室办公地点则改在北京，赵松乔则从自然地理室副主任转任沙漠室副主任，负责业务工作。1965 年，因为当时国家形势发展的需要，中科院决定要在兰州建立冰川冻土沙漠研究所，在国民经济建设的第三个五年计划中，西北地区是三线建设计划的重要地区。在西北地区的建设任务中，酒泉钢铁基地的建设和甘肃河西地区的农业开发是重点。把冰川冻土研究室和沙漠室研究合并成研究所的原因是：（1）两个研究室的方向、任务以及学科性质相同，是以应用研究为主的；（2）研究领域有共同之处，都是以西北干旱区域为主的地区；（3）在学科组成上有相似之处，如都同时涉及自然地理、地貌、水文和气象气候等专业。赵松乔则表示他仍愿意留在地理所自然地理室工作，而不去兰州冰川冻土沙漠所主持沙漠室工作，随后地理所就把专长研究沙漠地貌的朱震达调任沙漠室副主任。赵松乔不去的原因并不是因为北京、兰州城市之别，他是为了事业可以到任何地方的人，常年野外艰苦的工作环境，使他 40 多岁时头发就开始白了，掉了，秃了，牙齿也残缺不全，这一切他都不在意，只要是工作上有收获，能对国家的建设、对老百姓有用处，不论去哪里工作，都会尽自己最大的努力，除非生了重病。他之所以未去的原因，现在看来是政治方面的。兰州地处甘肃省，而甘肃与其相邻的其他西北各省境内有许多的军事和工业保密区。当局一直认为赵松乔思想落后，甚至反动，西北敏感地区是不能向他开放的[23]。因此他就因为"不能和人合作，治沙室对他有意见"，"思想有问题，留在地理所，不去兰州冻土所"了[24]。竺可桢曾特为此事到北京 917 大楼地理所找赵松乔谈话，他劝赵松乔安心在研究所工作，要他把过去的工作写成《中国地理》的一部分，竺可桢认为我国出的书和文章太少而不是太多，应该鼓励大家写书和写文章。我国到现在尚无一本中国自然地理，而苏联却为我们出了本中国自然地理[25]。老校长的这番殷切期望，也许是松乔日后撰写《中国自然地理》和《中国地理》两部巨作的原动力吧！

注释

1. 黄秉维：《赵松乔文集·序》，北京，科学出版社，1997年。

2. 黄秉维主编：《中国自然地理区划（草案）》，北京，科学出版社，1959年。

3. 赵松乔："我国三大景观地带交汇处的天祝"，《地理知识》，1956年第6期，249~259页。

4. 竺可桢："十年来的综合考察"，见中国科学编译出版委员会编：《十年来的中国科学——综合考察（1949~1959）》，北京，科学出版社，1~9页，1959年。

5. 竺可桢："改造沙漠是我们的历史任务"，《人民日报》，1959年3月2日。

6. 王凤慧："成功者的足迹"，1989年4月赵松乔教授七十寿辰会专稿。

7. 蔡运龙："春华秋实——记赵松乔教授"，《地理学与国土研究》，8卷1期，59~64页，1992年。

8. 《竺可桢全集》，第15卷，122页。

9. 《竺可桢全集》，第16卷，370页。

10. 同上，374页。

11. 同上，390页。

12. 赵松乔："求是精神——缅怀竺可桢师的教诲"，《地理科学》，10卷1期，6~8页，1990年。

13. 陈江："商务印书馆与地理学名著"，《中国地理学90年发展回忆录》，676~677页。

14. P. E. Jamas著，李旭旦译：《地理学思想史》，北京：商务印书馆，384页，1982年。

15. G. J. Martin著，成一农、王雪梅译：《所有可能的世界：地理学思想史》（第四版），上海，人民出版社，503页，2008年。

16. 同注13。

17. 《竺可桢全集》，第17卷，451页。

18. 同上，541页。

19. 《竺可桢全集》, 第 18 卷, 126~127 页。
20. 同上, 667 页。
21. 黎樵:"盐水灌溉沙地",《地理知识》, 1973 年第 1 期, 24~25 页。
22. 黎樵:"敖鲁古雅散记",《地理知识》, 1977 年第 4 期, 9~11 页。
23. 《竺可桢全集》, 第 17 卷, 511~512 页。
24. 同上, 451 页。
25. 同上, 463 页。

第十四章

在劫难逃的"文化大革命"

1. 首当其冲

1966年5月16日，中共中央政治局扩大会议通过了"中国共产党中央委员会通知"，号召全面开展"文化大革命"。这场灾难深重的运动，对中国造成了经济、文化上的极大伤害。全国经济濒临崩溃，科技、文化受到了极大的摧残。6月18日，科学院发生了"应地所事件"。应用地球物理所一部分人以中科院领导人组织麦收劳动时阻止群众参加"文化大革命"为由，挑起事端，在所内非法撬取保险柜，控制通信和交通等。从此科学院也进入了旷日持久的动乱。

1966年夏，一群地理所的造反派敲开了赵松乔在917大楼家属区3号楼东门三楼的家门，宣布他因政治问题，从即日起接受看管。赵松乔是地理所首批被"专政"的人员。妻子谦华无言站在一旁，眼睁睁地看着松乔随来人而去。在竺可桢1966年6月28日的日记里，记录了"文革"开始时地理所的情形："可说高级研究员中除沈玉昌外，几乎无人不受攻击，而以吕炯、陈述彭、赵松乔为最。也有提浙大毕业生在地理所人多，有四代同堂之说。"[1]

917 地理所办公大楼

松乔被关进 917 办公大楼一间窗户已被木板钉死的房间里，24 小时都有人看守，包括上厕所，形同在监狱的犯人。他的薪资全部被停发，只剩自己的生活费。家中的生活费用则全靠妻子谦华微薄的薪水。住家也从原先 3 号楼三房一厅的高级研究员房，搬到了 2 号楼中门一楼一间仅 20 平方米的小屋，与所内党员干部合住，以便就近监视看管。家中曾多次被抄，有一次箱中仅存的一点生活费不翼而飞，谦华只得找她工作单位的领导哭诉："如不找回生活费，家里就没有办法生活下去了。"类似情况不断发生。赵松乔失去了人身自由，无法和家人联系，如需要什么衣物、日用品等，均须经造反派从中联络传递。在东阳老家的老父得知情况后，忧心不已，不久就悒郁而终。

2. "牛棚"生活

随着全面展开的"清理阶级队伍"的工作,地理所被认为有问题的人都被看管了,他们被称为"牛鬼蛇神",生活在没有人身自由的917大楼内。每天要早请示,晚汇报,一有什么情况就要开批判斗争大会。各楼层都贴满了大字报,要他们定期看大字报,接受批判及自我批判。自1949年以来,赵松乔即遭逢每次的政治运动,挨整的程度全视当时运动的性质,时轻时重;内容则五花八门,上至追查祖宗,下至涉及一切所受的封建资本主义教育及社会关系。而这次史无前例的运动,所涉层面之广,运用方法之恶劣,精神与肉体所受之痛苦,则是他前所未遇的。

赵松乔在"文化大革命"之前就带研究生了,是所里少数有资格带研究生的高级研究员。"文革"开始后,有些学生对他平常的言行无限上纲地进行批判,使他非常难过,他所接受中国传统文化尊师重道的教育,即使与老师的见解有所不同,也是相互讨论,而不是用斗争的形式,更何况是私下的交谈,因此他很有被出卖的感觉。另外,在20世纪50年代后期,赵松乔为找寻报章杂志上有关内蒙古和东南亚地区资料时,在不采用的资料上画上叉号,恰好背面是毛泽东接见外宾的照片,没想到这些旧报章杂志在"文革"中被共事多年的同事发现,立即上纲上线为"现行反革命行为",并召开斗争大会,对他大加声讨,更使他十分反感。在批斗时,如果态度未达到造反派的要求,挨打受骂是家常便饭,赵松乔经常被造反派用鞋底打耳光,并用极细的铁丝在他脖子挂上沉重的罪名牌,深入皮肉,脖后因此永久性地留下一道明显的疤痕。在寒冬时被罚光着脚在大楼门前的水泥地上游街,有时妻子谦华也被抓来陪斗,两人低头长时间跪在水泥地上等。赵松乔就这样生活了近3年,饱受人格的侮辱,终生难忘。当在炼狱备受煎熬时,唯一能使他感到温暖的,就是收到女儿送来谦华准备的一些白糖和日用品。

赵松乔之所以能承受这些折磨，除因家人的亲情外，更因他所受的传统中华文化教育，和国父孙中山"质朴坚毅"的遗训。赵松乔在事业上追求最高境界，努力工作，艰苦奋斗，锲而不舍，精益求精；在处世上，对己要求严谨认真，不讲假话，不随波逐流；在待人上，对人胸襟开阔，重视友情，在各种运动时，坦坦荡荡，安之若素，总以包容的态度对待，而不计前嫌。原自然地理研究室同事、地理所前所长、中科院院士郑度，曾在2010年的纪念赵松乔诞辰90周年时撰文道："赵松乔先生是浙江大学史地系的高材生，很受其老师张其昀教授的重视。因张其昀1949年去台湾后，曾任台湾国民党党政高级职务，所以在'文革'的10年浩劫中，作为张其昀得意门生的赵先生当然受到牵连，批斗、游街、劳改、住牛棚都在所难免。当时自然室受到的影响更加严重，将赵先生特别隔离起来，夜间还安排轮流值班看管。有一次轮到我值班，他上卫生间我也得跟着，他对我说，你们放心，我是不会自杀的。尽管遭到如此严酷的对待，甚至挨打、逼供，赵先生仍然十分坚强，实事求是地对待，从不说谎编造假材料。正如吴传钧先生于1981年出访西德时对我们说过的那样，赵松乔先生在'文革'中表现很好，他坚强不屈、刚直不阿，不像有的人编瞎话、写假材料。"[2]

《中国科学院编年史》上记载（1968）："7月3日，院革命委员会宣布全面开展清理阶级队伍工作。在清队中，科学院许多知识分子和干部被立案审查，遭到非法监禁，残酷折磨，刑讯逼供。……副研究员以上高级研究员180名中，被立案审查的107名（59%），其中83人工资被扣，每人每月仅发给相当于原工资的6%的生活费。'文革'十年，科学院全院被抄家的达1909户，被迫害致死的229人。"[3]

松乔在牛棚期间，妻子谦华因贫、病、忧交加而经常出入医院。1969年2月底，谦华因支气管炎，引起吐血而住进北大医院，女儿赶到医院陪伴，与也因气管疾病住院的竺可桢不期而遇。2月28日，谦华在女儿的陪同下到竺老的病房探访，竺老和她们谈了松乔的近况，气管疾病的防范和治疗、大专院校的运动等，历时约一个钟头。后来女儿从竺可桢日记里知道，那天竺老因与她们交谈过久，而致睡眠欠佳[4]。

在竺可桢1969年的日记中，曾几次提到松乔的处境："知院中现办高级研究人员学习班，地理所黄秉维、苑敏渭、沈玉昌参加了，但赵松乔、吴传钧、陈述彭未参加，足见赵、吴诸人未解放。"（3月6日）[5] "据云地理所高级研究员只吕炯、吴传钧、陈述彭、赵松乔和邓静中5人未解放。"（3月13日）[6] "今晚医院三楼办事处公布明日起早请示改在三楼办公室前，……晚6点，赵松乔来，他是来看他爱人朱晓岫（谦华学名）的。他尚未解放，这次特许他来看家人病的。高级研究人员现只吕炯、陈述彭、吴传钧、邓静中和他5人未解放。"（3月23日）[7] 从浙大校友，原科学出版社学术委员会副主任黄宗甄的回忆里，也可见松乔当时情况之一斑："1969年春，我们便被送进讲习班，地点在北京中关村第一小学。讲习班乃是轮流安排，每届为一个月，睡地铺，每届六七十人，分为几个小组，每组十多人，睡在小教室中，恰恰松乔和我对铺而卧，我的铺位两旁有陈世骧、邓叔群二先生，同组同室还有叶笃正、王绶琯等先生。"

赵松乔是地理所最先被关进牛棚的，也是最后走出牛棚的科学工作者。在没有人身自由的地狱里，他生活了近3年之久，直到1969年中，科学院开始下放知识分子和干部到"五七干校"。

3. 湖北潜江"五七干校"

1968年10月5日，《人民日报》发表文章，介绍黑龙江革委会在"五七指示"发表两周年时，下放干部，创办"五七干校"的经验。随后各地陆续办五七干校，大批干部和知识分子被下放劳动。在1969年3月和5月初，中科院北京地区开始下放了头两批科技人员和干部到宁夏陶乐和湖北潜江中科院五七干校。"五七干校以歧视知识分子、片面强调体力劳动的意义为前提，科学院在创办干校的初期，表面上对全体人员进行动员，实际上订出了内部掌握下放人员的三条标准：在政治上有'错误'的，业务上没有'发展前途'的，工作上'离得开'的。五七学校校址的选定，同样贯穿了惩罚论的指导思想。潜江县则是湖北省血吸虫病的高发区。"[8] 本着这样的下放原则，赵松乔当属要被下放之列，他是属于符合第一类标准的人，即在政治上有"错误"的。妻子谦华也随着他一起被下放，这也意味着被扫地出门了。家中除床铺、几个衣箱及少许锅碗外，已别无所有了；孩子们也都不在身边，大的两个已在工作，小的两个则上山下乡，老三则在大学参加"文化大革命"。1969 年夏，赵松乔夫妇俩卷起铺盖登上南下火车，面对未知的命运。

潜江县位于在湖北武汉市西南方，约两个小时车程，是著名的血吸虫病发病区之一。到干校后，松乔和谦华分别住在男女宿舍里，吃饭则在集体食堂。谦华自幼体弱多病，后又因生育孩子多，产后没好好调养，因而留有很多毛病。下放没几个月就因咳血住进干校医务室的病房；病好些时，帮医务室做些杂事。松乔则因政治问题，需要好好地改造，无论被指派什么工作都得去做，曾扛过 200 多斤的麻袋，喂过猪，挖水田，种花生，摘棉花等，那时他已 50 多岁了，况且又得过肺病，他需要付出多少体力是可想而知的。在干校里，有些造反派还特意把重活派给他做，是要杀杀他"资产阶级反动权威"的威风。当时伙食很不好，加上体力的消耗，体重急速下降。有一次饥饿难忍，看到地里有掉落的花生，就捡拾两颗来吃，被群众看见了，立即开批判会批斗他。谦华当时看在眼里，痛在心里。遇到有机会去赶集时，买点鸡蛋煮熟了，见无人时，悄悄地塞到松乔的手里。从 1971 年松乔和谦华刚从潜江回到北京的照片看，就可以想象他们在干校所受的磨难。1971 年，"文化大革命"进入中期，9 月 13 日，林彪因叛逃在蒙古温都尔汗坠机后，全国形势有了变化，周恩来多次提醒注意基础科学的教学与科研工作。10 月，松乔夫妇登上回北京的火车，在车站迎接他们的女儿见到久别的父母消瘦的身形，不禁伤心落泪。松乔安慰道："回来就好，还有很多事情可以做，坚强些。"

从干校回来不久，松乔听说竺院长一年前因肺炎住院后，身体每况愈下，便带着女儿去地安门科学院宿舍看望他。早在松乔从"牛棚"出来后，去"五七干校"之前，曾去拜访老校长，谈及了"文革"的情况，以及今后的工作去向[9]。3年后再见老校长，松乔毕恭毕敬地给他和竺夫人鞠了一个90度的躬。竺老见到松乔十分高兴，虽然他讲话气短，但还是询问松乔在干校的情况以及今后的计划，间或也谈到了他最近在写的"中国近五千年来气候变迁的初步研究"一文的细节。竺老鼓励松乔保持60年代初处理敦煌莫高窟事件的能力和干劲，为地理科学事业再做新贡献。交谈半个小时后，就告辞了，这是他最后一次见到老校长。1974年春节后不久，竺可桢就因病辞世了。

4. 春寒乍暖时

松乔从湖北潜江回到北京时，全国的政治形势因"林彪事件"而有所改变。尽管政治运动仍居主导地位，中央文革小组正领导全国进行批林批孔运动，但人们的热情已不再，多数人只是应付而已。"文化大革命"初期那种极度疯狂紊乱的局面已趋缓和，大学开始恢复招生。科学院内也开始认为"文革"前的科研工作还是做出了成绩的，基础理论和科研还是应该加以重视的。12月，竺可桢的"中国近五千年来气候变迁的初步研究"在复刊的《考古学报》第一期上发表了，并又刊登在翌年2月复刊的《中国科学》第一期外文版和中文版上。科技人员似看到了希望，松乔也不例外。

回京后的第二年，他就随地理所组织的黑龙江土地资源考察队，会同院内外18个单位及有关旗县人员，进行了连续6年的黑龙江及内蒙古呼伦贝尔盟的实地考察。这个项目是属于科学院和农林部提出的"我国荒地资源综合评价及其合理开发利用研究"任务的一部分,地理所科研人员的重点是考察呼伦贝尔盟、嫩江地区和大兴安岭地区,这些地区都是五六十年代松乔工作过的地方。在失去人身自由和工作权利6年之后,当他再次在自己熟悉和热爱的土地上工作,松乔十分感慨,他近乎忘我地工作着,贪婪地呼吸着大兴安岭针叶林散发的清新空气。工作之余,他还去佳木斯造纸厂看望分配至该厂工作的女儿中学同学,和年轻人在一起交谈甚欢。在给女儿的信中说道:"能有一份自己热爱的工作,能自由地去工作,是多么不容易,我要格外珍惜。"1978年,实地考察结束后,考察队利用所获资料,着手编制该地区的1∶100万的土地类型图,至1983年出版《黑龙江省及其西部毗邻地区的自然地带与土地类型》时,土地类型图已初具规模,这是日后赵松乔所组织开展的全国1∶100万土地类型图编制的开始。《黑龙江省及其西部毗邻地区的自然地带与土地类型》是我国第一部在较大范围内研究土地类型方面的著作,"全书着重探讨了黑龙江及其西部毗邻地区的自然地带与土地类型划分,并对土地分类与分级、划分原则等基本理论问题做了初步研究。对不同地带的土地类型分布结构做了分析,还围绕土地类型研究,对本地区资源的质量评价方法和资源特点作了讨论。"[10]同时也探讨了本区土地合理利用问题。这本书是赵松乔在炼狱复生后,所发表的第一部著作,也是他攀登学术生涯高峰的前奏。

注释

1. 《竺可桢全集》,第18卷,140页。

2. 郑度:"坚强不屈提携后学的地理学家——缅怀赵松乔先生",见《纪念赵松乔先生90诞辰》,2009年。

3. 樊洪业主编:《中国科学院编年史:1949~1999》。

4. 《竺可桢全集》，第 19 卷，362 页。

5. 同上，365 页。

6. 同上，369 页。

7. 同上，375 页。

8. 同注 3。

9. 《竺可桢全集》，第 19 卷，457 页。

10. 赵松乔、戴旭、申元村、杨柳林：《黑龙江省及其西部毗邻地区的自然地带与土地类型》，北京，科学出版社，1983 年。

第四篇 老骥伏枥，志在千里（1979～1995）

『老骥伏枥，志在千里；烈士暮年，壮心不已。』（曹操《步出夏门行》）

十年浩劫之后，赵松乔的科学研究事业开始走向高峰期。一方面他继续参加大型的野外考察工作，另一方面他开始将大量野外考察结果加以综合的理论分析，从而提高了自然地理区划的研究高度和自然地理综合研究水平；同时他又开拓了中国干旱区研究领域，建立了中国土地类型研究完整的科学系统；他将中国地理科学的综合研究有系统、有高度地推向世界，获得了令人瞩目的成就。

在花甲之年，赵松乔以老骥伏枥的精神，为实现千里之志，努力不懈地工作着。

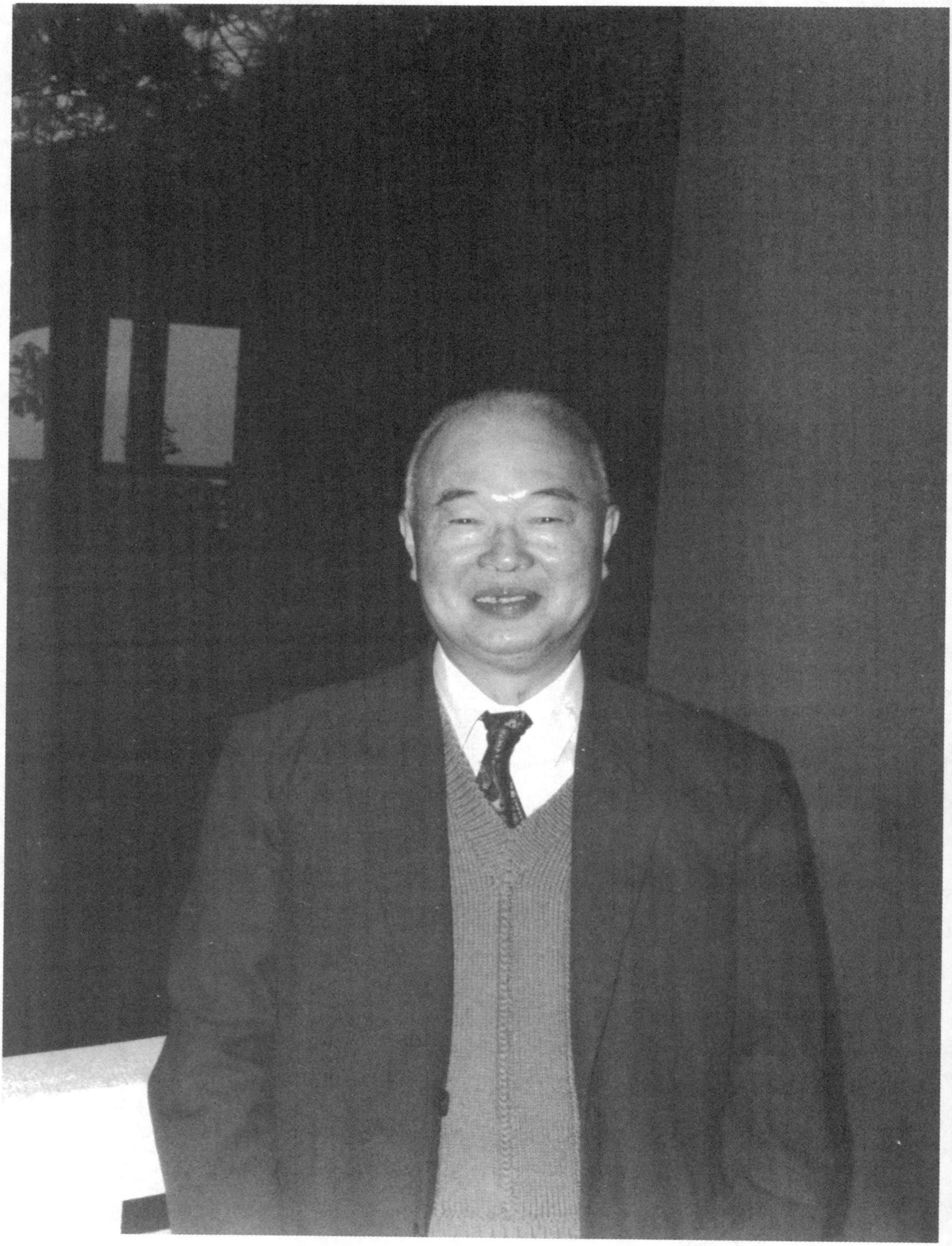

第十五章
走向学术生涯的高峰

　　赵松乔自 1938 年 19 岁进入浙大史地系就读，至 1948 年 29 岁获得美国克拉克大学地理学博士学位止，在中西合璧的教育系统里，完成地理科学理论及方法的学习；尔后即运用所学，走南闯北，在中国广袤的国土上考察、实践、运用，辛勤地耕耘着，完成多项科研计划，所发表的论文更是不可胜数。在青壮年学术创作黄金时期，他在政治上遭受不应有的压迫，导致他在行政上所受诸多不公平待遇，尤其是在"文革"中所受的人格侮辱，肉体摧残，和丧失工作的权利，这使他失去了许多宝贵的时间和精力。"文化大革命"结束时，赵松乔已近花甲之年，他看淡自己"冯唐易老，李广难封"的境遇，处之以文人"随遇而安"的态度，但他锐意进取的个性，使他对十年浩劫所失去的时间感到十分痛苦。"文革"之后，他几乎是分秒必争地努力弥补过去工作上的延宕。赵松乔的这种精神，使他在中国综合自然地理研究、中国干旱区地理研究、中国土地类型研究和中国地理科学综合研究领域，获得了辉煌成果，为中国地理科学的奠基、成长和发展，立下汗马功劳及丰功伟绩。

1. 中国综合自然地理研究

　　赵松乔的综合自然地理研究，分为五方面：（1）自然地域分异规律；

(2) 土地类型；(3) 自然区划；(4) 自然地理过程；(5) 自然生产潜力与土地人口承载力，而重点则在土地类型和自然区划，这是赵松乔在该领域独特之研究，也是成就卓绝关键之所在。

(1) 中国自然地理区划

无论是在地理科学发展的进程中，还是在现今的国土整治、资源利用的认识和理论指导上，自然地理区划都是一个很重要的研究课题。1979 年，赵松乔在"近三十年来我国综合自然地理学的进展"一文中，对 20 世纪 50 至 70 年代中国综合自然地理学研究做总结性的评述，其中以自然地理区划、土地类型、区域自然地理研究领域为重点。从文中可以看出，无论是追溯历史，还是讨论现今，无论是从理论上阐述，还是对实际工作的评价，他对中国的综合自然地理学领域的研究了如指掌。认为"自然区划是自然地理研究发展到一定阶段的产物，它是在比较全面地认识地表分异规律，掌握比较丰富的地理事实，大致了解区域自然历史过程，有了比较适当的方法理论等基础上，才能着手进行的。一个正确的自然区划，不仅深化了自然地理研究的一系列理论和方法，而且会在国民经济中，特别是在指导农业生产上发挥巨大作用。"[1] 时赵松乔已参加过华中、华北、东北、西北、西南等全国大部分地区的大型考察工作，也参加以黄秉维为首的《中国综合自然区划（草案）》的撰写工作；并已发表了 60 多篇有关自然区划方面的论文，如"我国三大景观地带交汇处的天祝"[2]，文中提出中国三大区划分（东部地带、蒙新地带和青藏高原）的观点；如区域自然地理研究的"内蒙古自治区的地形条件在土地利用上的评价"[3]、"黑龙江与呼伦贝尔盟土地类型的划分及其分布规律"和"河西走廊综合自然区划"[4]；及我国第一部系统区域综合自然地理专著《黑龙江省及其西部毗邻地区的自然地带与土地类型》[5]。至此时，时机成熟，他提出"中国综合自然地理区划的一个新方案"[6]，并撰写《中国自然地理·总论》。

1983 年，赵松乔在《地理学报》上发表了"中国综合自然地理区划的一个新方案"。将自 1949 年以来多个有影响的区划方案加以综合理论研究和分析，总结各方案的长处，并加入自己研究的成果和国外区划方法的优点，提出了一个新方案，将全国分为 3 大自然区、7 个自然地区和 33 个自然区。明确地提出了综合自然地理区划原则和分类单位系统，"综合自然地理区划工作的第一步，就是拟定一个能够充分反映自然地理环境的相似性和差异性的区划分类单位系统，我们主要考虑了下列三个原则：（1）综合分析和主导因素相结合的原则，……（2）多级划分的原则，……（3）主要为农业服务的原则，……"他对 3 大自然区、7 个自然地区和 33 个自然区的划分做了十分简明扼要的阐述，在自然地区和自然区划分时，他将地带性和非地带性因素综合考虑。在论文末谈及最低级区划单位时，赵松乔首次提出了由土地类型向上组合自然小区的研究方向，这种不但从宏观上（从大至小），而且也从微观上（自小到大）的自然辩证区划方法引起了广泛注意。"中国综合自然地理区划的一个新方案"的发表，得到了热烈反响，也获得地理学界高度的认同，据统计，此文是当时该研究领域中被引用最多的文献。1985 年，科学出版社出版的《中国自然地理》丛书的《中国自然地理·总论》中的自然地理区划部分，就是以此为蓝本的。

(2)《中国自然地理·总论》

20 世纪 70 年代初，正是中国科技界乍暖还寒的时期。在中国乒乓外交开展之后，科技界的国际交流开始也有所进展。周恩来总理在接见国际科学家和国内科技工作人员时，多次谈到和强调"中国科学院应重视基础研究和加强基础理论研究"，"科学院必须把基础科学和理论研究抓起来"……，在这种气氛下，中国科学院在 1972 年 8 月召开的全国科技工作会议上，呼吁大力加强基础理论研究。院党的核心小组起草了"关于加强基础科学和理论研究的工作报告"。在此基础上，出版《中国自然地理》系列丛书，以

加强中国自然地理学科的基础研究和基础理论的工作,并被列入中科院1973~1980年重点科学规划。以竺可桢为首的《中国自然地理》编辑委员会成立,赵松乔为委员之一,也是该专著的主要参与者之一。

《中国自然地理》系列丛书是20世纪70~80年代有关中国自然地理水平最高、资料最新、最全的一套著作。共分12册:总论、地貌、气候、地表水、地下水、动物地理、植物地理、土壤地理、古地理、历史自然地理、海洋地理、自然条件与农业生产。自1981年起,由科学出版社陆续出版,《总论》是在1985年出版的。"在各要素专著初稿完成后,迫切需要有一部高层次综合的自然地理专著,但难度极大,几经考虑,这一主编重任落在赵松乔先生身上,他从提纲的拟定,到组织有关专家合作,以及全书的系统统稿,大约只用了一年半的时间,这本由他主编的《中国自然地理·总论》便出版了。"[7]

《中国自然地理·总论》是中国自然地理学领域内最具基础性与权威性,并达世界水平的专著。赵松乔独自撰写了3章,为第一章"中国自然地理环境的成因分析"、第十章"中国综合自然地理区划"及第十六章"西北温带及暖温带荒漠地区"。另外有3章是与他人合撰,为第十一章"东北湿润半湿润温带地区"、第十四章"华南热带湿润地区"和第十五章"内蒙古温带草原地区"。

《总论》以1/3的篇幅概括了《中国自然地理》丛书各分册的内容,综述中国自然地理主要的特点和区域自然地理,是系列专著的浓缩和补充,体现了各分册的相互关联。《总论》分两大部分:第一部分是中国自然地理环境主要形成因素综合分析,有9章,阐述气候、地貌、海洋、地表水、地下水、土壤地理、植物地理、动物地理等要素的特点和分布规律,并评价各要素和在农业生产中的作用。第二部分为中国自然地理区域综述，共 7 章，论述各自然地区、区域的自然特征，地域分异和土地资源的合理利用，以及自然改造等问题。

在《总论》中，赵松乔提出将部分土地类型与自然区划合为一体，他将土地类型用来作为自然区划向上组合自然小区的研究方向，这在中国自然区划工作中是首创性的；此外，《总论》还显示了过去中国自然地理专著中未见的特点，如将土壤类型图与区划图套合；强调植物区系的基本特征和植被发展史；用综合观点讨论青藏高原的自然地理基本特征和自然地域分异规律。这些都是以往中国自然地理专著中所没有的，这些特点增补了自然地理学的内容，为以后的研究工作奠定良好的基础。《地理学报》认为该书"总结了我国 30 年来自然地理的研究成果，是整体性、综合性都很强的区域综合自然地理专著，为我国自然地理学的发展作出了贡献。"[8]《中国自然地理·总论》可说是赵松乔在中国自然地理领域长期研究成果的集大成，并达顶峰。

浙江大学教授陈桥驿在 1990 年撰文回忆《中国自然地理》系列丛书《历史自然地理》的编写过程[9]，详细叙述了他和谭其骧等学者从 1976 年开始策划，到 1982 年出版的过程。该书是 10 所高等院校和科研机构的 23 位学者，以 6 年的时间，废寝忘食、呕心沥血而完成，读之令人感动。十分遗憾的是，并未见有其他类似文章论及《总论》及其他分册之编写过程，想必也同样令人动容。

（3） *Physical Geography of China*

Physical Geography of China 是中国人以英文撰写的第一本中国自然地理专著，它对英语世界了解中国产生巨大的影响。在该书发表之前，世界各国很难准确地、全面地了解中国自然地理的研究成果。1978 年，中国改革开放后，美国看到了其重要性，1984 年年底，著名的科学专著和教科书出版

商 John Wiley & Sons 公司，特地请懂中文的玛莎·艾维瑞（Martha Avery）女士，专程到北京拜访赵松乔，商讨出版英文版的《中国自然地理》一事。以赵松乔对世界地理科学现状的了解，他明白这是让世界了解中国及明了中国自然地理研究新进展和新水平十分难得的机会。因交稿时间紧迫，赵松乔立即开始废寝忘食地工作，而忘了他已是年近 70 的老翁，8 个月后，《中国自然地理》英文版 Physical Geography of China，由中国科学出版社和美国 John Wiley & Sons 出版公司共同出版了。

Physical Geography of China 对中国自然地理要素、自然地理环境成因理论的分析、各种要素的特点、分布规律及其在农业生产中的评价、中国自然地理区域综述（包括区划历史、划分原则和方法）、各自然地区特征、地域分异及土地资源的合理利用和改造等，都做了详尽的综合论述。因内容充实，资料新颖，且文图并茂，吸引许多专业和非专业的读者。此书甫一出版，就被美国许多大学地理系列为教科书，并被西方研究机构广泛采用，成为世界各国图书馆中有关中国自然地理的重要参考书籍，借阅率很高，经常是"check out"（借出）的状态。对于中国地理研究工作者和大专院校主修地理专长的学生们来说，*Physical Geography of China* 则是一本英文专业用语的范本。无论从阅读角度，还是在写作上，它都是一本很好的参考书。

Physical Geography of China 封底之作者简介介绍如下："He（赵松乔）has travelled in many countries and has done field work practically all over China. This book is principally based on his extensive field and library research."[10]（他旅行过很多国家，他的野外考察工作遍及全中国。这本书主要是基于他大量的野外考察工作和资料调查研究的结果。）确实，此书凝聚了赵松乔多年大

量野外考察和理论研究的心血，倾注其毕生对所从事的地理工作的热爱，充分体现了他在中国自然地理研究领域中的世界级水平。

顺道一提，有人说赵松乔在此书中未对中国同事们的工作表示尊重，没有写明他们的贡献。在此不妨请有此种说法或受此影响的人读一下本书开头的"致谢"（acknowledgements）（见附录四）。在"致谢"中，赵松乔首先对两个出版社的责任编辑和地理所领导致谢，紧接着对45位参与中文版《中国自然地理·总论》的同事允许在该书中引用他们的原始数据资料表示感谢，并说明因篇幅所限，不便一一列名；其后，对地貌、气候、水文、土壤、动植物地理领域10位同事则指名致谢；接下来对3位美国学者和英文校对致谢；最后则对6位制图的同事指名致谢。

(4)《中国土地类型研究》

在"近三十年来我国综合自然地理学的进展"和"中国1∶100万土地类型划分和制图"论文中，赵松乔都十分强调对土地的综合研究。他写道："'土地'是一个综合的科学概念，它是地表某一地段包括地质、地貌、气候、水文、土壤、植物等全部自然因素在内的自然综合体，也包括过去和现代人类活动对自然环境的作用在内。……'土地'的性质取决于全部组成要素的综合特征，而不从属于其中任何一个单独要素。"[11]在"近三十年来我国综合自然地理学的进展"中，他谈到"我国土地类型研究是在自然区划工作的推动下逐步发展起来的，进行中小区域的自然区划工作时，要求有自下而上的更详细、更有科学论证的分区研究。"基于此，赵松乔在日后提出以分析土地类型的方法来做自下而上的区划基础研究。

20世纪六七十年代，赵松乔在河西走廊、内蒙古沙漠和黑龙江荒地进行研究考察时，赵松乔已开始有系统地探讨土地类型划分、土地分级、土地利用、土地评价的理论和方法等，认为土地类型和土地资源研究已初步可以形成独立理论体系和独特的工作方法。20世纪70年代，赵松乔在主持"六五"期间的首项重大科研项目"农业自然资源调查和农业区划"，和20世纪80年代主持"中国1∶100万土地类型图的编制研究"工作时，他开始将有关的理论和方法运用到实际的工作中。在土地系列制图研究中，他提出"一方面是编制同一比例尺的各种自然要素图、土地类型图、土地潜力图、土地利用图……，而土地类型图则居于承上启下的关键地位，……另一方面是编制一套不同比例尺的土地类型图（1∶100万；1∶20万~1∶50万；1∶5万~1∶10万），这三类不同地区范围、不同比例尺的土地类型图可以相互对比、相互协调、相互补充，并便于综合分析研究。这就是所谓'地图综合'或'地图概括'"[12]。"70年代他主持黑龙江省和呼伦贝尔盟大比例尺典型区土地类型制图和大范围中小比例尺制图研究，完成黑龙江省三江平原地区和呼伦贝尔盟1∶50万土地类型图，出版《黑龙江省及其西部毗邻地区的自然地带与土地类型》专著（科学出版社，1983）。80年代主持中国农业自然资源调查和农业区划重点项目和国家自然科学重点基金项目'中国1∶100万土地类型图编制研究'，撰写了大量论文，介绍了大量国外土地分类的理论、方法与最新进展。经他主持、组织了全国43个科研教学单位，260余位专家，主编出版了我国第一部《中国1∶100万土地类型图分类系统和制图规范》（测绘出版社，1989），编制完成了23幅中国1∶100万土地类型图（其中8幅已由测绘出版社彩绘分别单独出版）"[13]。中国1∶100万土地类型图的编制研究工作促进了全国综合自然地理界的合作和交流，培养和锻炼了一批土地科学研究人才。基于此项工程的研究结果，赵松乔还主编了《中国土地类型研究》专著，有系统、有创见地阐述了中国土地类型研究所持的理论、所用的方法，提高了我国综合自然地理的研究水平，使我国在此领域的理论和应用走在世界前列。20世纪90年代，赵松乔"重点研究和指导土地类型结构及其功能研究，将土地类型研究一步步推向深入，使土地类型成为体系完整、较成熟的学科"[14]。他被称为我国土地类型研究的开拓者和奠基人，可谓当之无愧。

（5）《现代自然地理》

"文化大革命"刚结束，赵松乔以其一贯的求是和敬业精神，关注国外的地理科学现况，希望能尽快了解国外地理科学研究的发展动态，并以此为方向，使中国地理科学研究能在短时间内追上世界。他收集大量的文献资料，1978年在《地理科技情报》发表了长达32页的文章"近年地理学研究的发展趋势"[15]和"近年地理学研究的活跃领域"[16]二文。在"近年地理学研究的发展趋势"文中，他详尽地做了地理学发展趋势的历史回顾，特别着重于20世纪50、60、70年代，并以70年代流行的系统、模式和流程图，生动地表现出近代地理学研究趋势和内容，还扼要地介绍了世界5大地理学研究强国的研究近况。"近年地理学研究的活跃领域"则介绍了10大科研活跃领域，并指出共同的3大特点：（1）能独立解决生产或其他人类活动或本门科学发展所需的重大问题；（2）已积累了大量感性认识，并已逐步总结上升为理论和独立的工作方法；（3）较长期地投入较多的人力和物力。早在20世纪60年代，赵松乔就已将澳大利亚定位观察经验运用到中国早期的沙漠研究中，"文革"后，他立即参加航空遥制地图的试验，并积极引进当时最新的卫星图像（Satellite Image），特别是陆地卫星图像（Landsat Image），以及陆地卫星多光谱图像（Landsat Multi-spectral Image）应用技术。从赵松乔70~80年代所做的地理科学研究来看，他能紧跟上近代自然地理的发展趋势，把研究的重点放在发展趋势中最尖端领域上，如区划和区域研究、土地类型和土地资源、地理环境的发展、人类活动与地理环境的相互作用，以及将遥感技术和制图自动化应用在土地类型制图工作中等。在此期间，他先后发表了"中国荒漠地带土地类型分析——一个地球资源卫星像片的典型研究"[17]、"中国荒漠地带土地类型分析——四个典型地区的地球资源卫星像片判读"[18]和"中国使用卫星图像对沙漠地形的分析"[19]。

赵松乔不但自己大步迈入现代自然地理的发展潮流中，推动中国现代自然地理的发展，而且也明了培养下一代地理研究工作者，是推动中国现代自然地理持续发展的重要关键，中国现代自然地理要持续发展急需要年轻人，为让年轻人能掌握最新地理科学的发展，他在1988年主持编写了《现代自然地理》，后成为中科院研究生院地学教材。在这本书中"讨论了新兴研究领域和现代手段，援引了新理论和新成就，试图较全面、深入地介绍当今自然地理学最活跃的若干研究领域与生产实践紧密联系的若干自然地理问题。使具有一定地学基础的青年科研工作者通过学习，了解新动向和新近探索乃至争论问题，从而在纵深方向上向前迈进一步。"[20]赵松乔积极为地理科学培育优秀人才，他先后指导了12位博士生、12位硕士生（包括为西北偏远地区），他们在中国综合地理研究领域现都已成中流砥柱，活跃于科研一线或领导阶层。赵松乔为中国现代自然地理的发展作出了杰出的贡献。

说起赵松乔的学生们，就不能不提北京大学教授林超和他的学生们，因为林超和赵松乔的研究生中有些是相互关联的，有原是林超门下的硕士生，后成为赵松乔的博士生；有原是赵松乔门下的硕士生，后随林超读博士学位。林超是地理界的老前辈，赵松乔十分敬重他。他们不但互带学生，而且还经常在一起切磋学问。他们对近代地理学的综合研究趋势和发展意见颇为一致，对中国的综合自然地理研究都各有其贡献。林超长赵松乔整整10岁，1989年5月4日，北京大学同时举办了林超八十寿辰和赵松乔七十寿辰的学术讨论会，由中国地理学会自然地理专业委员会主任陈传康主持，有150多位著名地理学者和代表出席。郑度代表地理研究所以"成功者的足迹"为题为赵松乔祝寿。90高龄的著名地图学家曾世英也从北京市内来到西郊北大来参加。会后《地理科学》、《地理学和国土研究》等期刊纷纷加以报

道。大会还收到多所大学地理系和知名教授的贺电和贺函,华南师范学院曾昭璇教授还分别为二老作祝贺词如下:

贺林超:

盛世贤能八十翁,中华地理一奇峰;
渝州创所开勋业,南国先成创业功。
燕园桃李已葱茏,海外交流意气雄;
敬仰南山思轶事,风流独领一师宗。

贺松乔:

国宝奇才我赵公,奠基综自众声同;
西北旱区功业重,中华分域也带宗。
专书举世齐争诵,巨著西洋也拜崇;
为我悉心培弟子,视尔南山不老松。

陈传康主持庆生会

庆生学术会
(左起四人分别为李孝芳、林超、曾世英、赵松乔)

2. 中国干旱区研究

在中国著名的地理学家中,赵松乔常被称为"中国沙漠与干旱区研究开拓者",及中国沙漠与干旱区研究领域的"开山鼻祖"、"一代宗师"等,无论在中国还是在全世界，仅就他为地理学引入"戈壁"（gobi）（砾质荒漠，stony desert）和"反荒漠化"（或绿州化）（de-desertification）两学术术语，赵松乔就称得上是沙漠与干旱区研究领域的大师级人物。

(1) 干旱区研究的开拓者

早自20世纪50年代初期内蒙古呼伦贝尔盟地区考察开始，直到90年代初，除"文化大革命"期间被迫中断工作外，赵松乔几乎走遍中国所有的沙漠、戈壁干旱地区，这是除青藏高原外占全国总面积1/3的地方。他在干旱区研究领域所发表的论文、专著有200多万字，几占其全部著作的一半。1959年，参加治沙队负责业务总结工作后，松乔就在中国的西北地区，主要是河西走廊地带及各个沙漠观测站进行研究考察，不但对自然地理各要素的综合调查研究，而且还对干旱地区自然条件的利用改造及农业的发展方向探究思考。在大量的实地研究考察中，他因此积累许多第一手资料和经验。据统计，在1959~1965年间，松乔发表著述28篇，其中有关西北干旱地区的就占了2/3，这些著述都是他大量实践和理论研究的结晶。仅以"河西走廊西北部戈壁考察报告"、"中国沙漠和戈壁概况"、"河西走廊西北部戈壁类型及其改造利用的初步探讨"、"中国戈壁类型的初步划分"等论文为例，我们可从中看到，他是如何从考察中了解中国的戈壁，又是如何经研究、切磋，最后得出权威性有关"中国戈壁"的结论。在《中国大百科全书（中国地理）》（中国大百科全书出版社，1993）的"中国的戈壁"条目中，松乔写道："……'戈壁'仅指砾质、石质荒漠、半荒漠平地，而'沙漠'则仅指荒漠、半荒漠和干草原的沙地。中国的戈壁广泛分布于温都尔庙—百灵庙—鄂托克旗—盐池一线以西北的广大荒漠、半荒漠平地，总面积约45.8万平方千米。……戈壁可分为剥蚀（侵蚀）和堆积两大类型，并可再分为若干亚类。各戈壁类型分布往往由山地向两侧谷地或盆地作带状排列。"

前已谈及，在20世纪50年代末、60年代初的沙漠工作中，赵松乔提出"中间突破，两头开花"的治沙战略；他在负责业务工作的民勤站，做了引水灌溉、防治盐渍、防风固沙林网、"棋盘格"形固沙等开拓性治沙方法试验。这些方法现已普遍应用于国内西北干旱地区，并推广到世界相似地带。"文化大革命"结束后，赵松乔在干旱区的工作渐趋成熟，且多侧重于基础理论方面的研究。他的许多重要论文，如"中国沙漠、戈壁的形成和演变"、"The Sandy Deserts and the Gobi of China"、"Desertification and De-Desertification in China"、"人类活动对西北干旱区地理环境的作用：绿洲化或荒漠化？"等，以及他主编的《中国干旱地区自然地理》专著，都是在此期间完成的。同时，以多年在干旱区研究方面的深厚积累，赵松乔先后组织、开展了一系列新的干旱区研究和学术活动，将干旱区研究重点转移至干旱区资源的清查和评价、干旱区地理环境的演变和预测，在此基础上，提出了对干旱区区域研究和区域开发的战略目标。在20世纪80年代初期，赵松乔联合十几位专家学者，合作撰写了中国干旱区研究领域的重要专著《中国干旱地区自然地理》。该书从综合自然地理、地貌、气候、水文、地下水、土壤、植被以及动物地理等方面，对中国3大自然区之一，约占全国土地总面积30%的干旱区进行探讨研究。其中收录赵松乔两篇重要文章，一是"中国沙漠、戈壁的形成和演变"[21]，另一是对属典型干旱地区呼伦贝尔草原的调查研究"呼伦贝尔草原的风沙和'黑风暴'问题"[22]。"中国沙漠、戈壁的形成和演变"一文，是赵松乔在20世纪70年代后期至80年代初期，对中国沙漠、戈壁的形成和演变的研究总结性文章；而"呼伦贝尔草原的风沙和'黑风暴'问题"，是1973～1978年他在东北黑龙江荒地考察研究工作的阶段性总结，以扎实的地区理论研究

工作规划具体的行动方向，对当时农垦部的继续农垦指示了方向。

赵松乔对我国西北干旱区沙漠、戈壁的形成、演变与时空分布规律上，有其独到的见解。1979 年，他到日内瓦参加联合国环境总署举办的国际沙漠化制图学术会议时，发表了"我国沙漠（戈壁）的形成过程和演变趋势"的演讲。1980 年，访问得克萨斯州美国干旱区和半干旱区研究中心（ICASALS）时，赵松乔以"The Sandy Deserts and the Gobi: a Preliminary Study of Their Origin and Evolution"为题，详细阐述其日渐成熟的见解。在演讲中，他予"戈壁"以科学定义："'Gobi' is originally a Mongolian word, meaning all the deserts and semi-deserts in the Mongolian Plateau. It is similar in meaning to the Chinese word 'shamo'. Today, we use the word 'gobi' for stony or rocky deserts, and 'shamo' for sandy desert."（"戈壁"一词是蒙语，原指蒙古高原所有的荒漠和半荒漠，这与汉语的"荒漠"相似。现在，我们用"戈壁"是指砾质或石质的荒漠，而"沙漠"仅指沙质荒漠。）同时谈到了它的形成和演变过程，他认为"中国的沙漠和戈壁的形成是在白垩纪和第三纪的早期。在干旱气候影响下，通过河流冲击、侵蚀→移动→堆积的长期过程而形成的。其分布规律可以归纳为两个模式：内陆盆地式及蒙古高原式。每个模式中还存在一些亚型和变型。"他预测"我国沙漠、戈壁在最近地质时期内总的演变趋势是干旱和沙漠程度继续加深（期间也有一些规模小的干湿交替的脉动现象），但在此情况条件下，其演变速度是缓慢的，可以假定数十年内或数百年内地貌、气候等无机自然地理因素不会有什么重大变化。"同时他还做了"塔里木盆地人类活动对干旱区环境的影响"报告。这些演讲后由 ICASALS 辑成 Desert Lands of China 一书[23]，赵松乔的此项研究，纠正了以前西方著作和地图中的错误，并对当时普遍认为"沙漠基本上是人类行为之结果，以及过分强调不严谨的沙漠化过程"的观点，予以正确理论上的透视。之后在国外掀起了一阵到中国干旱区访问的热潮。"戈壁"从此正式成为地理学术语。赵松乔的这种见解，在以后的实地考察和深入的理论研究中，不断发展且更趋完善。1985年，发表"中国沙漠、戈壁的形成和演变"，进一步提出"我国广阔分布的沙漠、戈壁是白垩纪以来，特别是晚第三纪青藏高原开始隆起以来，在干旱气候条件下，通过流水和风力作用，沙河砾石在侵蚀（剥蚀）→搬运→堆积这个统一过程中的产物。"从综合自然地理观点，建立了一种比较全面的观点去研究西北干旱区的沙漠、戈壁。他把沙漠、戈壁与整个干旱区的研究紧密联系起来，把它们看作为干旱区内分布甚广，土地利用很特殊的两种土地类型，是我国干旱区的主体。认为干旱区的研究离不开沙漠，戈壁的研究又必须联系到整个干旱区来考察。[24] 赵松乔在1990年总结中国干旱区研究工作时提到，过去对西北干旱区等边疆地区的自然资源情况的了解几乎处于空白状态，经过近几十年，尤其是20世纪80年代几次大型的综合考察研究工作之后，对干旱区的土地、水、生物及矿产资源有了更深入的了解。他指出，沙漠、戈壁作为干旱区特殊土地类型，既有其造成自然灾害的一面，又有蕴藏丰富的土地、生物、矿产、太阳能、风能资源的一面，只要人类在开发利用这些资源的同时，对自然灾害进行监测和积极的治理，就可以阻止"荒漠化"的发展，而将沙漠、戈壁的干旱环境变成"绿洲"。这种理论是用唯物辩证法的观点来认识和改造干旱区，改造沙漠戈壁，使荒漠转变成绿洲。1980年8月，赵松乔参加在日本东京召开的第24届国际地理联合会，发表"Desertification and De-desertification in China"演讲，首次提出了"de-desertification"（反荒漠化）学术名词，以回应1977年在肯尼亚首都内罗毕召开的联合国沙漠会议上南非博茨瓦纳大学（University of Botswana）迈克尔·丹寇（Michael B. K. Darkoh）教授提出的"Desertification"（荒漠化）学术名词[25]。他对"要使干旱区环境朝对人类有益的方向发展，即'反荒漠化'（de-desertification），而不是朝有害的方向发展，即'荒漠化'（desertification），人类首先必须了解该地带客观的地理特征，而不是仅凭人类的主观意识"的清晰阐述，引起了国际同行们的广泛注意、理解和认同。在此基础上，赵松乔先后发表了许多论文，以验证此理论在实践中的效益，如"塔里木盆地北部边缘的现代化大规模农垦及其对环境的影响"、"我国干旱（半干旱）地区的自然环境及其开发利用和改造途径"、"Effect of Human Activities on China's Arid Land: Desertification and De-desertification"、"人类活动对西北干旱区地理环境的作用：绿洲化和荒漠化？"[26]等，对西北干旱地区的反荒漠化的实践起了重要的指导作用。与此同时，赵松乔对西北干旱区资源评价、利用和开发，做了八大重点区域的战略目标评论，给中国西北干旱区21世纪的经济发展指明了方向[27]。赵松乔的理论和实践向来都是相辅相成的，他不是那种读死书的学究，而以"经世致用"为他做学问的座右铭。多年来，他对干旱区的研究，包括乌兰布和沙漠北部、河西走廊东部、敦煌莫高窟，及呼伦贝尔草原等地的开发、利用和治理，所提的具体建议多为当地采纳和实施。

1986年，包头全国干旱半干旱地区自然资源合理利用学术讨论会
（正中坐者为赵松乔）

赵松乔的同行、同事们指出，"40年来，他足迹踏遍我国的乌兰布和、库布齐、毛乌素、浑善达克、腾格里、巴丹吉林、库姆塔格、科尔沁、呼伦贝尔、塔克拉玛干、古尔班通古特、柴达木盆地等沙漠大地，是我国考察沙漠最为广泛的科学家。……80年代，年近七旬的他，仍历尽艰辛地深入柴达木沙漠腹地、塔克拉玛干沙漠中枢地带进行考察，实践着他以苦为荣、苦求其知的沙漠探索途径。这一以苦为伍的工作作风，是他具有丰富的第一手资料，研究成果最为丰著的基本原因，亦是他留给我们干旱区研究工作者最为珍贵的精神财富。"[28]

（2）新疆、内蒙古和宁夏干旱区国际会议

1985年，乌鲁木齐干旱区和半干旱区自然资源的利用和开发国际学术讨论会
（前排左八为赵松乔）

无论在全世界或中国，干旱区和半干旱区都占土地总面积的1/3。20世纪80年代，以赵松乔为首的中国干旱区研究，在有些领域已达世界先进水平。"文革"之后，中国逐渐打开科技交流的大门，赵松乔为了加速推动中

国干旱区研究走向国际，他分别于 1985 年在新疆乌鲁木齐市，1989 年在内蒙古呼和浩特市，和 1993 年在宁夏银川市，召开了三次国际干旱区学术会议，受到联合国环境署（UNEP）、联合国教科文组织（UNESCO）、第三世界科学院和国际地理联合会的支持，有上百名中外科学家参加。会后，赵松乔主编了两本中英文论文集，分别是 *Utilization and Development of Natural Resources in Arid and Semi-arid Lands*（《干旱区和半干旱区自然资源的利用和发展》，科学出版社，1989）和 *Rational Utilization of Natural Resources and Territorial Management of Arid Lands*（《资源合理利用与国土管理》，中国自然资源学会干旱、半干旱地区研究委员会，1994），并在 1989 年内蒙古的干旱区资源和环境国际学术讨论会上，发表英文论文"Vertical Zonation and Vertical Agriculture in the Qilian Mountains"（"祁连山区垂直地带和垂直农业"）。

1985 年春，年近 70 岁的松乔到西北干旱和半干旱地区做土壤类型调查研究。在进行考察的同时并采集植被和土壤样品，在一个多月内，松乔和学生、同事们风尘仆仆地走访了大学、地区和省的有关单位，并实地考察河西走廊的敦煌、酒泉地区、甘肃省与青海省交界带、柴达木盆地和青海格尔木地区。在到达格尔木时，因吉普车故障，松乔和学生唐涛于是改乘火车到西宁，再返回北京。据唐涛回忆："赵先生为了能全面了解格尔木地区整个自然环境，决定选择攀登该地区的最高峰。在爬山过程中，因海拔高，坡度陡，先生曾一度出现气短、面色苍白症状，他止步向我要水喝，然后席地而坐，休息片刻后又继续前行。我从来没有见到老师这样虚弱过，以往赵先生总是在我们学生面前显示他的强壮，喜欢与我们较量体力。"

这里要特别一提的是，赵松乔在 1989 年开完国际干旱区会议后半年内，已 70 高龄的他，又长途跋涉到塔里木盆地的塔克拉玛干大沙漠腹地，对该地区的环境、自然地理要素和自然资源进行实地考察，以取得第一手资料。他从乌鲁木齐出发，经吐鲁番、库尔勒、轮台、库车、新和，从沙雅乘直升飞机经塔里木河到达沙漠腹地。在他记录本里写道："初入沙漠，沙丘低

第十五章　走向学术生涯的高峰　　159

1989年，呼和浩特干旱区资源与环境国际学术讨论会
（中坐者为赵松乔）

1993年，银川干旱区环境整治与资源合理利用国际学术研讨会
（前排右七为赵松乔）

矮，可见许多坨曲的干河床，再为格状沙丘，沙海一片，几不见植物及丘间低地，然后为较高大的沙丘链，有少量丘间低地，并可见少量植物，……沙层甚厚，起伏不平，边缘有较低矮沙丘，上有一些已枯死的红柳包。沿途所经，塔克拉玛干沙漠可说是'死亡的沙海'，丘间低地不多，植物极其稀少。……沙漠中心，总的趋势是东北—西南向的沙丘链，与宽 0.5~1.5 千米的丘间低地并列，高差一般为 50~100 米，丘间低地并不平坦，新月形沙丘（迎风坡面向东北）及小沙堆满布，真正平地甚少。地面景观为黄沙漫漫，沙丘链起伏。"世界一流的有关中国沙漠的资料就是通过这样的实地考察获得的！

（3）英文期刊 Chinese Journal of Arid Land Research

Chinese Journal of Arid Land Research（《中国干旱区研究》）是中国第一本由国外出版商出资，在国际发行的有关中国地理学研究综合性英文季刊。

赵松乔在中国干旱区研究领域系统的理论研究，及其丰富的野外实际工作经验，著述甚丰，其中很多是在国外发表。"文化大革命"后，在对外交流上，因其所具的西方教育背景以及深厚的专业英文能力，国外的学者将其视为了解中国地理科学的向导，尤其赵松乔在中国干旱区研究领域的成就，得到国外学者普遍的认同与赞赏，他已成为国际著名的干旱区研究专家。因中国经济的发展，及中国干旱区研究领域的快速发展，而不断地与国际交流和接触，美国国内多认为需要一本专业性的中国干旱区研究期刊。于是美国出版商阿勒顿出版社有限公司（Allerton Press Inc.）派迈克尔先生（Mr. Michael）到北京与赵松乔洽商，希望他能担任

《中国干旱区研究》的主编。赵松乔认为当时中国干旱区领域的研究已达出版世界专业期刊的水平,乃同意接受,并很快地组成《中国干旱区研究》的 12 人编辑委员会。1988 年,《中国干旱区研究》第一期在国际发行了,展开了中外地理学界在干旱区研究领域的学术交流。1996 年,《干旱区研究》编辑部特撰文纪念赵松乔先生,文中提到:"10 年来,仅经赵松乔先生之手,我刊即有 30 多篇论文在美国出版的《中国干旱区研究》发表,通过这一媒介,新疆了解了世界,世界也认识了新疆。"[29]

赵松乔主编的 Chinese Journal of Arid Land Research 在国际发行,就如同在世界的科学舞台上打开一扇窗,世界从此见到了中国干旱区研究的发展成果。

3. 中国综合地理系统研究

(1) 综合地理系统研究

20 世纪中,美籍奥地利理论生物学家贝塔朗菲(Ludwig von Bertalanffy)及美国数学家维纳(Norbert Wiener)、香农(Claude Elwood Shannon),分别提出了系统论(Systems Theory)、控制论(Cybernetics)和信息论(Information Theory),此"三论"的理论思想和方法论几已渗透到所有的科学领域,无论是自然科学还是社会科学。"文革"后,尤其在 80 年代初期,"三论"的理论思想和方法论影响及于中国,赵松乔凭着他多年在地理科学领域中所积累的深厚基础,深刻体会到地理科学面临的情况:"综合的研究,现在已不断地被证明是必要的,而且趋势已不断明朗化,不但自然地理本身的综合研究是必要的,而且在研究自然地理问题时,综合社会经济来考虑,从更广泛的角度来考虑综合,也终究将被多数人所接受。""随着定量的观测、分析数据的增加,……取得的信息越来越多,种类也越来越多,要分析相互间的关系就变得越来越复杂,这就推动了系统论的应用。"[30]正如英国著名地理学家麦金德（Halford Mackinder）指出的，地理学"其主要功能是探索人类社会与局部变异中的人类生存环境之间的相互作用"。松乔看到了在高层次上将自然地理和人文地理综合起来研究的必要性和前景，以及从环境、资源、人口和发展的高度来探索地理科学综合研究的方向。他开始在已有的传统研究方法基础上，积极开拓新的地理综合研究领域，成为综合地理系统研究的带头人。中国地理科学现正沿此方向发展。

在20世纪70年代后期，赵松乔已向国内同行详尽地介绍了国外现代地理研究近况和发展趋势。他将现代地理研究分为两大系统："人类活动与地理环境系统"和"区域与全球空间系统"。"人类活动与地理环境系统"包括地理环境（要素的、综合的）分析和评价的研究，及探讨人类对地理环境的利用与改造的研究；高层次的"区域与全球空间系统"则包括区域的综合分析和发展规划研究，及全球各大区域间、地理圈间，全球性的综合研究。他指出："当代地理学者首先是分析和综合评价地理环境中的自然资源和自然条件，进而探讨自然资源保护和合理开发利用的途径和主要措施，以及不利自然条件的控制和改造，然后落实到区域中去进行综合与分析，最后是区域之间，甚至更大范围内的综合研究。"[31] 赵松乔提出了"土地系统研究"，是综合地理系统研究的重要途径。"这是由他首先提出的概念，即把土地类型研究、土地利用调查、土地资源评价、土地利用规划熔为一炉，研究土地系列制图、土地结构、土地（第一性生产力）—粮食—人口等。"[32] 他同时结合研究主题和研究生的论文课题，对重点地区，如塔里木盆地、柴达木盆地、河西走廊、黄土高原、河套平原、华北平原和汉江平原等，进行土地系统综合分析的研究。

1993年，赵松乔以英文发表"The Spread of Agricutlture（Farming）and its Impacts on Environmental Changes in China"[33]论文，从中国农业发展的空间分布、时间演化和农业（种植业）对环境的影响，进而研究中国农业的起源和地域分布，而得出一崭新的结论：我国北方最早的旱作型（小米）种植业农业文化是 7300~7800 年的大地湾文化（甘肃省秦安县），而南方水稻型（水稻）种植业文化确定为 6960±130 年的河姆渡文化（浙江省余姚县），改写了中国 5000 年的农业种植史。

从赵松乔后期的著作中，我们可看到他大多数的文章是综合性的地理科学研究课题，而 *Geography of China: Environment, Resources, Population and Development* 是其经典代表作。

（2） *Geography of China: Environment, Resources, Population and Development*

赵松乔一方面积极在国内推动综合地理工作的开展，另一方面整理多年来所积累极为丰富的资料，着手撰写他的第二本英文专著：*Geography of China: Environment, Resources, Population and Development*（《中国地理：环境、资源、人口和发展》），首部中国综合地理研究英文专著。

赵松乔在 1991~1992 年于美国讲学时完成《中国地理》（英文版）的写作，1994 年，由 John Wiley & Sons 出版公司发行。在这段时期，他不但和美国的地理界展开广泛的讨论和研究，而且还和社区地理科学爱好者交流。松乔的个性热情开朗，喜欢与人探讨和辩论，有时甚至会像年轻人一样争得面红耳赤。他的坦诚、洪钟般的声音以及爽朗的笑声，使得外国人，无论新识或旧知，都十分喜欢和他交谈，而在这种场合中松乔更感到无拘无束。

当时盐湖城地方报 *Salt Lake Tribute* 的一位记者，听说犹他大学这学期来了一位客座教授，是中国来的地理学家，十分健谈，而且新近在美国出版了他用英文写的《中国地理》专著，于是这位记者专程登门拜访赵松乔，

并在次日的报纸上刊登了采访。

英文版《中国地理》包括两大部分，共18章。第一部分有11章，从环境、资源、人口和发展系统综合角度来论述中国的自然环境、环境灾害（hazard）和资源，中国工农业和交通外贸，中国的人口、种族和城市发展，最后讨论土地、食物与人口系统。第二部分有7章，是基于他的第一本英文专著《中国自然地理》区划部分，从综合地理角度，对中国各大区域，东北、华北、华南、内蒙古、西北和青藏高原加以评述。此书有3个特点：（1）用历史发展的眼光，讨论环境和资源发展和变化，（2）自然和人类活动所造成的灾害及其影响，（3）对中国人口增长的数量和趋势，以及对经济影响的分析和评论。联合国环境署资深顾问 Dr. H. E. Dregne 对此书极为肯定，他说："Zhao's national and international stature makes him uniquely able to write this authoritative book."（赵的国内与国际的声望使他能够写这样一本权威性的著作。）又说 "Understanding a country as large and populous as China will not be achieved by reading one book, but Geography of China is an excellent place to begin. It contains a wealth of information that has not been published before, as well as an analysis of the interplay among natural, social, and economic forces within the country. The insights it provides will help reduce the cloak of mystery that surrounded the counry and the people."（仅读一本书就能了解像中国这样地域广大、人口众多的国家，是无法办到的，但《中国地理》一书可以给你一个非常好的开始。它包括以前从未发表过的丰富的资料，以及对这个国家自然、社会和经济力量内在的、相互作用的分析。本书所提供的深刻见解可以帮助你揭去罩着这国家和人民的神秘面纱。)

赵松乔的这两本专业英文著作 Physical Geography of China 和 Geography of China: Environment, Resources, Population and Development，向世界介绍了中国的地理科学及其研究现况，给世界认识和了解中国的地理科学发展，提供强有力的科学基础。在国际上，几乎任何研究中国地理问题的机构，都会引用为主要参考文献。不仅是因为书中的资料新颖、丰富，而且研究理论和方法都能与国际接轨。外国人可以从这两本书入门，系统地、准确无误地了解中国地理的全貌。赵松乔的研究使他成为中国地理科学国际化的领导者，是帮助中国地理科学走向世界的使者。

1994年英文版《中国地理》在美国发行后，赵松乔原计划在第二年完成该书的中文版，但他最终未能完成这个计划。因此国内许多地理工作者多只是耳闻而并未能阅读此书。

4. 但问耕耘，不问收获

赵松乔秉承其超越党派，勤恳治学，淡泊名利的人生理念，即使对令人欣羡的"中科院院士"荣衔也坦然视之，从不刻意追求。《地理研究》第15卷第1期上有篇悼念赵松乔的文章写道："（赵先生）被国际学者誉为中国第一流地理学家、中国干旱区研究权威，蜚声国内外。赵先生对于荣誉与地位，总是看得非常淡然。1990年以来，中国科学院学部委员（院士）增选，自然地理专业委员会每次都推荐他为候选人。有一次我向他要背景材料，他却说：'花那个劲干什么，学问到了就自然上去了。对一个做学问的人来说，荣誉地位不要看得太重，重要的是求知求实。'"[34]从对赵松乔所受的文化教育背景、个性及人格精神的了解来看，赵松乔对是否当选院士是抱持一种超然的态度。赵松乔受教并毕生奉行的处世原则是："勤恳治学和工作,不得稍有懈怠之心;以科学和教育救中国,并为全人类服务;并应做到'但问耕耘,不问收获'。"同事在评论赵松乔的人品和个性时说:"回顾赵松乔先生的一生,我们为他坚韧挺拔的性格而肃然起敬,20世纪40年代,他因从学于浙大的导师张其昀,深造于美国克拉克大学,解放后,便长期置于需思想改造的自我革命中。'文化大革命'中,无论在改造程度和改造方式上,他都要比一般的老年学者高许多。'文化大革命'后,这种局面虽然改变,但个人的社会环境地位与他的成就学识仍不协调。"[35] 在此举两例来证实以上所述:例一,当时地理所院士们的办公室都是在917大楼内层数最佳处,且又是向阳宽敞有暖气的房间,而赵松乔的办公室则是在大楼对面类似民房的小平房里。冬天得自己生火取暖,而且上厕所或取用热水都得走到大楼内去,但赵松乔对此泰然处之。一般在他早上上班前,学生们会先帮忙准备好热水,天冷时,还帮忙生好火;但如水喝完了,他就得自己到大楼内去取用,顺便也去趟厕所;如火小了,他就自己加些煤;多年来都是如此。赵松乔还自得其乐地说:"这样我可以锻炼自己,还可以锻炼身体。"例二,赵松乔原本还有很多研究计划,但单位却让他办理退休。退休后,不但薪资明显缩水,而且得负担部分医疗费用。相对之下,院士们则不但薪资照发,每月还享有丰厚的特别津贴,以及特别医疗等终身待遇。赵松乔完全知道这些待遇的差异,但他并不放在心上。他以"赵松乔式"的口吻对要他办理退休的所领导说:"由你们决定(是否退休)吧!"在20世纪下半叶,赵松乔实事求是,锐意进取地工作,孜孜不倦地著书立说,常被冠以"不依靠群众"、"爱单干"、"爱出风头"、"思想落后"、"政治反动"、"重个人名利"等之名,五花八门。因而在工作、薪资、住房等方面,常遭不公之待遇,及入"另册"之举。赵松乔处之以:能合作则尽量而为,被排斥时则随遇而安,不卑不亢,努力寻找机会再继续工作。在环境条件允许情况下,尽最大可能将自己所学回馈生于斯长于斯的祖国,完成此生之科学使命。所长黄秉维说:"他(赵松乔)给我印象最深的是:每次重大挫折以后,迅即恢复生机,在笔砚之间，勤勤不息。"[36]曾昭璇教授对松乔的评价是："赵先生磊落胸怀，对人生之坎坷，不予计较。此诚为有高尚品德之人，境界至高，不沉于俗者也。此亦余对赵先生敬佩之处。"[37]

无论是在"牛棚"失去人身自由时，或是在做学问的坎坷道路上，赵松乔所表现的都非常坚强。范文正公之"先天下之忧而忧，后天下之乐而乐"，"劲草不随风偃去，孤桐何意凤飞来"，是赵松乔一生的写照；而佛曰："肚容世上难容之事，口笑天下可笑之人"，则是赵松乔的处世哲学。具中国传统道德和文化的学者们大都有如赵松乔这种风骨，看重自己的身心修养，而淡泊名利。古时的圣人贤哲如此，民国时期学贯中西的知识分子也如此，赵松乔的导师张其昀就是一例。张其昀35岁就被选为中央研究院第一届评议会评议员，后来竟未当选"中央研究院"院士。张其昀的才学是众所皆知的，他的成就已可当选院士，但却无先生名。这怪诞的现象甚至引起了蒋介石的注意。在"中央研究院"近代史研究所出版的口述历史丛书《刘安祺先生访问纪录》一书中，有如下的记载："我（刘安祺）说：'哪个教育部长做的事有他（张其昀）多？他的办法也多，南海路这片根基都是他创下的。'老先生（蒋介石）说：'那'中央研究院'为什么连个院士头衔都不给他呢？'我说：'不知道。'那时王世杰是'中研院'院长，又说：'我猜想可能与学派有关。'老先生把桌子一拍，说：'一点不错！一点不错！我们就坏在学派手里。'"[38]但张其昀本人从不介意。他在生前孜孜不倦地研究写作，身后留下宏伟巨作，对中国的史学、地学和教育界产生了极深远的影响。另外，中国国学大师钱穆在当选院士一事上，也有类似遭遇。他的大弟子严耕望在《钱穆宾四先生与我》一书中有很详细的叙述："先生性刚，从不考虑周围环境，有自反而缩，虽千万人吾往矣之勇决气概，故与考证派主流巨子之间关系并不和谐。1948年4月，中央研究院第一次院士选举，论学养、成绩和名气，先生必当预其列，但选出81人，竟无先生名。中研院代表全国学术界，此项举措显然失当，所以当时有'诸子皆出王官'

之讥。"³⁹钱穆对此"唯有一笑置之",具有"穆之为学向来不为目前私人利害计"的坦荡襟怀。与此两例相较,郭沫若当年被入选为中研院院士,则被视为学术取胜于政治一例。在1948年中央研究院第一届院士评选会上,夏鼐*为郭沫若入选院士争辩道:"Member of Academia Sinica（中研院院士）以学术之贡献为标准,此外只有自绝于国人之汉奸,应取消资格。至于政党关系,不应以反政府而加以删除。"⁴⁰此番言论将身为共产党员的郭沫若送进了中央研究院第一届院士名单。同样,当时公开反国民党,而亲近共产党的马寅初也列其中。

在结束此节之前,附带一提,在赵松乔去世近12年后,2006年,某论坛报道了一位地学部资深院士在浙江一所大学访问时所说:"在讲到浙江历史上知名的地理学家竺可桢、赵松乔、张其昀时,他（指这位地学部资深院士）还结合自己的学习研究经历,对这几位名家做了简要介绍,并鼓励在座的师生们一定要向前辈看齐,扎扎实实地开展研究,培养'独立自由的研究思想'。"⁴¹赵松乔生前遭遇实属"冯唐易老,李广难封",这位资深院士在赵松乔去世后,能公开发表此评论,可见社会正在发生变化。赵松乔如地下有知,应感到欣慰。

回首60多年来的中国地理科学之发展,赵松乔的《中国自然地理·总论》、*Physical Geography of China*、*Geography of China: Environment, Resources, Population and Development*、《中国干旱地区自然地理》、《中国土地类型研究》、《现代自然地理》及《地理学性质的透视》等书,它们的时代意义和科学高度,都足以成为一座座闪闪发光的丰碑,它们对于中国地理学的贡献,随着岁月的流转,越发显出其意义和价值,超越任何头衔和一时

---

* 夏鼐（1910~1985）,浙江温州人。考古学家,中国现代考古学奠基人之一。1934年,清华大学历史系毕业。1935年,留学英国伦敦大学,获埃及考古学博士学位。1943~1949年,任中研院历史语言研究所研究员。1949~1950年,任浙江大学教授。1950~1982年,任中科院考古研究所研究员兼所长、中科院院士。

的荣誉而永留青史。

中国核物理研究开拓者赵忠尧先生在其回忆录中写道："回想自己一生，经历过许多坎坷，唯一希望的就是祖国繁荣昌盛，科学发达，我们已经尽了自己的力量。……我想，一个人能做出多少事情，很大程度是时代决定的。唯一可以自慰的是，60多年来，我一直在为祖国兢兢业业地工作，说老实话，做老实事，没有谋取私利，没有虚度光阴。"[42]这位忠于科学的科学家朴实无华的追忆，恰也反映了赵松乔的心声，印证了赵松乔一生为人刚毅公正，赤忱爱国，治学刻苦严谨，锐意进取的科学家精神。

注释

1. 赵松乔、陈传康、牛文元："近三十年来我国综合自然地理学的进展"，《地理学报》，34卷3期，187~199页，1979年。

2. 赵松乔："我国三大景观地带交汇处的天祝"，《地理知识》，1956年第6期，249~259页。

3. 赵松乔："内蒙古自治区的地形条件在土地利用上的评价"，《地理学报》，24卷3期，245~256页，1958年。

4. 赵松乔："河西走廊综合自然区划"，《中国地理学会一九六二年自然区划讨论会文集》，北京，科学出版社，193~205页，1962年。

5. 赵松乔、申元村、戴旭、杨柳林：《黑龙江省及其西部毗邻地区的自然地带与土地类型》，北京，科学出版社，1983年。

6. 赵松乔："中国综合自然地理区划的一个新方案"，《地理学报》，38卷1期，1~10页，1983年。

7. 申元村："悼念、缅怀赵松乔教授"，《地理科学》，16卷1期，2页，1996年。

8. 中国科学院、国家计划委员会地理研究所："著名地理学家赵松乔先生逝世"，《地理学报》，51卷1期，1996年。

9. 陈桥驿："回忆《中国自然地理·历史自然地理》的编写"，见《中国地理学 90 年发展回忆录》，701 页。

10. Songqiao Zhao, *Physical Geography of China*, John Wiley & Sons Press, USA, 1986.

11. 赵松乔："中国 1：100 万土地类型划分和制图"，《中国土地类型研究》，北京，科学出版社，24 页，1986 年。

12. 同上。

13. 钱伟长总主编、孙鸿烈主编：《20 世纪中国知名科学家学术成就概览·地学卷·地理学分册》，北京，科学出版社，399～408 页，2010 年。

14. 同上。

15. 赵松乔："近年地理学研究的发展趋势"，《地理科技情报》，1978 年第 3 期，1～9 页。

16. 赵松乔："近年地理学研究的活跃领域"，《地理科技情报》，1978 年第 13 期，10～32 页。

17. 赵松乔："中国荒漠地带土地类型分析——一个地球资源卫星像片的典型研究"，《国际干旱地区遥感会议会刊》，1981 年。

18. 赵松乔："中国荒漠地带土地类型分析——四个典型地区的地球资源卫星像片判读"，《地球科学》，2 卷 1 期，1～16 页，1982 年。

19. 赵松乔："中国使用卫星图像对荒漠地形的分析"（英文），*Deserts and Arid Lands*, 115～132, Martinus Nijhoff Publishers, 1984。

20. 杨勤业：《现代自然地理·前言》，北京，科学出版社，1988 年。

21. 赵松乔："中国沙漠、戈壁的形成和演变"，《中国干旱地区自然地理》，北京，科学出版社，17 页，1985 年。

22. 赵松乔："呼伦贝尔草原的风沙和'黑风暴'问题"，《中国干旱地区自然地理》，203～206 页。

23. Chao Sung-Chiao, *Desert Lands of China*, ICASALS, Texas Tech University, Lubbock, Texas, 1981.

24. 同注 21。

25. H. E. Dregne, Developing the Arid Regions of China: A Tribute to Zhao Songqiao,

《赵松乔文集》，iii~ix 页。

26. 赵松乔："人类活动对西北干旱区地理环境的作用：绿洲化或荒漠化？"，《干旱区研究》，1987 年第 2 期，9~18 页。

27. 赵松乔："近年中国干旱区研究进展"，《地理科学》，10 卷 3 期，208~216 页，1990 年。

28. 申元村、汪久文："沉痛悼念、无限缅怀赵松乔教授"，《干旱区资源与环境》，1996 年第 1 期。

29. 《干旱区研究》编辑部："献身自然一代宗师——沉痛悼念赵松乔先生"，《干旱区研究》，1996 年第 1 期，45 页。

30. 赵松乔等：《现代自然地理》，5~6 页。

31. 同上。

32. 蔡运龙："春华秋实——记赵松乔教授"，《地理学与国土研究》，8 卷 1 期，63 页，1992 年。

33. Zhao Songqiao, The Spread of Agriculture (Farming) and its Impacts on Environment Changes in China, *Chinese Geographical Science*, vol. 3 (3), 194~202, 1993.

34. 申元村："沉痛悼念赵松乔教授"，《地理研究》，15 卷 1 期，1996 年。

35. 同注 7。

36. 黄秉维：《赵松乔文集·序》。

37. 曾昭璇,："受教难忘——悼念赵松乔教授"，《热带地貌》，16 卷 2 期，161~164 页，1995 年。

38. 张玉法、陈存恭访问、黄铭明记录：《刘安祺先生访问纪录》，台北，"中央研究院"近代史研究所，221 页，1991 年。

39. 严耕望：《钱穆宾四先生与我》，台北，台湾商务印书馆，88~89 页，1993 年。

40. 潘光哲："知识场域的桂冠：从第一届"中研院"院士的选举谈起"，《书屋》，2005 年第 2 期。

41. "施雅风院士做客《尖峰论坛》呼吁《浙江潮》引领地理雄风"，《尖峰论坛》第 22 讲，浙江师范大学网站，2006 年 10 月 15 日。

42. 段治文、钟学敏：《核物理先驱——赵忠尧传》，杭州，浙江人民出版社，227~229 页，2007 年。

第十六章
活跃在国际舞台上

1977年,中科院恢复研究生制度。1978年3月,为在"文革"中受迫害去世的著名地球物理学家赵九章、数学家熊庆来、冶金学家叶渚沛、昆虫学家刘崇乐、理论物理学家张宗燧、真菌学家邓叔群举行骨灰安放仪式。1978年6月,科学院院长郭沫若逝世。1979年7月,方毅接任中科院院长职务。方毅提出了中科院的新任务是"研究和发展自然科学的新理论和新技术,配合有关部门解决国民经济建设中综合性的重大的科学技术问题",新方针是"侧重基础,侧重提高,为国民经济和国防建设服务"。1979年,为及时了解十年"文革"间的国际学术动态,提高国内研究起点和加速研究的开展,中科院进入了国际学术交流与合作的新阶段,多种形式的活动日渐扩展,国外学术团体、大学、政府部门和著名科学家应中国科学院之邀纷纷来访。1979年年初,由担任中国科学院地理所所长及地理学会理事长的黄秉维,代表地理所和兰州沙漠研究所,邀请美国国家地理学会沙漠代表团来华访问。赵松乔为中国干旱区沙漠研究专家,且在美国获地理学博士,因此成为接待首访美国沙漠代表团的人员。

1. 接待美国国家地理学会沙漠代表团来访

1979年7月27日,赵松乔在北京接待美国国家地理学会沙漠代表团一行 8 人，团长 Mr. Gore，是美国《国家地理》杂志的高级编辑，随行的有摄影师 Mr. Dale，及史密森尼学会（Smithsonian Institute）地球引星研究中心（Center for Earth and Planetary Studies）主任 Dr. Farouk El-Baz，亚利桑那大学（Arizona University）干旱区研究中心主任 Dr. Johnson，犹他州立大学（Utah State University）自然资源学院院长 Dr. T. Box，加州大学半干旱区研究中心农业专家 Dr. R. Ford，加州大学研究中国汉代文化及中国沙漠的教授 Dr. Reigel，及阿克隆大学（Akron University）地理学美籍华裔副教授 Dr. Lawrence Ma（马润潮）。赵松乔陪同美沙漠代表团在北京参观访问科学院有关研究所，主持学术交流报告会；并搭乘火车到西北访问了宁夏、甘肃、新疆，所参观的沙漠地区均是赵松乔曾工作过的地方，包括宁夏的沙坡头，甘肃的河西走廊、嘉峪关，新疆的塔里木盆地沙漠、吐鲁番地区、交河、高昌丝绸之路遗址等。无论是在参观过程或旅途中，赵松乔都以一位长期在沙漠干旱区工作的中国专家身份，向美国专家们报告中国治理干旱地区的研究经验和成果，同时也抱持极大兴趣与热诚向他们学习外国的经验和成就。

　　此次学术交流对美国同行们了解中国干旱区研究的现况，有很大的帮助。Dr. El-Baz 表示，此次来访给他留下的最深刻印象，就是中国沙漠研究成功地兼顾了多种学科的方法；以草场管理及应用生态学为主要研究领域的专家 Dr. Box 称赞道："在原来流动的沙丘表面，形成一层黑色真菌结皮，就是沙丘去向固定的标志，你们确实做到了。"干旱植物专家 Dr. Johnson 也赞赏道："从来没有见过这样大面积砾石累累、寸草不生但又经人类改造后，葡萄及各类果木在水渠两岸茁壮成长的戈壁花园。""在固定流沙方面，毫无疑问，中国达到全世界的先进水平。"团长 Mr. Gore 和摄影师 Mr. Dale 则更是兴奋，每到一处都流连忘返，不肯离去，再三表示希望不久之后能再次来访问。回美国不久，Mr. Gore 在《国家地理》杂志上以 40 多页的篇幅，详尽地报道了此次访问，并刊登多幅 Mr. Dale 所拍摄的大型彩色照片[1]。在

1979年，赵松乔接待美国国家地理学会沙漠代表团

访问结束时，他们表示："在地学及生物学领域，中国有些方面领先，值得美国及其他国家科学家学习。"[2] 这是对赵松乔和长期在西北干旱区工作的科学家们研究成果的肯定。

在为期 3 个星期的旅行中，El-Baz 和赵松乔不仅在专业上有共同的兴趣与见解，在情感上更相互了解和尊敬，从此建立了终身的友谊。松乔在以后的每次出国访问，一有机会，就去拜访这位老朋友。El-Baz 后来从 Smithsonian 航空太空博物馆转至波士顿大学任信息遥感中心主任，1987 年，松乔藉于加拿大多伦多讲学期间，抽空去看望这位老朋友。在 El-Baz 请他享用波士顿特有的大龙虾之后，松乔则播放自己制作的中国自然地理景观幻灯片，两人就幻灯片拍摄质量，及美国地理界当时空间摄影新科技的快速发展，展开热烈讨论。在回旅馆的路上，松乔对女儿说："传统技术有它好的一面，但新的技术一定要学，要赶上技术发展的潮流。"女儿知道，这是松乔因在"文革"中痛失宝贵光阴而发之感触。

2. 再次走出国门

自 1948 年赵松乔从美国克拉克大学学成回国后，出国的大门就此关闭了，他国外的老师、同学和朋友们都不知道他是如何工作与生活的，直到"文化大革命"结束后的 1979 年，赵松乔才又重回到了世界地理学学术界。此时他的老师们大多已过世，同学和朋友则多散处他地，而他也已是夕阳中的老人了。赵松乔好像永不知"老之将至"，急步追赶那些已失去的宝贵岁月，渴望将它们补回来。他经常出国访问，或参加国际会议，或到世界各地讲学。从以下赵松乔在 20 世纪 80 年代出国访问的活动中，可看到他繁忙的程度。

1979 年

5 月，应联合国环境署邀请，赴瑞士日内瓦大学出席沙漠化制图学术会议。

7月27日至8月20日，接待美国国家地理学会沙漠代表团来访。

访问德国

12月，应联合国粮农组织（FAO）邀请，赴意大利罗马出席国际沙漠化会议。

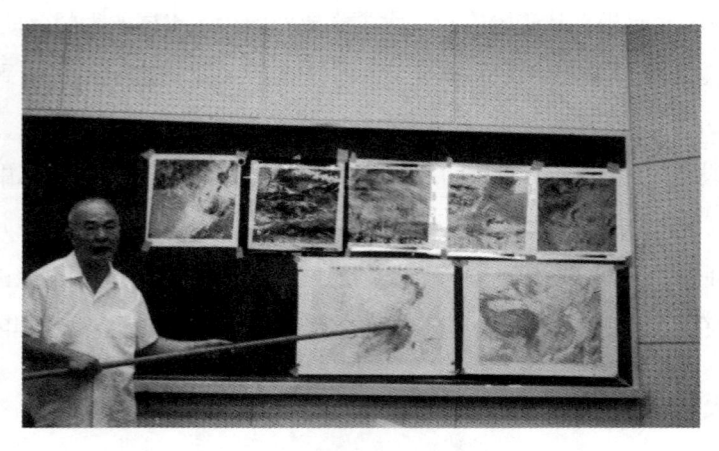

为美国国家地理学会沙漠代表团演讲

1980 年

3~5 月，应美国国家地理学会邀请，访问美国 3 个月。东西横贯北美大陆三次，后取道欧洲返国。

8 月，应国际地理联合会邀请，出席在日本东京举行第 24 届国际地理联合会大会。

11 月，应联合国大学（UNU）邀请，赴西德汉堡出席世界干旱区会议，并于 7 个大学讲学。

1982 年

1 月，应香港大学邀请，讲学 1 个月。

1983 年

1 月，应香港大学邀请，讲学 1 个月。

5 月，应美国科学促进会（AAAS）邀请，赴底特律出席其年会。

1984 年

3~5 月，应美国国家科学院（NAS）邀请，参加中美杰出学者互访计划。

1985 年

8 月，应美国亚利桑那大学邀请，参加该校百年校庆。

11 月，应第三世界科学院邀请，出席苏丹喀士穆流沙侵蚀国际会议。

1987 年

1 月，应香港大学邀请，参加东亚环境变化学术会议。

2~6月，应加拿大多伦多大学邀请讲学。

4月，应美国波士顿大学和克拉克大学邀请讲学。

1988年

5月，应日本东京综合研究所邀请，出席国际水会议。

1989年

5月，应日本京都大学邀请，出席东亚土地利用会议。

6月，应台湾文化大学邀请，访问台湾。

多伦多大学有关赵松乔讲座公告

参加东亚土地利用会议（前排左三为赵松乔）

（1）出国访问

1980 年，美国国家地理学会邀请中国沙漠代表团访问美国，当年访华的团长 Mr. Gore 邀请中国沙漠代表团访问美国西部主要沙漠研究机构，及参观干旱农业设施和农场管理，并由美国土地管理局人员陪同前往加利福尼亚沙漠地带实地考察。在近一个月的时间里，中国代表团还前往得克萨斯州访问风蚀控制实验所及土壤保护处。1985 年，赵松乔以杰出科学工作者的身份，应美国亚利桑那大学邀请，参加该校百年校庆后，又访问了位于华盛顿的美国国家科学院。当 1980 年赵松乔访问美国时，其克拉克大学学弟、恩师张其昀的独子张镜湖已在夏威夷大学担任地理学教授多年，当镜湖得知松乔正在美访问，他立即飞往华盛顿去看望松乔。30 多年来音讯杳然，再相逢时，二人"执手相看泪眼，竟无语凝噎"。松乔此时方知，多年来，老师透过旧时同学多方打听自己的下落[3]。可是至 1989 年，松乔得以赴台展开海峡两岸文化破冰之旅时，恩师早已病逝多年，终不得一见，不禁令人嘘唏。

（2）出席国际学术会议

在赵松乔多次出席的国际学术会议中，很多是与沙漠和干旱区研究领域有关。在 20 世纪 80 年代，人类所面临之资源贫乏、环境污染和荒漠化等问题日趋恶化，联合国试图召开各种国际会议，聚集各国专家共同商议全球面临的问题，以谋求回应的方法。

赵松乔在每次出席国际会议时，他都会准备与该会议相关的学术论文；同时也将在国外所见、所学的新成果、新技术及新动向，介绍给国内同行。这种穿针引线式的国际学术交流，促进了中国地理科学与世界接轨，进而推动中国地理科学的发展。

（3）国外大学讲学和合作研究

赵松乔也曾到多所国外大学讲学：1980 年，在西德 7 所大学；1982、

1983 年，在香港大学；1987 年，在加拿大多伦多大学及美国波士顿大学和母校克拉克大学；1991 年，在美国犹他大学、韦伯大学（Weber State University）、得克萨斯科技大学（Texas Tech University）和夏威夷大学教授一年又三个月的课程。虽然和他早年在浙江大学、金陵女子大学和南京大学讲课一样，对象都是年轻学子，但讲授内容和方法却不同。早年他给学生上普通地质学、地理学通论和地理学经典著作阅读等课程，他讲学生听；而给国外学生授课，则是他定课程内容，以讨论方式上课。赵松乔十分喜欢这种授课方式，经常是下课钟响还继续讨论，而学生选他的课也特别踊跃。

1987 年，他担任加拿大多伦多大学访问教授，在环境研究所和地理系与惠特尼教授从事中国西北干旱区的研究，并和加拿大籍华裔教授陆兆熊合作从事黄土高原环境保护和经济发展、土壤侵蚀的研究；同时教授有关中国自然地理区划和土地类型课程。在讲学期间，赵松乔曾到离多伦多不远的圭尔夫大学（University of Guelph）做短期的访问并授课；还去蒙特利尔市，到他 40 年前任教的麦吉尔大学旧地重游；并南下美国，去看望老朋友 El-Baz。在波士顿大学他应邀做了专题演讲，同时他还应母校克拉克大学的邀请，回伍斯特访问。松乔受到了全校师生们的热烈欢迎，使他感慨万分。赵松乔按着记忆找到了当年住宿的地方，并打听房东的去向。房东夫人在 40 年前松乔回国时，曾送了一整套餐具给他，但在 1952 年他患肺病时，因急需钱买药，不得已卖掉了。当邻居告知那位房东夫人已于几年前去世，松乔十分难过，他很后悔回国前，未与她合影留念。

1991 年，他在美国犹他州时，曾先后到盐湖城的犹他大学和奥格登市的韦伯大学访问。在犹他大学，和美籍韩国教授合作研究东南亚地理；在韦伯大学，和理学院院长 Prof. McKell 合开夏季班的研究生课程，教授中国自然地理及中国的环境、人口、经济等人文地理。有许多教师旁听。在得克萨斯科技大学和夏威夷大学的授课，大致与韦伯大学相同，但有些课是和地理系其他教授合开并做些专题研究。

赵松乔在国外时，致力于中国和世界地理科学的教学和研究，在传授中国地理学的研究成果时，也吸收世界其他国家的新进展。

3. 国际学者专家对赵松乔的评价

Dr. Farouk El-Baz（1938~ ）

1958 年，获埃及化学地质学学士学位后，到美国密苏里大学，1964 年，获地质学博士学位。2004 年，获埃及法学博士。在埃及，参加过苏伊士运河湾区的石油开发工作，并任萨达特总统的科学顾问。在美国，曾任职美国国家航空航天局（NASA），多次参加阿波罗太空研究计划。他的杰出科技才能在美航天界普受赞扬和尊敬。1972 年起，在华盛顿史密森尼学会（Smithsonian Institute）任职，建立地球行星研究中心，并担任主任。El-Baz 目前是美国波士顿大学教授和遥感中心主任。

Dr. El-Baz 谈到他对赵松乔的印象时说："从我第一次碰到他，我意识到，赵松乔是一个有远见的人，他具有极强的欲望扩展自己的知识面，并具有值得赞扬的自信心去学习自己不熟悉的事物。从那时起，这些加强了我们之间的往来。……他敏锐的观察能力使他辨认出中国干旱区内人类活动的痕迹，并将它从自然气候变化引起的重大的环境变化中区分开，这是一个重要的差别。因为当时美国流行的观点认为，沙漠基本是人为的结果，过于强调不严密的沙漠化程序，甚至把气候引起的变迁也归咎于人类的活动。经过深思熟虑，赵松乔教授所讨论各种沙漠化过程的例子，有助于正确地透视沙漠化的过程。赵松乔教授非常善于实践将坏事变好事，按他所说这是'非常中国化'的思想。"（From that first encounter, I realized that Prof. Zhao Songqiao was a man of vision, with a compelling eagerness to expand his knowledge and the admirable self-confidence to learn unfamiliar things. This would be re-enforced from my association with him ever since ⋯ his keen observation abilities allowed him to recognize the imprint of human activities on the arid and semi-arid lands of China and to separate these from the major environmental changes that are caused by natural climatic shift. This was an important distinction, because at the time, the prevailing wisdom in the USA was that the desert was basically man-made. Over emphasis on the loosely defined process of desertification even ascribed climatic shifts to human activities. Cases of well-thought-out distinctions that were discussed by Prof. Zhao helped to place that process in the right perspective. Prof. Zhao Songqiao was a master at practicing something that he described as "very Chinese", that of turning a bad thing into a good thing.）

"赵教授是一位多产作者。……他的著作对我们了解干旱、半干旱区有着特别显著的影响，尤其是对中国的荒漠。他尽力地在专业期刊上撰写科学论文，同时也著书普及地理专业知识，因此，他的著作得以在世界范围内持有长时间的影响。"（Prof. Zhao was a prolific writer. ⋯ His books in particular have made a significant impact on our understanding of arid and semi-arid lands in general, and the Chinese deserts in particular. He always endeavored to write for the benefit of the specialist in professional journals, and for the non-specialist in his books. For this reason, his published works have lasting effects worldwide.）

"赵的写作有一个明显的特点，就是考察地理总是和人类居住的历史结合在一起。他敏锐地注意到地理环境对人类文明约束的重要性；与此同时，他也感兴趣人类活动对环境的影响，以及由于人类的破坏性活动所产生的土地系统的回复。他引证了大量（尤其是1950年前）在中国由于错误计划的实施而造成半干旱地区土地退化的实例。由此他明确地阐述了：（环境的）可持续性的开发，必须从完全了解开发地带的地理特点开始，这个原理直到最近才引起普遍性的关注。"（A distinguished characteristic of Zhao's writings is viewing geography intricately with the history of human habitation. He was keenly aware of the importance of geographic controls on civilization. In the meantime, he was also interested in the effects of human activities on the environment and the response of land system to damaging practices by mankind. He gave numerous examples of the degradation of semi-arid lands in China through ill-conceived projects practices, particularly before 1950. In so doing, he clearly illustrated that sustainable development must be initiated by a thorough understanding of the geographic characteristics of the terrain, a principle that only lately has received universal attention.)

与 Dr. El-Baz 交谈（白发背影者为赵松乔）

当赵松乔去世的消息传到 El-Baz 耳里，他很难过，写了 "Zhao's Impact on the Understanding of Chinese Geography in the USA" （"赵对美国认识中国地理的影响"）一文，以示哀悼。在文中最后他说："他的思想之影响会持续很久，对他的记忆将会由于他的许多文章和书而历久不衰。无论如何，他的去世，地理学失去了一位求知的观察者，而中国也失去了一位伟大的发言人。"（The impact of his mind will be felt for a long time, and his memory will linger through his numerous publications. Nonetheless, in his passing, geography has lost an inquisitive observer, and China has lost a great spokesman.[4]）Dr. El-Baz 在后来写给赵松乔女儿的信中说："请记住，你父亲是一位令人尊敬的中国地理学者，他让世界了解中国。他是我永远的朋友。"（Do remember： your father is a respectful Chinese geographer who let the world understand China. He is my friend forever.）

Dr. Harold E. Dregne（1916~2002）

1946 年，于爱达荷大学（University of Idaho）获博士学位。杰出的农学和土壤植物学教授，曾分别在爱达荷大学、华盛顿州立大学（Washington State University）、新墨西哥州立大学（New Mexico State University）和得克萨斯科技大学（Texas Tech University）任教。他也是世界著名的干旱区沙漠化研究专家，曾任国际干旱区和半干旱区研究中心主任、联合国环境署资深顾问，活跃于世界各地达 25 年，对世界的干旱区和防止沙漠化的研究贡献很大。

在 1980 年赵松乔短暂访问得克萨斯科技大学时，Dr. Dregne 将他介绍给国际干旱区半干旱区的专家时说："His depth of knowledge and his infectious enthusiasm made a lasting impression on the people who were fortunate enough to meet him! His visit provided the International Center for Arid and Semi-Arid Land Studies with a rare opportunity to make available to an English-Speaking audience an authoritive report on the extensive but little-known desert of China."（他的知识之深度，及极具感染力之热忱，使有幸遇到他的人都会留下持久的印象。他的来访，为国际干旱区和半干旱区研究中心的英语听众，带来难得的机会，听取广泛且权威性但鲜为人知的有关中国沙漠的报告。）

"As a world-famous physical geographer, Professor Zhao Songqiao was intimately acquainted with the opportunities and problems of living in the arid regions. His extensive travels in, especially, Gansu Province, Inner Mongolia Autonomous

Region, Ningxia Hui Autonomous Region and Xinjiang Uygur Autonomous Region exposed him to the fascinating character of the drylands. He saw forbidding deserts exist next to prosperous oases where the only difference was water. And he also saw those forbidding deserts yield vast amounts of petroleum for the nation's industries, as well as minerals and precious ores. Perhaps Professor Zhao's exhilarating experience was to participate in and describe the responses that people made to the challenges posed by deserts. … He participated in and guided the adaptive response of farmers to new irrigated lands of the Hexi Corridor. And he took the pride in the role he had played in stabilizing the moving sand dunes that had plagued travel on the Baotou-Lanzhou railway at Shapotou. Out of that pioneering effort came the 'checkerboard' pattern of fixing sand dunes in place using intersecting lines of dead vegetation at 1 meter intervals. Checkerboarding has been employed in recent years to protect the first highway to cross the Taklimakan Desert as well as communication routes in China and other countries."[5]（作为一个世界知名的自然地理学家，赵松乔教授深知生活在干旱地区面临的机会和问题。他的大规模的考察，特别是在甘肃省、内蒙古自治区、宁夏回族自治区以及新疆维吾尔自治区，使他领略到干旱区土地的迷人特征。他看待荒凉沙漠与其紧邻的繁茂绿洲的不同仅是缺水，可荒漠却蕴藏着巨量可用于工业的石油和矿藏。令赵教授最兴奋的切身体验是看到人类是如何对荒漠进行挑战的。……他亲临河西走廊地区参与并指导当地农民应用新的方法灌溉农田；同时，他也为自己在沙坡头稳固沙丘移动，从而解决了包兰铁路线运输问题所发挥的作用而自豪。这项开拓性的"棋盘格"形固沙方法［用干植被组成一米间隔交叉线而成］，近年来，已被采用来保护穿越塔克拉玛干沙漠的第一条公路，以及中国和世界其他国家的交通路线。）

赵松乔和 Dr. Dregne 建立了专业合作关系，两人因此成为好朋友。Dregne 长松乔几岁，逢人便说松乔是他的小弟。在松乔去世后，他还专程

与 Dr. Dregne 在得克萨斯拉伯克（Lubbock，Texas）

从美国来北京松乔的墓地追悼他。他对松乔女儿说："现在我来过松乔小弟的墓地了，我可以安心地走了。"因 Dr. Dregne 对松乔这份深厚的兄弟情谊，松乔女儿特地请他为父亲的文集作序。Dr. Dregne 在题为"中国干旱区的发展：纪念赵松乔教授"（Developing the Arid Regions of China：A Tribute to Zhao Songqiao）的序文中，以美国人传统纪念去世友人的方式，朴实无华地叙述了世界及中国干旱区研究的进展过程，以及松乔弟在其中所作的贡献，及其应占的地位。

Dr. Cyrus M. McKell（1926~2009）

1956 年，于俄勒冈大学获生物学博士学位，知名植物生态学教授。曾任加利福尼亚大学（California University）农学系主任、韦伯大学理学院院长。他是杰出的植物生态管理专家，曾任福特基金会人与环境部门主任、犹他州本土植物公司副总裁，及美国农业部（USDA）、联合国粮农组织和美国科学促进会顾问，并为世界 30 多个国家担任长期咨询工作。

在频繁的国际学术交流中，还有一位赵松乔志同道合的专家 Cyrus M.，他们是在 1983 年出席美国科学促进会时认识的。Dr. Cyrus McKell 是一位植物生态学家，在 20 世纪 80 年代，他是生产天然植物原料产品公司科学部门的负责人。松乔曾在 1980 年访问过该公司，对 Cyrus McKell 所领导下，20~30 位博士进行的植物组织培养以抗旱和适应环境的研究十分感兴趣，并留下了极深刻的印象。他们因共同的专业兴趣而开启二人合作的道路，并因此成为好朋友。赵松乔邀请 Cyrus McKell 参加 1989 年在呼和浩特和 1993 年在银川召开的两次国际干旱区会议，并和他讨论干旱区植物资源开发的可能性和方向。Dr. Mckell 将赵松乔推荐给犹他州州政府，想将他在中国治理干旱区的经验，引进至犹他州干旱和半干旱地区。在 Cyrus McKell 转任韦伯

与 Dr. McKell 在犹他州奥格登（Ogden，Utah）

大学理学院院长时，他多次邀请赵松乔赴该校讲课，希望学生们能从这位中国专家学到有用的地理知识。在讲学期间，Cyrus McKell 每天大清早开车来接松乔去上课。在半个小时的车程中，二人有谈不完的话题。Prof. McKell 在得知松乔去世的消息时，哀思多时。在追念松乔"Dr. Zhao Songqiao: In Remembrance"一文中，开头就说道："'纪念'一词，是适合于我对亲爱的朋友、同事赵松乔的宝贵记忆。仿效他的生活和专业活动对我来说，始终是一种激

励和挑战。""在所有我认识的专业人员当中,还没有什么人的能力超过赵松乔,……他会被以多种方式怀念。每当我巡视我的书房和办公室,我都能看到与他联系在一起的痕迹。"("In Remembrance" is a fitting way for me to describe my precious memories about Dr. Zhao Songqiao, dear friend and colleague. His life and professional activities continue to be an inspiration and challenge for me to emulate. …In all of my professional acquaintances, none have exceeded the capabilities of Professor Zhao Songqiao. … He is missed in so many ways. Wherever I look in my library and office I see reminders of my association with him that will last forever.)[6]

Dr. Gilbert White（1911~2006）

1946年,获芝加哥大学地理学博士学位。1946~1955年,任哈沃德学院（Haverford College）校长；1956~1969年,任芝加哥大学（Chicago University）地理系教授兼主任；1970~1978年,在科罗拉多大学（Colorado University）地理系任教,兼行为科学研究所主任；1976~1984、1992~1994年,创建科罗拉多大学自然灾害和应用研究中心（NHRA）,兼中心主任。Dr. White 被称为美国泛滥平原管理之父,且是自然界灾害研究和世界环境运动的领导人。因在学术和社会活动领导上的杰出贡献,2000年获美国总统成就奖。

怀特教授是赵松乔另外一位美国同行和朋友,他是位德高望重的地理学

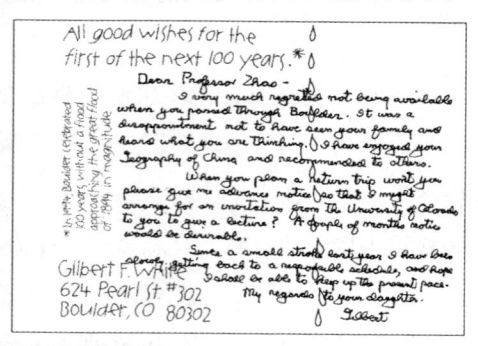

怀特教授寄给松乔自绘的圣诞卡

家。1985 年，他以美国科学促进会干旱区委员会成员来华访问时，在中国科学院地理所见到了赵松乔。怀特说他从克拉克大学地理研究所和美国国家地理学会同行中知道了松乔的学术背景和研究状况，他希望能与松乔合作从事干旱区的研究，例如干旱区水资源研究等。同年 8 月，松乔趁应邀参加亚利桑那大学百年校庆之便，抽空和怀特两人一起去新墨西哥州的干旱区地带圣埃斯特（San Esteban）考察。后来两人一直在书信中讨论合作的项目，但因未能找到合适的机会而延宕。自从他们认识起，每年的圣诞节或新年，怀特就会寄给松乔自己绘制的贺年卡，从未间断过。贺卡上的画都是以怀特在科罗拉多州博尔德市（Boulder）住家四周的风景为主题，并有亲笔的叙述，十分别致。1989 年，在怀特夫人病逝后，他的身体也一度欠佳，1993 年还有几次中风。松乔在妻子谦华去世后十分想念怀特，在 1994 年从犹他赴得克萨斯科技大学讲课时，特地请女儿开车去博尔德市看望老朋友，碰巧

与怀特教授（左）访问新墨西哥州

怀特不在家，只能留言致意。怀特见到留言后，立即询问松乔何时回犹他，他将在家等候，并邀请松乔到他任教的科罗拉多大学演讲。可是因松乔已另有安排，而未能前往，就这样，两位老朋友失去了最后的见面机会。一年以后松乔去世，怀特写信给松乔女儿说："如你所知，我有很大的困难回忆起

过去的任何事，但是仍能珍贵地记得你的父亲和我一起做过的工作。"（As you know, I have great difficulty remembering anything of pass history, but I continue to value the memory of your father and the work I did with him.）

4. 结识美国著名作家路易斯·拉莫尔（Louis L'Amour）

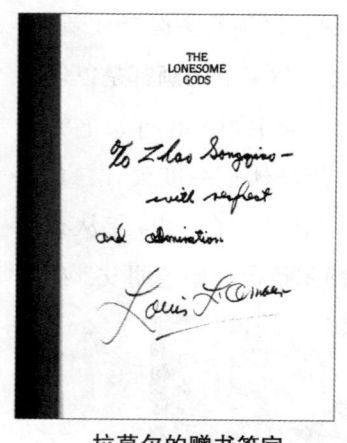

拉莫尔的赠书签字

路易斯·拉莫尔（1908~1988）是美国著名作家，他的作品在美国几乎家喻户晓。一生出版93部小说、250篇短篇小说，题材大多是美国西部开发的故事，有科学的，有探险的，也有虚构的。据统计，至2010年止，拉莫尔的书已销售3.2亿本，直到现在，他的每一部作品都仍继续发行中，并被翻译成20多种外国文字。他著作的畅销，与好莱坞青睐他的作品有关，拉莫尔的大部分小说都被拍成了电影。

拉莫尔出生于美国中西部北达科他州（North Dakotu）詹姆斯顿（Jamestown），和祖父和叔叔们在农场里共同生活、成长。他们在拉莫尔少年时代就教他很多有关西部的自然常识和历史故事。当兽医的父亲传授他很多有关动物，尤其是马的知识。20世纪30年代，拉莫尔曾做过矿山评定员、职业拳击手，并当过商船水手，到世界上很多国家和地区旅行，如英国、日本、中国、荷兰、阿拉伯、埃及等国。在第二次世界大战期间，他参军为军需运输工作人员，直到战争结束。他很早就把生活经验中的事情撰写成书。50年代，拉莫尔开始了他的写作生涯，60年代后，他的作品逐渐畅销，销售量激增。

1984年3月至5月，赵松乔应美国国家科学院之邀访问美国，这是中美杰出学者互访计划的一部分，在一个偶然的机会，赵松乔遇到了拉莫尔，两人一见如故，从此开始了两位热衷干旱区生活者的传奇交往。赵松乔在美国留学时就十分喜欢听西部牛仔的故事，也曾耳闻过拉莫尔其人。在回国后几十年的地理研究工作，成为一位干旱区研究专家，他不但了解中国的干旱区，而且也了解世界各地的干旱区，尤其是美国的干旱区。美国的干旱区和中国的干旱区在纬度上相去不远，除了青藏高原，其他干旱区的地貌、气候、水资源等，都有相似之处。所以当拉莫尔知道赵松乔是研究干旱区的地理学家后，两人谈话就都滔滔不绝，从赵松乔 30 多年前到美国求学，谈到回国后在内蒙古、甘肃、新疆一带的考察；从拉莫尔对美国西北部生长环境的了解，谈到他年轻时到中国的往事。因为广泛的共同兴趣和同样的健谈性格，拉莫尔提出要和赵松乔合作写书，其中包括中国西部干旱区的故事。他察觉松乔有些犹豫，就说他年纪已大，不可能到中国沙漠实际考察，但他可以用他的文笔代为写出赵松乔几十年来对中国干旱区的丰富知识，包括对农牧民生活的体验，并说他的虚构小说在美国很受欢迎。拉莫尔从提包里拿出了一本刚出版的小说 *The Lonesome Gods*（《寂寞的神仙们》）给松乔看，并签上了自己的名字送给了松乔。赵松乔此时也很兴奋，表示一旦有空就会再次拜访拉莫尔，届时再商谈具体合作计划，他们相约到时一起共游科罗拉多河一带以及犹他大峡谷地区。赵松乔回国后，抽空读完拉莫尔的小说，觉得就像看金庸的武侠小说一样过瘾，于是决定要和拉莫尔合写一部有关中国西部的小说，他兴奋地告诉女儿，说不定以后还可以合伙拍一部中国西部风情片，将美丽的中国西部和沙漠戈壁记录下来。但不幸拉莫尔在他离开后不久，就感身体不适，后来证实罹患肺癌，于 1988 年 6 月 10 日，在洛杉矶家中去世，葬在加州的格伦代尔（Glendale）。他的自传在他去世后一年出版，名为 *Education of a Wandering Man*（《一个流浪汉的教育》）。赵松乔在得到消息后，向拉莫尔家人致哀，并将拉莫尔亲笔题字的书放在他所最珍爱书籍的书架上。

注释

1. Rick Gore, Journey to China's Far West, *National Geographyic*, March, 292~331, 1980.

2. 赵松乔:"美国国家地理学会沙漠代表团访问我国",《地理学报》,34卷4期,357~358页,1979年。

3. 张其昀:"致方根寿先生函"(二件),《张其昀先生文集》,第21册,11653页。

4. Farouk El-Baz, Zhao's Impact on the Understanding of Chinese Geography in the U S A,《赵松乔文集》,468~470页。

5. H. E. Dregne, *Desert Lands of China*, Preface, International Center for Arid and Semi-Arid Land Studies, Texas Tech University, Lubbock, Texas, 1981.

6. Cyrus M. McKell, Dr. Zhao Songqiao: In Remembrance,《赵松乔文集》,471~472页。

第十七章

海峡两岸文化交流的破冰之旅

1. 台湾文化大学

在台北市近郊阳明山上，坐落一大群雄伟的建筑，从四面八方任何一个角度看去，它与传统的中国古代殿堂建筑都十分相似，黄宫巍峨，令人神往，这群建筑就是台湾文化大学。阳明山原名为草山，1950年，为纪念明代大儒王阳明，发扬躬行实践之精神而改名。阳明山以七星山为最高，大屯山次之，再次为紫阳山（旧名菁山）与香山（旧名纱帽山），分别为纪念宋代大儒朱熹之紫阳书院与国父故乡香山县而得名。华冈位于紫阳山之南，高460米，本是一片橘子园，文大选校址于此，取意"美哉中华，凤鸣高冈"，故名其为"华冈"。华冈地处紫明溪（旧名磺溪）河谷之上，可远眺太平洋，俯瞰淡水河，河海交汇，气象万千，令人心旷神怡，有"振衣千仞冈，濯足万里流"之胜慨。

台湾文化大学创建于1962年，创办人就是20世纪30年代创办浙江大学史地系的张其昀，在华冈，都尊称为"张创办人"。1949年，国民政府迁到台湾后，蒋介石痛定思痛，他请学问渊博的张其昀帮忙整顿国民党。张其昀因此由一介书生投身政界，出任国民党党政要职。至60年代初，因疲于官场之争斗而萌生退意，决意从政界回归学界，开始着手创办大学。台湾文化大学之名，是蒋介石提议，用以取代原定的"远东大学"，从而为"文大

指出发展之方向和兴学之理念"。张创办人创校的宗旨有三:"(1)建立一所以发扬中华文化为主旨的完整大学;(2)建立一所以弘扬中华学术与三民主义为主旨的研究机构;(3)倡导音乐、美术、戏剧、体育(含舞蹈)及大众传播等学科,以期开展中华文艺复兴之机运。"[1]创校的精神是通才教育与专才教育并重。创校目标有八:(1)国际性;(2)整体性(不偏文理科);(3)文艺复兴(文艺教育);(4)学以致用;(5)五育并重(德、智、体、群、美);(6)华学基地(弘扬中华文化和三民主义);(7)建教合作(教学、研究与服务三位一体);(8)高深研究。办学的特色有四:东方和西方的综合,人文与科学的综合,艺术与思想的综合,理论与实践的综合。校训是"质朴坚毅",质朴乃是实事求是,坚毅乃精益求精。校歌歌词是创办人亲撰,气势磅礴,哲理深厚。歌词为:"华冈讲学,承中原之道统;阳明风光,接革命之心传;博学审问,慎思明辨;必有真知,方能力行。己所不欲,勿施于人,有所不得,反求诸己。为天地立心,为生民立命,为往圣继绝学,为万世开太平。振衣千仞冈,濯足万里流。振衣千仞冈,濯足万里流。"

文大的办学宗旨和校训,继承当年浙大思想之发展和延续,在这样的办校理念下,台湾文化大学已从当年的12个学门,发展成12个学院、60个系组;学生人数有2700余人;教学大楼扩展为18栋,都很现代化。创校之初即成立的出版部,出版1000多种书籍,过去曾发行两种英文期刊——

《中华文化》季刊（*Chinese Culture*）和《中美关系》季刊（*Sino-American Relations*），内容丰富，备受国内外学者赞誉。文大的国际交流也十分活跃，在召开国际会议、缔结姐妹校及颁赠名誉博士学位这三方面，都有显著的成绩。

2. 台湾文化大学董事长张镜湖博士

台湾文化大学自创校至今已逾半个世纪，两代领导人的尽心竭力，功不可没。张创办人其昀以其崇高伟大的抱负和高瞻远瞩的眼光，开创和奠定了文大的先河，张董事长镜湖则以其特有的学者风范和睿智，运用其成熟和缜密的经营管理手段，将文大引领至今日恢宏的局面。在张创办人的遗书中有这样一段话："今余将逝，有子镜湖，其才其学，足继父业。"创办人对儿子的这种评价是名副其实的，没有过言之嫌。

张镜湖小学五年级至大学二年级是在抗战期间度过，颠沛流离，战后获得学士学位；1950 年起，在 4 年期间，于美国地理学重镇克拉克大学获得博士学位。在撰写博士论文时，1953 年，即在约翰·霍普金斯大学微气候研究所担任研究工作；1954~1957 年，在哈佛大学蓝山气象研究所负责美国陆军所委托的计划，撰 *Ground Temperature* 一书，哈佛大学出版社出版；1958 年，赴威斯康星大学参加太空气象仪器研究。

在学术方面，张镜湖是位地理学家。1959 年起，张镜湖在夏威夷大学地理系执教 20 余年，专长为农业气候学、热带水文地理学等方面的研究，经常在其研究领域中著书撰文。专著 *Climate and Agriculture*（《气候与农业》）和 Atmospheric Circulation Systems and Climates（《大气环流系统和气候》），分别由美国 Aldine 出版公司和 Oriental 出版公司出版。美国《科学》（Science）杂志特聘 D. Miller 教授为《气候与农业》写书评；而《大气环流系统和气候》一书，则由《美国气象学会公报》(Bulletin of the American Meteorological Society) 发布书评，美国、加拿大、中国等多所大学均采用此二书为教科书。1981 年，张镜湖获联合国教科文组织之聘担任"热带水文与气候委员会"召集人，在法国巴黎召开国际会议，并主编会议论文集《潮湿热带的水文与水管理》(Hydrology and Water Management in the Humid Tropics)，由剑桥大学出版社出版，他在该论文集里发表了"热带亚洲的水文"(Hydrology in Humid Tropical Asia) 一文。1978 年，美国地理学会会刊发布 1968～1977 年在美主要地理期刊中发表论文数量统计，张镜湖高居第二。在其返台担任文化大学董事长，日理万机期间，张镜湖发表的论文数量仍高达 70 多篇。由此可见，张镜湖实为一学勤、著作等身的学者。

张镜湖在学术领域有资深的背景，早在 20 世纪 50 年代末就获美国地理学会期刊之聘，为该刊的编委会成员，评审有关论文。之后，新加坡南洋大学、香港中文大学先后聘他为校外考试委员；加拿大维多利亚大学则邀请他为该校的特约讲座。1973 年，世界银行特请张镜湖担任巴西贝伦气候与水文研究所顾问，曾先后 3 次前往巴西，协助该国政府规划亚马逊河中下游的开发计划。1999 年，张镜湖当选国际欧亚科学院（IEAS）院士，为台湾第一位获此殊荣的学者。2001 年，出版《世界的资源与环境》一书，讨论人口和资源问题、环境与气候变迁，及地球之永续发展；2004 年，北京科学出版社发行简体字版，2006 年再版之。

张镜湖也是一位教育家。在管理上，他的能力和才能是可圈可点的，享有"教育界的艾科卡"之美誉。1985 年，张其昀病重，文大负债高达 17 亿元，曾多次发不出薪水。蒋经国特派蒋彦士去夏威夷请张镜湖回台整顿文大，镜湖临危受命，接替了文大董事长的重任。上任后，张董事长推行一系列改革措施：如开源节流、精兵简政等，使得文大财务逐年得到改善。10年内，他不仅还清债务，还将文大财务转亏为盈。在解决财务危机后，张镜湖又以学者独到的眼光，添购先进的科研设备和图书，加强行政系统的计算机化，调整院所并聘用优秀师资；并以开创性与实用性创立了许多特殊或比较冷门的学科和课程，不断加强岛内外的学术交流，使文大与世界先进教育体制接轨，建立起崭新的现代化学术教育环境。2007年，在与日本创价学会会长池田大作合作出版的专著《教育与文化的王道》中，张镜湖对教育和文化充满哲理的理念，所做的深刻透彻解释，是他成功引领文化大学不断向前的智慧源泉与最好的注解。

从以上诸多事实来看，张董事长不但在办学理念和宗旨上继承了父业，而且在"承东西之道统，集中外之精华"办学方法上发扬光大。他是一位集睿智学者风范和优秀教育管理才能于一身的文大董事长。

3. 第一位大陆访台学者

目前在以"台湾海峡两岸大事记"为题材的文献资料或访谈中，1989年的大事之一，就是"6月10日，中科院地理所赵松乔教授抵台，成为大陆杰出人士访台第一人"之类的记载。这件事对赵松乔而言，是他能再次与恩师进行精神、思想交流，因为恩师此时已辞世4年了；也是与师弟张镜湖携手共同促进海峡两岸文化交流的开端。对中国现代史来说，此事记载国共两党自1949年后重启文化交流的开始，而开启契机的人就是台湾文化大学董事长张镜湖。张董事长认为"海峡两岸关系之改善，有赖于文化之交流与坚凝，而非政治意识之对立，此亦为本校追求重要目标"[2]。张董事长在1989年邀请赵松乔访台学术交流之后，并促成多项两岸的交流活动。如两岸学生相互交流的夏令营、冬令营；台湾明华园戏剧团到北京演出歌仔戏；率领台湾80位教授的学者团赴大陆访问；安排第一个台湾"立法委员"次

级代表团赴北京访问，讨论两岸气象数据交换问题等；他的这些努力都是基于"海峡两岸关系之改善，有赖于文化之交流与坚凝，而非政治意识之对立"之理念上进行的。

在"文化大革命"之后，中国开始认识到与世界和中国台湾对话的重要性。1979 年元旦，人大常委会发表"告台湾同胞书"，提出两岸三通（通邮、通航、通商），扩大两岸的交流之建议。台湾方面则采取"三不政策"：不接触、不谈判、不妥协。但随着时间的发展，大陆与台湾之间的对话日渐升温。1988 年 5 月，台湾提出对大陆政策的三个基本原则中，确立区分官方与民间，对官方仍坚持三不政策，对民间则渐次开放，但采"单向间接原则"，亦即从大陆到台访问的人员需经台湾当局的审查批准。其条件有二：一是非共产党员或九三学社成员；二是在大陆本行业中属前十名的杰出人士。赵松乔是张董事长第一选择的人选，他不仅是其父的得意弟子，而且是浙大史地系及美国克拉克大学博士生师兄弟。1979 年大陆对外开放，赵松乔重又赴美，他们曾先后在华府和夏威夷大学相逢。1988 年底，张董事长将赵松乔的资历报台湾教育事务主管部门审查，经核准后，于次年 4 月发出正式邀请函。赵松乔在收到邀请函后，即向中国科学院地理研究所提出申请。赵松乔在申请书中提到他访台的三个目的：（1）希望参观几所台湾的大学，以了解台湾地学教育的情况；（2）为将要着手撰写的《中国农业》，收集台湾"精致农业"的资料；（3）参观台湾生态环境，以为开发海南岛的参考。申请书经层层审核后得到批准。当时的"中央统战部"部长阎明复对此事充分肯定。在海峡两岸关系冰冻40年后，第一位大陆学者访台的历史性事件终于诞生了。

早在1944年时，张其昀在上海与台湾行政长官公署签订了合作计划，拟组成一个台湾史地考察团，预定由浙江大学派教授5人赴台考察地理资源，为期1年，以李絜非教授为队长，成员有卢温甫、王维屏、赵松乔和徐规。1946年，赵松乔因赴美留学而未能成行，这一延误便40多年。

1989年6月10日下午4时06分，赵松乔乘坐国泰406班机从香港飞抵台北桃园中正机场。台湾文化大学张镜湖董事长亲自到机场迎接，并安排下榻于家中。台湾主要媒体以"第一位大陆杰出人士来了！地理学者赵松乔今抵台"为题报道。6月17日，《人民日报》也以"大陆学者赵松乔赴台访问"为标题报道了此消息。

赵松乔抵台第二天就在张董事长的陪同下，到文大"晓园"——恩师张其昀墓地祭拜，之后参加文大1989年度毕业典礼。午宴后随张董事长一同去问候龚师母柏英，叙谈旧事。6月12日起，赵松乔开始参观访问台湾文化大学、台湾大学和台湾师范大学3所学校，并各为3校的地理系做专业的学术讲演，内容以中国的资源环境、干旱区的自然特点和经济开发为主题。师生们踊跃参加并热烈地提出问题讨论，这使得赵松乔情绪非常高昂。在文大演讲时，一位教授打趣说道："本以为赵松乔是个翩翩少年，没想到今日一见，竟已老当益壮。"引起会场一片笑声，由此可见，讲者和听者之间的互动是多么的和谐和活络。

赵松乔在台湾访问时，多次提到希望自己的学生们将来能有机会来台湾，为海峡两岸文化交流持续发展作出更大的贡献。即如松乔所愿，他的学生们也先后应邀来台湾文化大学理学院地学研究所讲学、授课。2013年金秋，中国地理学会在北京举办了纪念赵松乔访台25周年讨论会，特别邀请台湾文化大学地理系和地学所师生参加。2014年盛夏，台湾文化大学理学院地学研究所又在台北阳明山上举办了"赵松乔博士访台文化交流25周年纪念学术研讨会"。以中国地理学会组织带领的大陆各地理科学研究机构及大专院校团队参加了这一盛会。海峡两岸的学术文化交流继赵松乔1989年的破冰之旅蓬勃发展，松乔地下有知，应感到欣慰。

赵松乔在台访问期间，曾由"农委会"专家陪同，在台湾的西部平原及邻近的丘陵地带实地考察。松乔对台湾"精致农业"有极深刻的印象，他认为在某些方面大陆可以多加学习。返台北后，在"农委会"和台湾地理学会的盛情邀请下，赵松乔以"中国土地资源和土地规划"为题讲演，会后并与200多位台湾的农业专家和地理学者热烈讨论。

松乔又在"环境保护署"专家陪同下，到台湾西北部海岸地带实地考察水土流失和环境污染问题。在考察行程中，松乔也参加浙大同学会、杭高同学会、浙江同乡会和东阳同乡会的活动，与40多年来未见面的老同学和老朋友重聚，松乔不禁热泪盈眶。杭高时的同窗，前阳明山管理局局长金仲原拥抱松乔，并泣说："真不敢相信还能再见到你。"他们相约将一同重游杭州母校。遗憾的是，金仲原不久就重病辞世了。

在松乔访台时所结交的新朋友中，有来自"蒙藏委员会"和"文化研究会"的。当他们得知松乔足迹几乎踏遍新疆、内蒙古所有干旱区时，"蒙藏委员会"和"文化研究会"的朋友就一定要他做有关内蒙古、新疆、西藏40年来变化的演讲。松乔应邀演讲，滔滔不绝地讲述40年来个人的所见所闻。他说大陆将少数民族称为兄弟民族，使与会的400多位少数民族同胞激动不已。

赵松乔为期15天的访台之旅，不仅是在学术研究方面，而且在民间交流方面，对促进海峡两岸情感交融与相互了解，都有很大的贡献。赵松乔在访台期间，在回答记者的问题时，十分谨慎。在他刚到台北被问及此次访台动机和目的时，他答道："最大的动机及目的，就是为了促进海峡两岸的学术文化交流，我希望在大家都是中国人的情况下，藉由台湾刚打开的门缝，使两岸文化交流有更大的突破，并希望舆论界能多做促进此事的报道，使门能越开越大，以免把我夹扁了。"一位台湾记者问在大陆科学家的意见是否被政府采纳时，他给了"赵松乔式"的回答："学者不论自己的意见是否被采纳，都应以很严肃的态度做学问，这个问题不仅在中国大陆，而且在世界各地都有。"

4. "我看台湾"

从台湾归来，带着对台湾的深刻印象和感受，赵松乔即撰"我看台湾"和"台湾的'精致农业'"二文，将自己对台湾尤其是精致农业的看法予以报道，以期能加快海峡两岸交流的步伐。在"我看台湾"一文中，他写道："'百闻不如一见'，这次访台对我了解台湾的地理环境和经济发展帮助很大，特别是有幸会见了许多一流学者，接触许多第一手资料，并参观访问许多地理、农业、环境保护等方面的机构。学习到不少新的知识，留下了深刻的印象。"[3]他以新获得的第一手资料，从台湾的自然地理各要素和自然资源，论述台湾的经济发展。最后总结道："台湾有优越的地理位置，有丰富的热带、亚热带自然资源，有先进的管理经验，并有大量多余资金，但始终嫌土地狭小，资源和人力有限，在风云不测的国际竞争中寻找出路，殊非易事。另一方面，大陆地大物博，劳动力充裕，而科学技术和资金相对贫乏，正是台湾的广阔市场。因此，双方可以取长补短，相互帮助。"这是赵松乔继 30 年前发表"台湾海峡"[4]一文后，更进一步地、更具体地从一个地理工作者的角度评论台湾的过去和未来。

在"台湾的'精致农业'"一文中,赵松乔将自己对台湾农业的成就,尤其是精致农业,提升到"一个可能性很大的突破口"的高度。写道:"台湾农业特别令人印象深刻的是,近年在平原和丘陵地区推广的'精致农业',经济效益、社会效益和生态效益都很高,既能因地制宜综合发展农、牧、渔和林业,又可保水保土,使农业生态环境越用越好,形成'永久性农业'。它实质上是中国传统农业的现代化改造和创新。"他将在台参观过的精致农业实例一一加以分析比较,让读者如身临其境地感受到精致农业对传统农业的改造和创新。在结尾的"希望和建议"中,赵松乔再次恳切地呼吁海峡两岸取长补短,相互帮助,以促进经济上的相辅相成,共同繁荣。他坚信中国的传统农业技术系统仍有强大的生命力,但农业现代化改造势在必行。他建议"海峡两岸似可考虑共同组成以'精致农业'为重点的农业

实地考察组合学术讨论会，相互交流经验，并提出精益求精，发展农业的合理化建议。这是当前海峡两岸学术交流、人才培养和经济协作的一个可能的突破口。"[5]

在赵松乔访台结束之前，和文化大学张董事长草拟了一份"关于开展海峡两岸亚热带湿润区域现代农业高产持续发展途径研究"的协议书。计划由中科院地理所和台湾文化大学合作，从1996年始，以3年时间研究海峡两岸亚热带湿润区域的农业持续发展问题，包括农业开发类型与特点，开发和推广新技术。他们打算联手用专业知识为中国传统农业现代化作出贡献。

注释

1. 张其昀："创校宗旨"，《张其昀先生文集续编》，第二册，610页，1995年。
2. 张镜湖："台湾文化大学办学理念与特色"，《台湾文化大学发展史》，台北，台湾文化大学华冈出版部，4页，2002年。
3. 赵松乔："我看台湾"，《地理知识》，1989年10月号。
4. 赵松乔："台湾海峡"，《地理知识》，1958年8月号。
5. 赵松乔："台湾的'精致农业'"，《海峡科技交流》，1991年第1期。

尾声

赵松乔诞生于辛亥革命之后，完成人生教育于战争硝烟烽火之中，而立之年，遇国共权力交替之政治大动荡，在其学术研究的黄金时期，灾难性政治运动则接踵而至。然而，他抱持"承东西之道统，集中外之精华"的理念，迈着"质朴坚毅"的步伐，走在崎岖的人生道路上，在地理科学研究领域留下了他不朽的足迹。

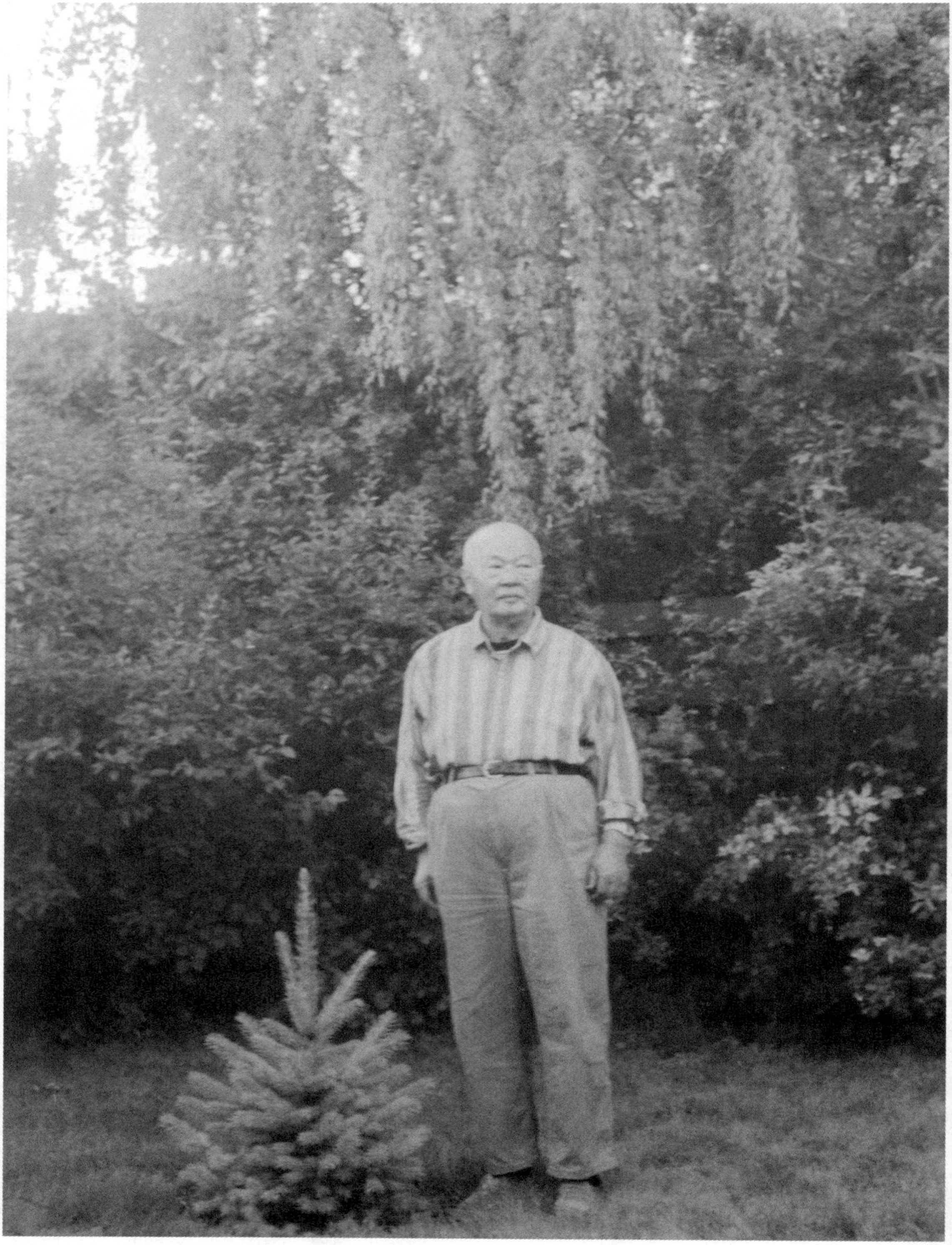

1. 与妻子谦华在美国

1989 年 7 月初,松乔访台回到北京后不久,就到内蒙古呼和浩特市参加"干旱区资源与环境"国际学术会议。会议结束后不久,他又深入被称为"死亡的沙海"的塔克拉玛干沙漠腹地考察。8 月,美国母校克拉克大学地理系主任 Susan Hanson 与 Roger Kaperson 教授来访,松乔十分热情地在北京接待他们。几个月后,赵松乔陆续接到美国几所大学的讲学邀请。在古稀之年将届之际,赵松乔想到,在与妻子谦华相濡以沫 50 多年,同甘共苦的生活里,他经年在野外工作,聚少离多,家中的事情完全是谦华一肩挑,于是产生了此次出国讲学与谦华同行的念头,更何况他们已多年未见到在美国的女儿。在和女儿商量之后,他即着手办理二人出国手续。1991 年 5 月,松乔和谦华踏上了旅美访问之路。行前,谦华在写给女儿的信中说:"生平最愉快的事,就是能和你爸一起到世界各处看看,只怕身体会吃不消。"岁月不饶人,谦华现亦已古稀之年了。

"5 月 30 日,上午 8 点 50 分,我们搭乘美国联合航空公司 UA858 班机离开北京。在日本的成田机场换乘联合航空的 UA828,在早上 9 时 5 分到达美国的旧金山机场,过了海关之后,由女儿旧日同学从机场接到他家中,休息并用了早午餐。在去他家的路上,我看到金门大桥了!午餐后,这位同学又将我们送回机场,再乘 UA1014(下午 1 点 25 分)飞盐湖城。准点到达(16 点 11 分)。"谦华用她特有的娟秀小字,详细记下了她第一次出国的经过。

在 1991 年的下半年,松乔主要是在距盐湖城北 45 英里的奥格登市韦伯大学与理学院院长 Cyrus M. McKell 共同讲授"中国地理",听讲的主要是奥格登及其周围地区公立学校的老师。上课前,Dr. McKell 准时开车来接他，在45分钟的车程中，二人天南地北地交谈。大至两国的历史、资源及将来干旱区研究合作计划等，小至各人的喜好、孩子们的学业、婚姻等。Dr. McKell 在多年之后，还十分怀念这段"车内交谈情"，在他所写的纪念赵松乔的文章里说："In contrast with many professionals who look forward to retirement, Dr. Zhao enthusiastically discussed with me many ideas for projects to write, develop resources, and establish joint ventures. Every day the commute was far too short for us to explore all of the possibilities. His planning always involved assignment to carry out some task or communicate with people who would be suitable associates."（与那些只想到自己将来退休生活的专业人员不同，赵博士尽情地和我讨论许多写作计划、资源开发和建立合作项目。每天的交谈都嫌太短，不足以讨论完他计划中的目标或合适合作人选。）他们合开的课，

在犹他大学宿舍

受到老师们一致的欢迎和赞许,希望州立大学每年能提供这样的课程。Dr. McKell 说:"His infectious enthusiasm and knowledge inspired each of the students to a greater understanding of China's lands and people."(他具有感染力的热情和知识,激发了每个学生对中国土地和人民更深刻理解的愿望。)

在松乔去上课的时候,谦华常在犹他大学各学院院区散步,或结交一些在大学就读的中国学生家长;或兴致勃勃地用生涩的英语试着与外国人打招呼。很快地,谦华就适应了在美的生活。周末有时和女儿一家去超市买东西,有时去附近果园摘樱桃,有时去公园散步、荡秋千。有一次,谦华在公园的草地上捡到几个学生们游戏后遗留的鸡蛋,手舞足蹈,快乐得像个小女孩。在大学第一次休长假的日子,夫妇俩跟女儿一家开车到加州去参观有名的亨廷顿公园、图书馆、迪士尼乐园、好莱坞摄影棚及明星住宅区。两位70岁的老人还十分有兴致地乘坐过山车呢!在1991年的学校休假日,松乔和谦华游览了南犹他州著名的国家公园:大峡谷(Grand Canyon)、锡安(Zion)和布莱斯峡谷(Brice Canyon)。途中松乔兴致勃勃地为大家讲解一些有关地貌的常识、大峡谷的成因等。1991年11月29日,谦华迎来了她的70大寿。在松乔、女儿、女婿和外孙女陪伴下,她度过了愉快的一天。全家还一起参观了当地著名的公园 This is the Place。这座公园是为纪念摩门教先知杨百翰(Brigham Young)200多年前带领教徒们从美国东部的诺伍(Nauvoo)西迁至此而建的。这年年底圣诞节,孩子们带夫妇俩观看有名的摩门教堂圣诞节灯光和聆听圣诞节特有的圣诞音乐。优美的校园环境与能和女儿一家相聚一起的简单朴素的生活,让谦华感觉十分愉快,有时会写首新诗吟诵。谦华对女儿说:"日子过得真快,转眼就又要回去了。"女儿安慰她说,等自己学成之后,就会接她再来常住的,现在首要的事情就是尽量利用这次机会多看些地方。1992年初,女儿给谦华买了去夏威夷的来回机票,当时松乔正应邀至夏威夷大学地理系讲授"中国地理"。从盐湖城到夏威夷的几千里来回飞行,谦华都是自己单独行动,没有感到任何不便。只是在回程时，被机场工作人员扔掉了十几个她在友人家园中摘的大芒果。谦华呆站在那里，语言的障碍使得她无法辩解，难过得几乎要掉泪。回到盐湖城后多次提到此事，仍觉得芒果被丢掉十分可惜，这时谦华才切身体会到女儿常说的东西方文化之不同。

1992年7月底，松乔在完成所有的讲学后，一家人去距盐湖城西北200多英里的著名的黄石公园游览。在进入公园前的大湖边，谦华看到山水相连的天边，有两团白色柱状的云，似大殿中直立的圆柱，她双手合掌默视良久，这天水人合一的影像从此深深地印在女儿的脑海中，她择一巨大的圆石为母亲和父亲照了一张永远值得留念的照片。这是松乔和谦华此次访美的最后一次旅行，因松乔已安排了两个月后在内蒙古的工作，夫妇俩就要启程回国了。

1991年圣诞夜

2. 惟将终夜长开眼，报答平生不展眉

从美国回来后没几天，松乔就与联合国环境署资深顾问、得克萨斯科技大学干旱区中心主任 Dr. Dregne 去宁夏和内蒙古考察，为1993年在宁夏召开的国际干旱区会议做准备，谦华则独自留在家里。她给女儿写信述说回国途中的经过，并告诉女儿刚回来有点不大习惯北京拥挤的街道，经常不知道如何才能穿过长长车阵到住家附近的菜市场买东西；还说，她现在经常想起自己年轻时，在东阳乡下拼命奋力地从狼口中将女儿夺下的情景。女儿在收到信后拨通电话想和妈妈说说话，但家中电话无人接听，过了一会儿，还是无人接听，心中感到一股莫名的不安。因在平常不多久，电话中就会传来妈妈熟悉的声音。第二天在北京的弟弟来电话告知妈妈已不幸去世了，这突如其来的消息，顿使女儿大为震惊，全家沉浸在无可抑制的悲痛之中。

松乔将如何面对？以下引当时的地理所所长郑度在纪念赵松乔先生90诞辰的文章中所述："1992年10月上旬，我到贵阳参加中国地理学会山地分会主持的山地环境与灾害学术研讨会，期间接到所里办公室的电话说，赵先生的夫人遭到意外的不幸事故，要求我立即回所处理。当时赵先生正陪同美国著名学者 H. E. Dregne 教授在宁夏和内蒙古考察，我们便安排他的两位博士生刘燕华和张百平，前往呼和浩特接赵先生回京。他意识到事情的严重性，抵京后直接从机场来到917大楼地理所三楼会议室，要求所里将真实情况告诉他。他对我们说，不管发生什么事情他都能挺得住，我们便如实告知有关他夫人朱晓岫女士不幸受害去世的事实。鉴于这种意外的伤害和打击，Dregne 教授建议他将张百平博士论文答辩会的时间推迟举行，但赵先生却强忍悲痛说，不能因为我个人的事而影响学生毕业的时间，坚持按期于10月16日举行论文答辩会，正如黄秉维先生在《赵松乔文集》的序中所写：'他给我印象最深的是：每次重大挫折以后，迅即恢复生机。'赵松乔

先生这种不屈不挠、坚强正直的精神值得我们认真学习。"在郑度所长告知这一如晴天霹雳的噩耗之后，松乔在儿女们的陪伴之下回到了中关村804楼。步入寓所，他要儿女们让他独自在卧室里呆一会儿。时钟滴答滴答地在响着，好像一切都凝固了。不知过了多久，卧室的门轻轻地开了，眼里仍泛着泪光的松乔轻轻地走了出来，随同儿女们默然地离开了与谦华朝夕相处的地方，再也没有回去过。

赵松乔尽管如同事们所说是个硬汉子，但与半个世纪来风雨同舟、患难与共的妻子骤然分手这件事，则对他造成了前所未有的心灵上的创伤。因强压心灵上的剧痛，引发了心肺功能的紊乱，导致呼吸急促，全身冰凉，必须用药和氧气来缓解。每当夜深人静，往事涌上心头，而彻夜难眠。平时很少看病的他，现在不时得登门求医。他在写给女儿的信中说："这几天，妈妈的骨灰仍在我的卧室里，还有一张彩色的放大照片，前面供奉着灵芝和花卉，还有那盆石榴花，这是54年前结婚时的象征，明知道这些都是虚幻的，并时常触发感伤，但是正如元稹所说的：'惟将终夜常开眼，报答平生不展眉。'"他还在谦华的骨灰盒上刻写下一首自写的诗："结婚五十多载，历经艰难心酸；常年离多聚少，现更相见无期，留得骨灰在，常相忆。"

松乔在突遭丧妻之痛的打击中挣扎着，心灵上的创伤无法弥补，但精神上勇于面对灾难的勇气，则随着时间的流逝而复苏。在12月5日的信里他写道："这次灾难确实来得太凶猛、太突然了，我经历了前所未有的悲伤、消沉，我用极大的毅力来控制情感，努力自我调整心血管和心肺的功能。估计今后至少还能继续正常工作5~10年，因工作已经比较成熟，估计效果会比过去更好一些。"又道："'冯唐易老，李广难封'，自古是中国历史上的悲剧，我却已体会过来了，但我经常说'hope for the best, prepare for the worst'，说不定我还可以'八十遇文王'呢！中华民族实在是太多灾多难了，我自当尽力多作一些贡献，但如果条件不允许，也只好算了。其实，正像庄子所说的：'吾生也有涯，而知也无涯；以有涯随无涯，殆已。'奋力继续求学问，当然也应适可而止。我正在努力做到：一方面是'奋斗不止'，另一方面是'随遇而安'，……真希望灵魂不休不灭，你母亲在天之灵能看到今后我对祖国和人类的较大贡献。"

3. 和女儿在美国的日子

赵松乔从悲痛中逐渐地、艰难地走出来，在1993年他完成以下几件事：（1）主编出版了4期《中国干旱区研究》英文季刊，并和美国阿伦顿（Allerton）公司签订了一纸新合约，期限从1997年至2002年；（2）主持在宁夏首府银川市召开的干旱区环境整治与资源合理利用国际学术研讨会，并主编出版此次会议的论文集；（3）参加并协助召开在新疆乌鲁木齐的塔克拉玛干沙漠科学大会；（4）着手磋商几项国际间的合作项目：流沙侵蚀，干旱区土地盐碱化，气象卫星观察中国西北部环境变化，创办沙漠农业公司和协助宁夏计委中美互访计划。在一般情况下，这些工作即使对青壮年学者来说都是一副重担，更何况是对刚受到重创的74岁老翁，但松乔硬是挑起了这副重担。赵松乔真是个硬汉，不论是在科学事业上，还是在做人处世方面。

松乔的老朋友，美国干旱区和半干旱区研究中心主任 Dr. Dregne 和韦伯大学理学院院长 Dr. McKell 在赵松乔痛失爱偶之后，都写信力邀他再次来美访问和讲学。1994年3月，松乔到女儿居住的犹他州，再次到韦伯大学任教一学期。还是每天清晨由 Dr. McKell 开车载松乔到奥格登的理学院，晚上再一起回到盐湖城。在车上谈天说地，在交谈中他们商定了几个计划：（1）用新的先进技术，提炼土壤和废油中的再生油，这是既可解决环境污染，又可获得能源的科技创新研究；（2）在中国内蒙古建立绿洲农场，这是赵松乔长期以来关注的计划；（3）二人以各自的专长，共同撰写和翻译一本中草药的书。这些计划在无形中不但更加深了他们之间的友谊，而且也促进了中美间的科技文化交流。暑假过后，松乔希望乘汽车去得克萨斯科技大学干旱区中心讲学，而不搭飞机，因为他想再去一次在克拉克大学实习时去过的科罗拉多河流域和新墨西哥州的沙漠干旱区。女儿决定一家开车送他去，同时也能从父亲处学到一些实地的知识。汽车沿着高速公路直向南开，途经科罗拉多州时，松乔临时想去博尔德（Boulder）看望老朋友怀特教授，但因未事先联系，而未能见到；顺途又拜访玛莎女士的父亲艾维瑞医生。从圆石市出来后，汽车重上95号国家高速公路，途经新墨西哥州后进入得克萨斯州。一路天气不是很热，即使到达最南得克萨斯科技大学所在地拉伯克（Lubbock）小城，也不如想象中的那么热得可怕。一路上松乔话很少，在路过科罗拉多州的科罗拉多斯普林斯（Colorado Springs）时，女儿一家打算攀登一座山去寻找泉源时，松乔说他的腿劲不够用了，愿在山脚下等着。女儿心头掠过一阵心酸：父亲真的老了。

松乔从得克萨斯讲学回来，就在家里写中国综合地理专著的中文本，不时去市图书馆或大学图书馆查找数据。每星期还要去几次犹他大学地理系，和几位对他的研究领域感兴趣的韩裔教授讨论，有时也应邀为地理系的研究生们做些专题演讲。赵松乔曾到离盐湖城南部不远的普罗沃市（Provo），那里有著名的摩门教教会学校——杨百翰大学（Brigham Young University）。在女儿、女婿的陪同下，松乔游览了校园，并到校图书馆拜访他旧时杭高同学的外甥，这位先生是该馆的研究人员。在短暂看望后，松乔还不忘借了一大批书籍回家阅读。

在一个周末，松乔让女儿买了一棵象征他名字的小松树，亲自与外孙女天天种在后院里。他鼓励天天要像松树一样，坚毅挺拔，茁壮成长。兴致好时，松乔会跟着女儿一家到大盐湖去，光着脚在湖边浅水区走走，看着在脚边游动的小虾，感觉十分有趣。这些盐水虾是大盐湖特有的，可作为热带鱼饲料，富有经济价值。有时松乔去城东水库边静坐，在岸边看外孙女钓鱼，在暖暖的太阳下打个盹；有时去观看教会的文艺表演；时或也会要求到披萨店吃个意大利烤饼，这是谦华在美时最喜爱的食物之一。但大部分时间都是静静地一个人，或写书，或到高尔夫球场一带的草坪散步。一天女儿下班，已是六点钟，天色已黑，推开门，屋里静悄悄的，只见松乔在书桌边坐着，手捂着鼻子，脚边堆了一大堆带血的卫生纸，才知道松乔流鼻血不止已有一会儿了。女儿立即让他靠着座椅背，用冰块冰敷他的额头，流血才慢慢止住。事后松乔对女儿说，发生这样的事就使得他想快些回去，只有在中国才有属于他自己的医疗保险。女儿理解父亲的真正想法：他想要以自己的聪明才智和常年积累的工作经验，为中国的地理科学在世界占有一席之地，而且有可能的话，就居领先地位。他热爱自己的工作，更热爱生于斯、长于斯的中华大地。他毕生奋斗就是为了在地理科学领域中有所建树，为祖国争光。赵松乔的敬业心和爱国情操，他的外国同行朋友们也深深地感受到，尤其是得知他在"文革"时所受之遭遇后，还能这样积极地工作，对他更表敬佩。在国际上，尤其是在美国，赵松乔是中国地理科学的代言人，正因为这一点，在国际交流中，同行们对赵松乔的信任是促成与中国合作计划的重要关键，而赵松乔在国际交流工作中也感到很愉快，并相处融洽。但松乔仍视中国为自己的国家，有病时还是希望在家中治疗。女儿曾多次提出要为他申办绿卡，以便日后就近照顾，松乔总是笑笑，不置可否。

4. 我还有很多计划

1995年2月初，松乔启程从美国回国。前4个月他计划先去台湾讲学，这是他第二次访问恩师创办的大学，和1989年的破冰之旅不一样，这次他是以教学为主。在文化大学校长林彩梅和地理系系主任薛益忠的热情接待和安排下，松乔很快就担任教职。松乔从1949年离开浙大，1950年走下金陵女大讲台之后，现又重任教职，他感慨万分，但又十分欣慰。因为1949年他离开的是老师创办的浙大史地系，时隔半个世纪后回到的却是老师创办的大学。在松乔求学、任教和科研的一生中，他一直追随着老师的伦理思想、道德观念和教育原则，现今则与师弟镜湖联手，继续高举恩师"质朴坚毅"的办学旗帜，"实事求是，精益求精"，"承东西之道统，集中外之精华"的教学原则。

在文大地理系的办公室　　　　　在文大的宿舍华冈路一巷 49 号
　　　　　　　　　　　　　　　　（华冈新村 5 号一楼）

当时的地理系系主任薛益忠回忆道："赵教授对本校有极大的关心与期待，也可能是'爱乌及屋'的表现，他常说'文大是浙大的台湾分校'。"在华冈，与恩师离别于杭州火车站的 46 年后，松乔此时更加体会到老师为中国文化教育事业所作的伟大贡献。他在纪念恩师的文章中写道："华冈兴学，白手起家，更是恩师在教育事业上的最大成就。百年树人，功德无量，其广度和高度尚远在浙江大学史地系和史地研究所之上；后两者实际上亦得以依附台湾文化大学而获得新生。"在台湾文化大学任教的日子里,松乔似有重回老师身边之感。他每天大清早就去大义馆办公室,中午休息时到老师的长眠之地"晓园"转转,仰望纱帽山、七星山、大屯山,俯瞰基隆河、淡水河入海口。下午和晚上,则去图书馆看书或查资料。薛主任回忆当时松乔任教情景时说:"赵教授上课认真,待人亲切,毫无架子,因而颇受本系所有师生的尊敬与爱戴。他周一到周五,每天早上不论有无上课,都会到办公室来看书或与同事聊聊。"此外,薛主任还谈及松乔曾多次与他商讨今后的多项研究合作计划。4月中,趁学校放春假,系主任请高庆珍教授开车带松乔和其他几位教地貌的老师一起去台湾东海岸野外考察和旅行。高教授后来回忆道:"我们在春假期间前往北海一周及东部花东地区。沿途在石门特殊地形考察,在花东则参观了秀姑峦溪的'秀姑漱石',并到台东舞鹤及小野柳等地。"松乔在写给女儿的信中,谈到此次旅行所留下的深刻印象:"我从台湾东海岸的悬崖峭壁遥望浩荡无际的蓝色太平洋,生平还是第一次,尽管过去我曾两次在海上横渡太平洋,中国的疆域实在是美丽无比。"

在台湾东海岸

5月中旬，因松乔临时在香港大学和香港中文大学均有讲座安排，他就提前结束在文大的教学，带着日后与文大合作计划的草案和承诺飞往香港。7月中，当松乔从香港回北京时，去机场接他的儿子发现父亲消瘦了不少，但精神还好。

回京一周之后，松乔又开始了"旋风式"的出差。首先，他去新疆参加"绿洲建设会议"，然后到兰州参加正在召开的"风蚀讲习班"，紧接着再到内蒙古呼和浩特，参加8月底由中国自然资源协会干旱区委员会举办的干旱区国际会议。当9月回北京时，他的右脚就开始跛了。一天，松乔打算到苇子坑科学院宿舍去看望老朋友高泳源，他一路跛行至高泳源住所楼下，但因高泳源住在4楼，他已无力上去了，只好望楼兴叹，又返回自己家。不久之后，他的病况就严重到非住院不可的地步了。

住院期间，他写信给女儿道："一个人能为世界做多少事情，很大程度上取决于时代，可以自慰的是，我一生兢兢业业地工作学习，没有虚度光阴。""我还有很多计划，其中首先要启动的是在'焦油砂'和'中国药用植物专著'上的合作项目。焦油砂合作计划如果能够成功，会对西北地区的经济发展带来极大的好处。"在得知外孙女天天高中毕业后，打算考大学读博士，追随着外公的道路之计划时，松乔写道："天天要好好读书，要既能发挥中国人'聪明正直'的优良传统，更要学习美国人的'进取精神'，成为中美文化交融的结晶。"外孙女天天没有辜负外公的谆谆教诲，现在她已拿到两个博士学位，驰骋在医学研究领域中。

女儿收到的父亲的最后一封信，是1995年7月20日他刚收到国际地理学会邀请他参加1996年世界沙漠会议通知之后写的："明年我已被邀请参加世界沙漠会议，开完会后，到时还能见到你。"但不久之后，就接到松乔病危的通知，她立即飞回北京，直奔北大医院。那已是夜深人静时分，北大医院的病房昏暗寂静，只有走廊天花板上的日光灯所发出的单调低沉的响声，松乔昏迷不醒地躺在病床上。当他听到女儿的叫唤声清醒了过来，但已说不出话了，只用左手轻轻地握了握女儿的手，表示了他最后的道别，随后又昏迷了过去。两星期之后，1995年10月20日晚上，赵松乔走完了他人生的路。在整理松乔遗物时，女儿发现他在笔记本写下1993~2000年的工作和写作计划。赵松乔为自己的国家竭尽全力工作到喜寿，他计划还要继续工作下去。

在赵松乔的身上，我们看到了中华民族的传统美德，一种摆脱个人的狭隘天地，以天下为己任的价值观念。他忧国忧民，富有正义感，把个人的甘苦得失看得很淡；同时又严于律己，不论是在日常生活还是在艰苦磨难中，都恪守自己所信仰的主义和原则。在赵松乔的身上，我们还能看到西方教育的深刻影响，一种积极进取、追求真理的求是精神，对科学研究使命的高度责任感。这样的学者必定是会被永远尊敬和怀念的。

附录一　赵松乔主要生平活动年表

1919 年

7月7日出生于浙江省东阳县（今东阳市）巍山镇。

1931 年（12 岁）

入读东阳县立初级中学。

9月18日，日本炮轰沈阳北大营，"九一八"事变。

1934 年（15 岁）

考入浙江省杭州高级中学（简称杭高）。

1937 年（18 岁）

秋，毕业于杭州高中。

因日本全面侵华战争爆发，全国高校考试暂停，回巍山老家待考，并参加"假期回乡学生战时服务团"的抗日活动。

1938 年（19 岁）

5月，与浙江义乌朱店村朱谦华喜结连理。

夏，于江西泰和应试，考入浙江大学史地系，并获黄膺白奖学金。

秋，至广西宜山入学浙大。

1939年（20岁）

2月5日，日军以18架飞机轰炸广西宜山浙大校舍。

年底，随浙大迁至贵州遵义。

1942年（23岁）

毕业于浙江大学史地系，获学士学位。学士论文"从《史记》看中国古地理"。

1945年（26岁）

毕业于浙江大学史地学部，师从张其昀，获硕士学位，留校任浙大史地系讲师。硕士论文"中国与缅甸之间的几个政治地理问题"（边界、交通、侨务与商务）。

1946年（27岁）

5月5日，经浙江大学全校各系推荐选拔，获得美国国务院所提供之奖学金，赴克拉克大学进修。入学后改攻读博士学位。

1947年（28岁）

在克拉克大学地理研究院攻读地理学博士学位。暑假期间，应加拿大麦吉尔大学邀请，以美国地理研究中心的克拉克大学准博士到地理暑期学校短期教学。

1948年（29岁）

5月底，毕业于美国克拉克大学地理研究院，获博士学位。博士论文 Geographic Regions of China: Their Component and Chief Characteristics。

9月中回国，任浙大史地系副教授。

1949 年（30 岁）

6月6日，杭州市解放军军管会对浙大实行军事接管。

7月，被浙江大学解聘。

8月，任金陵女子大学地理系教授。

1950 年（31 岁）

7月，任中国科学院地理研究所副研究员，参加黄泛区灾害调查。

1951 年（32 岁）

9月，结束黄泛区调查，与铁道部合作，做集白线铁路运输调查。同时在内蒙古集宁和吉林省白城子之间，做大量的野外考察。

1952 年（33 岁）

患急性肺结核，失去野外工作能力。做外国地理研究。

1953 年（34 岁）

兼任南京大学地理系教授。

发表论文"察北、察盟及锡盟——一个农牧过渡地区的经济地理调查"，提出"农牧交错带"地理学术用语。

参加嫩江中游经济考察队。

1954 年（35 岁）

5~9月，参加永定河官厅山峡水土流失调查。

出版《内蒙古自治区》。

1955～1957 年（36～38 岁）

负责中国农牧界线调查，分别在内蒙古、甘肃、青海、四川和云南做野外考察工作。

1956 年，发表论文"我国三大景观地带交汇处的天祝"，提出中国地理区划分蒙新、东部和青藏三大地带的观点。

1958 年（39 岁）

随科学院地理研究所从南京迁至北京。

《缅甸地理概述》、《缅甸地理》等著作，和《东南亚地理》译著出版。

1959 年（40 岁）

参加治沙队。

《中国综合自然区划（草案）》、《川滇农牧交错地区农牧业地理调查资料》等书出版。

1960 年（41 岁）

负责治沙队历年学术总结，及甘肃民勤综合治沙站业务工作。综考会治沙队民勤综合试验站副站长。

1961～1963 年（42～44 岁）

任自然地理研究室副主任。

1963～1965 年（44～46 岁）

任沙漠研究室主任。

因提出"敦煌不用搬迁"，为国家节省大量资金。

以笔名黎樵译地理学名著《地理学性质的透视》，1963 年出版。

1966~1968 年（47~49 岁）

文化大革命开始。

1966 年夏，被关入"牛棚"，停发薪资，失去人身自由。

1969~1971 年（50~52 岁）

下放至湖北潜江五七干校。

1971 年 10 月，结束干校生活，回到北京。

1972~1978 年（53~59 岁）

参加黑龙江荒地勘察队。

《中国综合自然区划（草案）》，主要参加者，获全国重大科学成果奖。

1978 年起，任自然地理研究室主任，至 1984 年。

1979 年（60 岁）

主编《中国自然地理·总论》。

负责干旱区、半干旱区研究工作。

发表论文"近三十年来我国综合自然地理的进展"。

5 月，应联合国环境署（UNEP）邀请，赴瑞士日内瓦出席沙漠化制图学术会议。

12 月，应联合国粮农组织（FAO）邀请，赴意大利罗马出席国际沙漠化会议。

1980 年（61 岁）

3~5 月，应美国国家地理学会邀请，访问美国 3 个月。横贯北美大陆 3

次，经欧洲返国。

8月，应邀出席国际地理联合会大会。会上发表演讲"Desertification and De-desertification in China"，首次提出"de- desertification"（反荒漠化）学术用语。

11月，应联合国大学（UNU）邀请，赴西德汉堡出席世界干旱区会议，并在7所大学讲学1个月。

1981年（62岁）

呼伦贝尔自然地带，项目主要参加者，获中国科学院科技成果三等奖。

专著 Desert Land of China（《中国的沙漠地区》）出版，将"戈壁"学术用语引向世界。

1982年（63岁）

1月，应香港大学邀请讲学。

1983年（64岁）

发表论文"中国综合自然地理区划的一个新方案"；出版中国第一部系统区域综合自然地理专著《黑龙江省及其西部毗邻地区的自然地带与土地类型》。

1月，应香港大学邀请讲学。

5月，应美国科学促进会（AAAS）邀请，出席该会年会。

1984年（65岁）

黑龙江省及其毗邻地区自然地带，项目负责人，获中国科学院科技成果三等奖。

3~5月，应美国国家科学院邀请，参加中美杰出学者互访计划，为期

3个月。

1985 年（66 岁）

主持新疆乌鲁木齐国际干旱区会议，并主编会议论文集。

《中国干旱地区自然地理》、《中国自然地理·总论》出版。

腾冲航空遥感制图试验参加者，获国家科委科技进步二等奖。

8月，应美国亚利桑那大学邀请，参加该校建校百周年纪念大会。

11月，应第三世界科学院邀请，出席苏丹喀土穆流沙侵蚀国际会议。

1986 年（67 岁）

《中国自然地理》系列专著主要参加者，获中国科学院科技进步一等奖。

《中国土地类型研究》出版，获中国科学院科技进步三等奖。

Physical Geography of China（《中国自然地理》）出版。

负责《中国 1∶100 万土地类型制图研究》，获中国科学院科技进步三等奖。

1987 年（68 岁）

兰州大学地理系教授兼干旱区研究中心主任。

《中国自然区划·自然地理·自然图集》，主要参加者，获国家自然科学二等奖。

1月，应香港大学邀请，参加东亚环境变化学术会议。

2~6月，应加拿大多伦多大学邀请讲学。

4月，应美国波士顿大学及克拉克大学邀请讲学。

1988 年（69 岁）

应美国纽约阿伦顿（Allerton）出版公司之邀，任 Chinese Journal of Arid Land Research 杂志主编。

中国第一本发行世界的英文地理专业期刊 Chinese Journal of Arid Land Research 创刊。

5 月，应日本东京综合研究所邀请，出席国际水会议。

1989 年（70 岁）

主持内蒙古呼和浩特国际干旱区会议。

中国第一部综合自然地理之土地系统研究专著《中国 1∶100 万土地类型图制图规范》出版。

5 月，应日本京都大学邀请，出席东亚土地利用会议。

6 月，应台湾文化大学邀请，以第一位大陆杰出人士、学者身份访台。

1990 年（71 岁）

兼任北京师范大学地理系教授。

《现代自然地理》，项目负责，获中国科学院科技成果三等奖。

1991~1993 年（72~74 岁）

1991 年 6 月起，至 1992 年 9 月，应邀为美国犹他大学、韦伯大学、夏威夷大学客座教授。

主持在银川市召开的干旱区环境整治与资源合理利用国际学术研讨会，并主编此次研讨会的论文集。

参加并协助召开在乌鲁木齐的塔克拉玛干沙漠科学大会。

1994 年（75 岁）

首部中国综合地理研究英文专著 *Geography of China：Environmert, Resources, Population and Development* 出版。

3~6 月，在美国韦伯大学任教。

1995 年（76 岁）

2~5 月，在台湾文化大学任教。

5~7 月，访问香港大学、香港中文大学。

8 月，参加新疆绿洲建设会议、内蒙古呼和浩特干旱区国际会议。

10 月 20 日，因病去世。

历任：

中国地理学会理事兼自然地理专业委员会副主任。

中国自然资源学会常务理事兼干旱区研究专业委员会主任。

兰州大学干旱研究中心主任。

国际地理联合会干旱区专业委员会委员。

美国亚利桑那大学国际干旱区研究委员会委员。

杂志：

Chinese Journal of Arid Land Research 杂志主编。

Global Environmental Change、*Asian Geographer* 杂志国际编辑委员。

《地理学报》副主编。

《自然资源学报》副主编。

《干旱区研究》、《干旱区资源与环境》顾问。

附录二 赵松乔主要著作目录

译著 4 部；

专著 25 部（3 部为英文）；

论文 200 余篇（其中外文 60 余篇，4 篇日文，1 篇德文，其余均为英文）；

总字数 500 余万字。

1942 年

"汉代以前我国的地理概况"，浙江大学史地系，1942。

"从《史记》看中国古地理"（学士学位论文），浙江大学史地系，1942。（已遗佚）

1945 年

"中国与缅甸之间的几个政治地理问题"（边界、交通、侨务与商务）。

"硕士学位论文"，浙江大学史地学部，1945。（已遗失）

"中缅政治地理上的几个问题"，1945。（未出版）

1946 年

Land Use in the Connecticut Valley, Mass., USA, 1946.

1947 年

Physiography in the Plymouth Region, Mass., USA, 1947.

Climate in Brazil, 1947.（内部资料）

1948 年

Geographic Regions of China: Their Component Factors and Chief Characteristics, Clark University, Worcester, Massachusetts, USA, 1948.

（博士学位论文）论文摘要载 Clark University Bulletin: Abstracts of Dissertations and Thesis, Worcester, Mass., 11~14, 1948.

"贵州遵义的土地利用",（与任美锷、施雅风、陈述彭、杨利普等合著）《遵义新志》, 杭州, 浙江大学史地系, 1948。

"从地理学观点看"世界国""（陆权、海权、空权与人权）,《东南日报·云涛》, 第66期, 1948年12月25日。

"杭州市之土地利用",《浙江学报》, 2卷2期, 1~12页, 1948。

1949 年

Hangchow, A Study in Urban Geography, 中文摘要载《科学》, 32卷, 1949。

1950 年

"南京都市地理初步研究",（与白秀珍合著）《地理学报》, 17卷2期, 39~71页, 1950。

"黄泛区土地利用调查报告"（油印稿）, 1950。

1951 年

"从北京到贝子庙",《地理知识》, 2卷12期, 280~282页, 1951。

"美国国内的民族歧视",《地理知识》, 2卷6期, 135~136页, 1951。

1952 年

"加拿大",《地理知识》,1952 年 12 月号,322~323 页。

1953 年

"中缅边界问题"(手抄本),1953。

"区域划分方法的几点体会"(油印稿),1953。

"世界的风系",《地理知识》,1953 年 7 月号,189~192 页。

"世界的雨量分布",《地理知识》,1953 年 8 月号,227~229 页。

"农牧交错地区的经济地理调查报告",《地理学报》,19 卷 1 期,1953。

"察北、察盟及锡盟——一个农牧过渡地区的经济地理调查",《地理学报》,20 卷 1 期,43~60 页,1953。

1954 年

"嫩江中游的自然条件与经济发展",《地理学报》,20 卷 2 期,191~209 页,1954。

《内蒙古自治区》,上海,地图出版社,1954。

1955 年

"胜利前进中的黑龙江省开荒工作",《地理知识》,1955 年 12 月号,367~369 页。

1956 年

"关于农、林、牧、副业收入(产值)的估算方法"(油印稿),1956。

"我国三大景观地带交汇处的天祝",《地理知识》,1956 年 6 月号,249~252 页。

1957 年

"内蒙古草原",《科学画报》,1957 年 6 月。

《内蒙古地理概况》,上海,地图出版社,1957。

"内蒙古自治区农业地理",《地理知识》,1957 年 7 月号,291~296 页。

《缅甸地理:初稿》,1957。

"永定河官厅山峡的水土保持问题",《地理集刊》,第 1 号,北京,科学出版社,1~37 页,1957。1957 年美国 JPRS 译成英文。

1958 年

"台湾海峡",《地理知识》,1958 年 10 月号,435~438 页。

"内蒙古自治区的地形条件在土地利用上的评价",《地理学报》,24 卷 3 期,245~256 页,1958。

《甘青农牧交错地区农业区划初步研究》,(与周立三、吴传钧、孙承烈合著)北京,科学出版社,1958。

《内蒙古自治区农牧业生产配置问题的初步研究》,(与董勉、过鉴懋合著)北京,科学出版社,1958。

"甘青毗邻地区的牧业生产及牧业类型",《地理学资料》,1958 年第 2 期,159~172 页。

《川滇农牧交错地区农业牧业生产配置的初步研究》,北京,科学出版社,1958。

《缅甸地理》,北京,科学出版社,1958。

《缅甸地理概述》,北京,中国青年出版社,1958。

《东南亚地理》(译自 E. H. G. Dobby, *Southeast Asia*),(与侯学熹、徐成龙合译)北京,三联书店,1958;北京,商务印书馆,1959。

1959 年

"伊洛瓦底三角洲——一个区域地理的研究",《地理集刊》,第 2 号,1~18 页,1959。

"我国农牧界线(从大兴安岭到高黎贡山)的初步探讨"(油印稿),1959。

《川滇农牧交错地区农牧业地理调查资料》,(与程鸿、郭扬、吴关琦合著)北京,科学出版社,1959。

《内蒙古农牧业发展研究》,北京,科学出版社,1959。

《中国综合自然区划(草案)》,(黄秉维主篇,赵松乔为主要撰稿人之一)北京,科学出版社,1959。

"甘肃民勤沙井子地区的景观及其改造利用的初步探讨"(油印稿),《全国地理学术会议论文》,1959。

《内蒙古自治区地理文献目录》,北京,科学出版社,1959。

"河西走廊西北部戈壁考察报告"(未正式出版),1959。

1960 年

"中国沙漠和戈壁概况",《地理知识》,1960 年第 4 期,145~151 页。

1961 年

"我国干旱地区土地类型划分问题"(油印稿),《中国科学院治沙队 1961 年治沙科学研究总结会议文件》,1961。

1962 年

"河西走廊西北部戈壁类型及其改造利用的初步探讨"(有英译稿),《治沙研究》,1962 年第 3 号,78~89 页。

"中国戈壁类型的初步划分",《1960 年全国地理学术会议论文集(自然地理)》,北京,科学出版社,1~6 页,1962。

"敦煌莫高窟"(油印稿),1962。

1963 年

"乌兰布和沙漠农业自然资源和自然条件综合评价",《中国地理学会 1963 年年会论文选集》,1963。

"从几个沙漠站的定位观测资料,试论沙漠地区沙丘的湿沙层",《地理》,1963 年第 1 期,5~11 页。

"我国荒漠地带的土地类型"(油印稿),1963。

《非洲地理》(译自 Walter Fitzgerald, W. C. Brice, (revised) *Africa: A Social, Economic and Political Geography of Its Major Regions*),(与程鸿、徐成龙、吴关琦合译)北京,商务印书馆,1963。

《地理学性质的透视》(译自 Richard Hartshorne, *Perspective on the Nature of Geography*,笔名黎樵),北京,商务印书馆,1963。

1964 年

"中国沙漠和戈壁的自然特点及其改造利用途径的初步探讨",《新建设》,1964 年 7 月号。

"世界的荒漠",《地理》,1964 年第 5 期,217~222 页。

"河西走廊综合自然区划",《中国地理学会 1962 年自然区划讨论会文集》,北京,科学出版社,193~204 页,1964。

"河西走廊农业自然条件和自然资源综合评价",《1964 年地理学会干旱区学术会议文件》,北京,科学出版社,1964。

《菲律宾地理》,(与吴关琦、王士鹤合译)北京,科学出版社,1964。

"中国沙漠戈壁的自然条件和经济发展",《新建设》,1964。

"对乌兰布和沙漠北部地区三个大型农场（保尔套勒盖农场、太阳农场、哈腾套海综合林场）的一些意见"（油印稿），1964。

1965 年

《河西走廊自然地理》（未出版），1965。

"酒泉农业区划与农业自然条件综合评价工作"（油印稿），1965。

1966~1971 年

因文化大革命，无文章发表。

1972 年

"内蒙古及宁夏农垦调查"（内部资料），1972。

1973 年

"盐水灌溉沙地"（笔名黎樵），《地理知识》，1973 年第 1 期，24~25 页。

1976 年

"中国沙漠（戈壁）的利用和改造"（在澳大利亚第四纪地质会议上宣读），1976。

1977 年

"敖鲁古雅散记"（笔名黎樵），《地理知识》，1977 年第 4 期，9~11 页。

1978 年

"近年地理学研究的发展趋势",《地理科技情报》,1978 年第 3 期,1~9 页。

"近年地理学研究的活跃领域",《地理科技情报》,1978 年第 13 期,10~32 页。

"中国近代地理学的奠基人——竺可桢同志",(与黄秉维合著)《地理学报》,33 卷 1 期,1~12 页,1978。

"我国农垦问题——农业自然资源和农业自然条件的综合分析"(内部资料),1978。

"呼伦贝尔草原的自然特征及其合理利用问题"(内部资料),1978。

"扩大耕地面积:我国劳动人民改造自然的一项巨大成就"(油印稿),中科院地理所,1978。

Water and Soil Conservation Problem of the Kuan-Ting Gorge of the Yong-Ting River, English Translation, Songqiao Zhao, JPRS 1097-D, Before 1978.

A Preliminary Study on the Gobi Types in Northwestern Hexi Corridor, English Translation, Songqiao Zhao, JPRS 19993 est. 63~31183, Before 1978.

1979 年

"联合国沙漠化制图方法论会议",《地理知识》,1979 年第 10 期,20~21 页。

"土地类型的划分和制图",《地理制图研究》,1979 年第 1 期。

"近三十年来我国综合自然地理的进展",(与陈传康、牛文元合著)《地理学报》,34 卷 3 期,187~199 页,1979。

"美国国家地理学会沙漠代表团访问我国",《地理学报》,34 卷 4 期,357~358 页,1979。

"我国沙漠（戈壁）的形成过程和演变趋势"（在日内瓦及汉堡沙漠会议上宣读），1979。

1980 年

"我国农垦问题、农业自然资源和自然条件的综合分析"，《综合自然地理学参考数据》，北京大学地理系，1980。

"全国 1∶100 万及重点省（区）1∶20 万土地类型图的土地分类类型"，（与申元村合著）《自然资源》，1980 年第 3 期，13~24 页。

1981 年

Desert Lands of China, Texas Tech. University, Lubbock, Texas, 1981.

Transforming Wilderness into Farmland: an Evaluation of Natural Conditions for Agricultural Development in Heilongjiang Province, China Geographer, No. 11, 41~55, 1981.

"莱茵河沿岸"（图片），《地理知识》，1981 年 10 月号，封 4。

"中国荒漠地带土地类型分析———一个地球资源卫星像片的典型研究"，《国际干旱地区遥感会议会刊》，1981。

"中国自然地理概要"，《中国经济年鉴》，1981。

"塔里木盆地北部边缘的现代大规模农垦及其对环境的影响"（德文），《地理评论》（西德），1981 年 3 月号，113~118 页。

"访问德意志联邦共和国散记"，《世界地理集刊》，1981 年第 2 集，64~71 页。

Land Type and Mapping in China，《湿地土地资源国际讨论会会刊》，联合国大学主办，1981。

"干燥地域的周边地域沙漠化"（中村和郎）（日文），《地理》（日本），26 卷 1 期，120~122 页，1981。

"中国自然地理学研究三十年"（日文），《地理》（日本），26 卷 3 期，23~29 页，1981。

Desertification and de-desertification in China, *The Threatened Dry Land*, *Working Group on Desertification in and Around Arid Land*, IGU, 1981. Landwirtschaft am Nordrand des Tarimbeckens, (and Han Qing) *Geographische Rundschau*, 33 (3), 113~118, 1981.

1982 年

"黑龙江省与呼伦贝尔盟土地类型的划分及其分布规律"，（与戴旭、申元村、杨柳林合著）《地理研究》，1 卷 1 期，49~57 页，1982。

Origin and Evolution of Desert and Gobi in China, *Geological History of the World Desert*, 79~91, 1982.

"中国荒漠地带土地类型分析——四个典型地区的地球资源卫星像片判读"，《地理科学》，2 卷 1 期，1~16 页，1982。

"从汉堡到慕尼黑"，《世界地理文集》，1982 年 2 期。

1983 年

"我国干旱（半干旱）地区的自然环境及其开发利用和改造途径"，《新疆地理》，6 卷 2 期，1~11 页，1983。

Land Classification and Mapping in China, Kenneth Ruddle and Wu Chuanjun (eds.), *Land Resources of People's Republic of China*, Resource Systems Theory and Methodology Series, No. 5, United Nations University Press, Tokyo, 1983.

"罗布荒漠的自然特征和罗布泊的'游移'问题"，《地理研究》，2 卷 2 期，88~98 页，1983。

《黑龙江省及其西部毗邻地区的自然地带与土地类型》，（与戴旭、申元村、杨柳林合著）北京，科学出版社，1983。

"中国干旱区的自然特点和经济发展"，《新疆地理》，6卷2期，1983。

"中国综合自然地理区划的一个新方案"，《地理学报》，38卷1期，1~10页，1983。

"我国山地环境的自然特点及开发利用"，《山地研究》，1卷3期，1~8页，1983。

Physical condition and Economical Development in China's Arid Land, Regional Planning in Different Political Systems (The Chinese Setting), Proceedings of the International Meeting on Regional Development Planning, March 29~April 5, 1983, Beijing.

1984 年

"黑龙江省及呼伦贝尔盟商品粮基地建设的土地条件分析"，（与戴旭合著）《地理学报》，39卷1期，65~74页，1984。

Evolution of the Lop Desert and the Lop Nor, (and Xia Xuncheng) *The Geographical Journal*, 150 (3), 311-321, 1984; *Earth Science*, Vol.1, 287~302, 1986.

Comprehensive Physical Geography (Including Soil Geography and Biogeography) in China, *Geography in China*, Science Press, 1~16, 1984.

The Sandy Deserts and the Gobi of China, Farouk El-Baz (ed.), *Desert and Arid Land*, 95~113, Martinus Nijhoff Publishers, 1984.

Analysis of Desert Terrains in China Desert Using Landsat Images, Farouk El-Baz (ed.), *Desert and Arid Land*, 115~152, Martinus Nijhoff Publishers, 1984.

Origin and Development of the Shamo (sandy deserts) and the Gobi (stony deserts) of China, R. C. Whyte (ed.), *The Evolution of the East Asian Environment*, 230~251, Centre of Asian Studies, University of Hong Kong, 1984.

"地理学发展趋势及活跃领域",(与孙惠南合著)地理科学规划专题报告(内部资料),1984。

"我国耕地资源的地理分布和合理开发利用",(与孙惠南、陆大道合著)《自然资源》,1984 年第 1 期,13~20 页;地理科学规划研究报告(未正式出版),1984。

"西北干旱区地理环境的形成和演变"(油印稿),1984。

1985 年

《中国干旱地区自然地理》,(主编)北京,科学出版社,1985。

《中国自然地理·总论》,北京,科学出版社,1985。

"中国沙漠、戈壁的形成和演变",《中国干旱地区自然地理》,北京,科学出版社,1~17 页,1985。

"呼伦贝尔草原的风沙和'黑风暴'问题",《中国干旱地区自然地理》,北京,科学出版社,203~216 页,1985。

Drifting-sand Hazard and Its Control in Northwest Arid China, *Annals of Arid Zone*, 24(3),180~190,1985.

Effect of Human Activities on China's Arid Land: Desertification and De-desertification, *Arid Land: Today and Tomorrow*, Boulder, Colo.: London: Westview Press, Belhaven, 1985.

Physical Features and Economic Development of China's Mountain Environment, *Mountain Research and Development*, 5(4),319~328,1985.

"柴达木盆地的土地类型和农业生产潜力",(与申元村、任洪林、吴绍洪合著)《干旱区地理》,8 卷 4 期,10~22 页,1985。

The Sandy Deserts and the Gobi in China, Their Origin and Evolution, Zhao Songqiao(ed.), *Physical Geography of China's Arid Lands*,1~17,Beijing: Science Press, 1985.

Impacts of Human Activity on China's Geographical Environment, *GeoJournal*, 10（2），212~215，1985.

1986 年

"中国 1：100 万土地类型划分和制图"，《中国土地类型研究》，23~29 页，北京，科学出版社，1986。

《中国土地类型研究》，北京，科学出版社，1986。

Physical Geography of China, Beijing: Science Press and New York: John Wiley & Sons, 1986.

"我国自然资源的形成和分布"，《自然资源学报》，1 卷 1 期，41~55 页，1986。

"祝贺自然资源综合考察委员会成立三十周年"，《资源科学》，1986 年第 3 期。

"华北平原的自然条件和国土整治"（未发表），1986。

1987 年

"中国的自然地理与自然资源"，《中国概览》，第一部分，北京，人民出版社，3~15 页，1987。

"人类活动对西北干旱区地理环境的作用：绿洲化或沙漠化？"，《干旱区研究》，9 卷 3 期，9~18 页，1987。

"发刊词"，《干旱区资源与环境》，1 卷 1 期，1987。

"西北干旱区的自然条件和农业生产"，《干旱区资源与环境》，1 卷 2 期，1~12 页，1987。

1988 年

《现代自然地理》，（与孙惠南、黄金荣、杨勤业等合编）北京，科学出版社，1988。

"中国的河流与人"（日文），《国际水文化学术讨论会文集》（日本），1988。

《黄土高原自然条件研究·序言》，（罗枢运、孙逊、陈永宗著）西安，陕西人民出版社，1988。

"西北干旱区地理环境的形成和演变"，《中国干旱、半干旱地区自然资源研究》，10~22页，北京，科学出版社，1988。

Physical Condition and Economic Development of Northwest Arid China, *Chinese Journal of Arid Land Research*, 1（1），1~10，1988.

Effect of Human Activities on Northwest Arid China, *Chinese Journal of Arid Land Research*, 1（2），1988.

Origin and Evolution of Sandy Deserts（Shamo）and Stony Deserts（Gobi）in China, *Chinese Journal of Arid Land Research*, 1（1），1~10，1988.

Human Impact on Northwest Arid China: Desertification or De-desertification, *Chinese Journal of Arid Land Research*, 1（2），105~116，1988.

Desertification and De-desertification in the Hexi Corridor, *Chinese Journal of Arid Land Research*, 1（2），117~124，1988.

Rain-fed Agricultural Development in Northwest Arid China, *Chinese Journal of Arid Land Research*, 1（3），191~199，1988.

Eolian Hazard in the Hulunbair Steppe, Inner-Mongolia, *Chinese Journal of Arid Land Research*, 1（4），313~322，1988.

《中国1∶100万彩色土地类型图》，8幅（E-49、H-49、I-49、I-50、J-47、J-49、K-49、K-45），（赵松乔主编）1988。

A Preliminary Study on the Evolution of the Physical Regionalization of China since the Early Tertiary, Whyte, P. et al. （eds.）, *The Palaeoenvironment of East Asia from the Mid-Tertiary*, vol. 1，393~400，Centre of Asian Studies, University of Hong Kong, 1988.

"现代地理学发展趋势",《现代自然地理》,北京,科学出版社,1988。

"人类活动对地理环境的作用及其回馈——以中国为例",《现代自然地理》,北京,科学出版社,1988。

"中国的河与水"(日文),《水文化创造的时代》,31~66页,1988。

1989 年

Recent Advances in Arid Land Researches, *Chinese Journal of Arid Land Research*, 2 (1), 1~14, 1989.

Vertical Zonation and Vertical Agriculture in the Qilian Mountains, *Chinese Journal of Arid Land Research*, 2 (2), 179~192, 1989.

The Ordering of Land Use in China, NIRA, Tokyo, 1989.

《西北干旱区》,北京,科学出版社,1989。

"中国干旱区研究新进展"(英文),《中国干旱区研究》,2卷1期,1989。

《中国1:100万土地类型图制图规范》,(赵松乔主编)北京,测绘出版社,1989。

"重读《瀚海盆地》",《叶良辅与中国地貌学》,杭州,浙江大学出版社,421~424页,1989。

"我看台湾",《地理知识》,1989年10月号,24~25页。

Utilization and Development of Natural Resources in Arid and Semi-arid Lands: Selected Papers of the ISEUNRAA, Songqiao Zhao (Editor in Chief), held on August 7-13, 1985, in Urumqi, China, Beijing: Science Press, 1989.

Early Neolithic Hemodu Culture along the Hangzhou Estuary and the Origin of Domestic Paddy Rice in China, (and Wu, Wei-Tang) *Asian Perspectives*, 27 (1), 29~34, 1989.

Physical Conditions and Agricultural Development in the Qaidam Basin, (and Shen Yuancun) *Utilization and Development of Natural Resources in Arid and Semi-arid Lands: Selected Papers of the ISEUNRAA*, 1989.

Preface, *Utilization and Development of Natural Resources in Arid and Semi-Arid Lands: Selected Papers of the ISEUNRAA*, pp. vii-ix, 1989.

Formation Principles of the ordering of Land Use in China, The Ordering of Land Use and Regional Agricultural Development in Asia Countries (NIRA, Tokyo), 123~133, 1989.

The Biology and Utilization of Shrubs, C. M. McKell (ed.), *Shrub-lands of China*, 225~245, 1989.

1990 年

Recent Geographical Discoveries and Research Advances in the Tarim Basin, *Chinese Journal of Arid Land Research*, 3 (2), 119~132, 1990.

The Semi-arid Land in Eastern Inner Mongolia: an Area of Critical Environmental Change, *Chinese Journal of Arid Land Research*, 3 (3), 257~272, 1990.

Recent Advances in Chinese Arid Lands Researches, (and Xia Xuncheng) *Recent Development of Geographical Science in China*, Beijing: Science Press, 1990.

Physical Conditions and Agricultural Development in the Qaidam Basin, *Chinese Journal of Arid Land Research*, 3 (3), 377~385, 1990.

"中国土地类型研究",《地理学研究进展》,北京,科学出版社,40~44页,1990。

"求是精神——缅怀竺可桢师的教导",《地理科学》,10卷1期,6~8页,1990。

"近年中国干旱区研究进展",《地理科学》,10卷3期,208~216

页，1990。

《中国的干旱区》，（与杨利普、杨勤业等合编）北京，科学出版社，1990。

System of Vertical Agriculture in the Mountain Areas: A Comparative Study of the Hengduan and Qilian Mountains of the Tibetan Plateau, (and Yang Qinye, Shen Yuancun) *Mountain Farming Systems Series* (22), ICIMOD/Kathmandu, 1990.

《贵州省地域结构与资源开发·序言》，（蔡运龙著）北京，海洋出版社，1990。

"中国的农田植被"（未刊稿），1990。

1991 年

The Oasis-Making Process (De-desertification) in China's Desert Lands, *Chinese Journal of Arid Land Research*, 4 (2), 87~98, 1991.

Natural Hazards and Their Melioration in Northwest Arid China, *Chinese Journal of Arid Land Research*, 6 (2), 1991.

"内蒙古东、中部半干旱区———一个危急带的环境变迁"，《干旱区资源与环境》，5 卷 2 期，4~5 页，1991。

"西北干旱区主要自然灾害形成、分布和减灾措施"，《中国沙漠》，11 卷 4 期，3~10 页，1991。

"中国农业（种植业）的历史发展和地理分布"，《地理研究》，10 卷 1 期，1~11 页，1991。

"台湾的"精致农业""，《海峡科技交流研究》，1991 第 1 期，25~28 页。

"中国农业发展与环境变迁"，《中国人口·资源与环境》，1 卷 1 期，47~54 页，1991。

1992 年

The Qinghai-Xizang (Tibetan) Plateau: Its Physical Environmental and Economic Development, *Chinese Journal of Arid Land Research*, 5 (3), 203~222, 1992.

Northwest China Desert Division: Its Environment, Resources, Population and Development, *Chinese Journal of Arid Land Research*, 5 (4), 1992.

Land Degradation Restoration: The Story in the People's Republic of China, H. E. Dregne (ed.), *Degradation and Restoration of Arid Lands*, 99~126, 1992.

Comments on "Global Warming in An Unequal World", *Global Environmental Change: Human and Policy Dimensions*, 2, 99~100, 1992.

Environmental Colonialism: Too Strong a Terrine, Down To Earth, (Society for Environmental Communications, F-6, Kailash Colony, New Delhi, India 110048) Oct. 30, 1992.

"华北平原的自然条件与国土管理"（日文），《政策研究》（NIRA），15（7），1992。

"横断山地和祁连山地自然地理条件和农业系统比较"，《干旱区资源与环境》，6卷2期，1~8页，1992。

《中国自然灾害地图集》（中国综合自然区划和孕灾环境与承灾体部分），北京，科学出版社，1992。

《西藏雅鲁藏布江中游地区土地系统·序言》，（刘燕华著）北京，科学出版社，1992。

1993 年

"中国的戈壁"，《中国大百科全书》，北京，中国大百科全书出版社，

639~640 页，1993。

"中国自然地理区域"，《中国大百科全书》，北京，中国大百科全书出版社，803~806 页，1993。

Recent Research Advances in the Taklimakan Desert and its Border Lands, (and Xia Xuncheng, Hu Wenkang) *Chinese Journal of Arid Land Research*, 6 (4), 1993.

The Spread of Agriculture (farming) and its Impacts on Environment Changes in China, *Chinese Geographical Science*, 3 (3), 194~202, 1993.

Natural Hazard and Their Melioration in Northwest and China, *Chinese Journal of Arid Lands Research*, 6 (2), 97~108, 1993.

"塔克拉玛干沙漠及其周缘地区的研究新进展"，（与夏训诚、胡文康、沈玉凌合著）《干旱区资源与环境》，10 卷 3 期，1~9 页，1993。

"关于自然资源破坏情况及今后加强合理利用与保护的意见"，（赵松乔为签署人之一）《中国科学报》，1993 年 3 月 12 日。

1994 年

Geography of China: Environment, Resources, Population and Development, John Wiley & Sons, Inc. Publishers, New York, 1994.

"综合自然地理学与黄秉维教授的学术思想与卓越贡献——学习自然地理综合工作"，《地理研究》，13 卷 1 期，1~8 页，1994。

Rational Utilization of Natural Resources and Territorial Management of Arid Lands-Proceeding (Selected Papers) of the Yinchuan International Symposium, Songqiao Zhao (Edition in Chief), 1994.

1995 年

Major Medical Plants in China's Arid Lands, (and Zhao Xuyun) *Chinese*

Journal of Arid Lands Research, 8 (4), 241~250, 1995.

年份不确定文稿

"华北平原自然灾害及控制"（英文）。

Human Resources and Population Problem in China。

"中国大陆自然灾害的形成和分布——一个综合分析"。

"人类活动对自然地理环境的影响"（英文）。

"西南亚地理"（与苏永煊、高泳源合译）。

附录三　赵松乔手稿（节选）

自传手稿

1948年在浙大授课手稿

在塔克拉玛干沙漠考察日记

1993~2000 年写作、工作计划

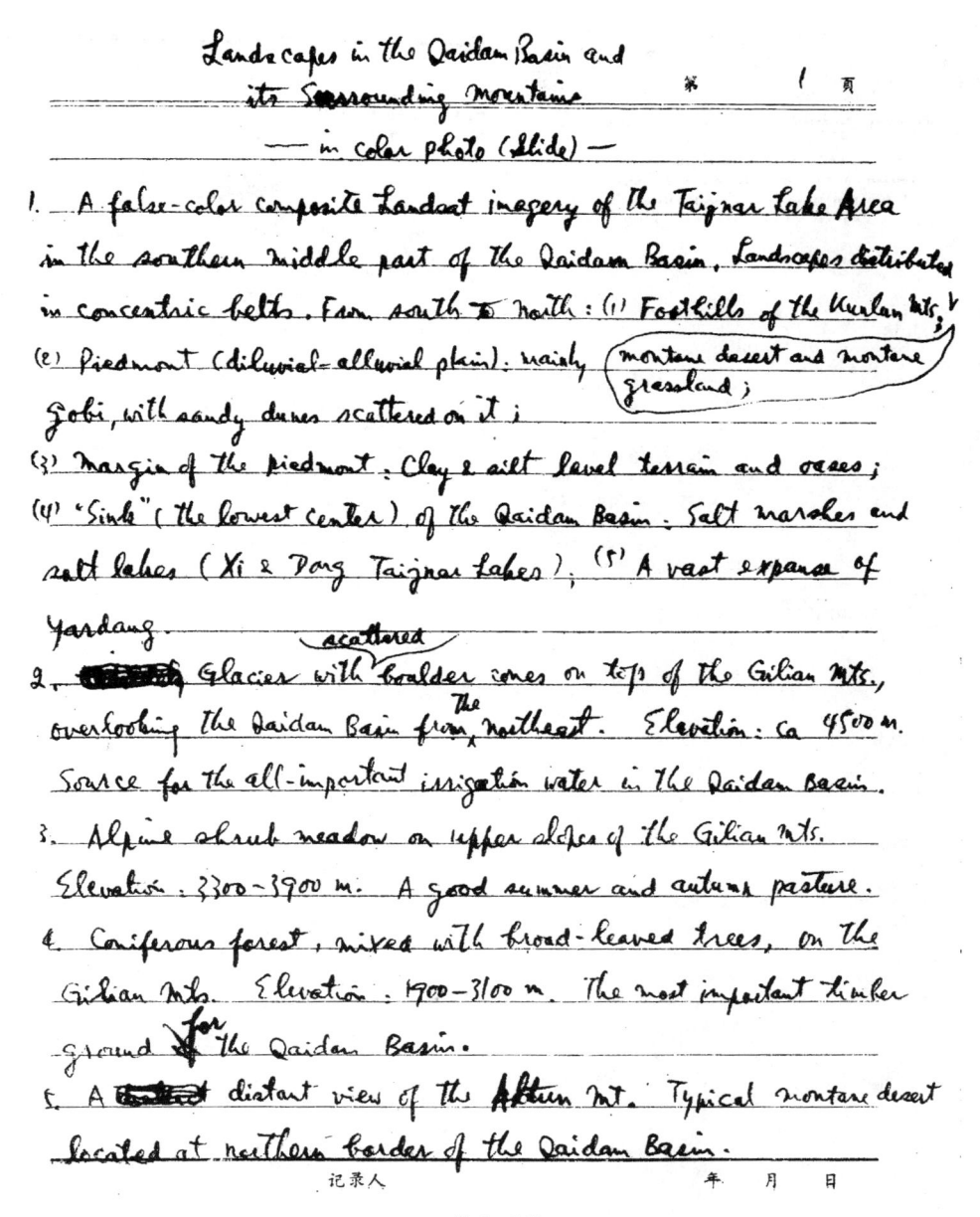

Landscapes in the Qaidam Basin and
its surrounding mountains
— in color photo (Slide) —

1. A false-color composite Landsat imagery of the Taijnar Lake Area in the southern middle part of the Qaidam Basin. Landscapes distributed in concentric belts. From south to north: (1) Foothills of the Kunlun Mts.; (2) Piedmont (diluvial-alluvial plain): mainly montane desert and montane grassland; gobi, with sandy dunes scattered on it; (3) Margin of the piedmont. Clay & silt level terrain and oases; (4) "Sink" (the lowest center) of the Qaidam Basin. Salt marshes and salt lakes (Xi & Dong Taijnar Lakes); (5) A vast expanse of Yardang.

2. Scattered glaciers with boulder cones on top of the Gilian Mts., overlooking the Qaidam Basin from the northeast. Elevation: ca 4500 m. Source for the all-important irrigation water in the Qaidam Basin.

3. Alpine shrub meadow on upper slopes of the Gilian Mts. Elevation: 3300-3900 m. A good summer and autumn pasture.

4. Coniferous forest, mixed with broad-leaved trees, on the Gilian Mts. Elevation: 1900-3100 m. The most important timber ground for the Qaidam Basin.

5. A distant view of the Altun Mt. Typical montane desert located at northern border of the Qaidam Basin.

英文手稿

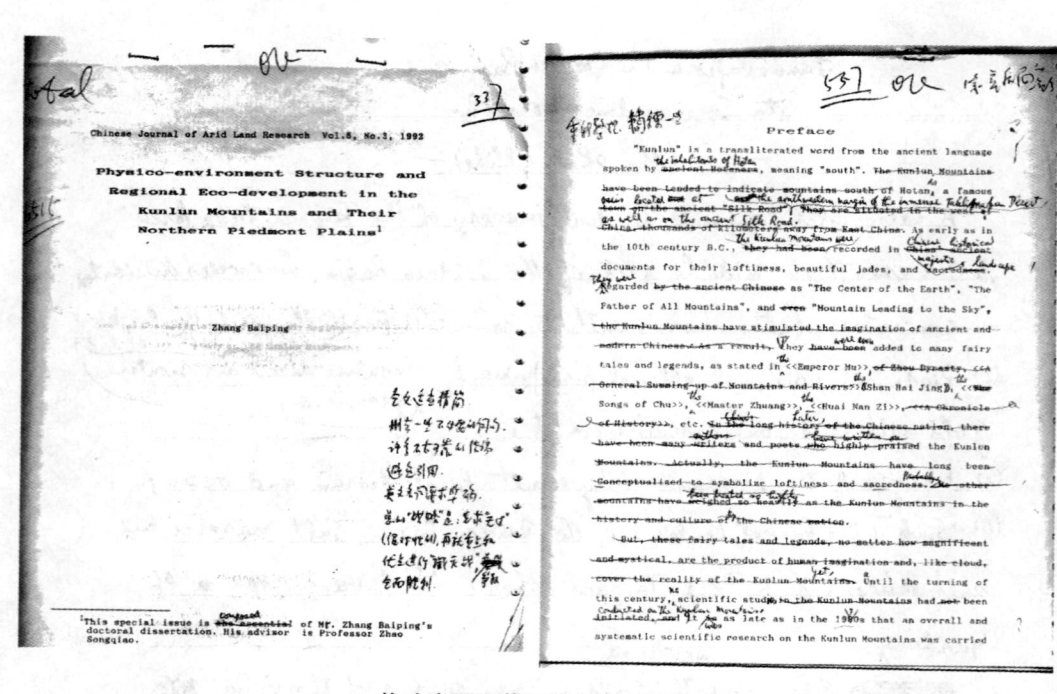

修改张百平英文博士论文手迹

附录三 赵松乔手稿（节选）

初访台湾
地理篇

台湾和大陆隔台湾海峡一衣带水，同是一个中国，同是炎黄子孙。又事近40年来，音息阻隔，彼此缺乏了解。今年6月10-25日，我以大陆"傑出人士"的身份，首次被邀访台半个月。历时虽短，野外实地考察更只有4天，但是，"百闻不如一见"，对我了解台湾帮助很大；特别是有幸会见许多台湾第一流学者，接触到许多第一手科学资料，有幸跟访问许多他们农、土、林、地保护等方面机构，学习到不少新的知识，留下了深刻的印象。

太平洋上的大门（地理）

通过这次大陆一香港一台湾的往返旅行和资料整理，进一步体会到台湾是中国在太平洋上的大门，而大陆是台湾的巩固后方，两者息息相依，不可分离。

包括台湾海峡在内的中国近海，基本上是大陆架上的"缘海"，水深一般不到200米。例如台

"初访台湾" 手稿

附录四 赵松乔文稿（节选）

TITLE

Geographic Regions of China:
Their Component Factors and Chief Characteristics

AUTHOR'S NAME

Sung-chiao Chao

A DISSERTATION

submitted to the Faculty of Clark University, Worcester, Massachusetts, in partial fulfillment of the requirements for the degree of Doctor of Philosophy in the Department of Geography
and accepted on the recommendation of

Walter E. Ekblaw
CHIEF INSTRUCTOR

博士论文扉页

Acknowledgement

The writer wishes to express his gratitude to National Chekiang University, Hangchow, China, where he received his previous training as a geographer, and to the State Department of the United States, whose kind invitation and financial support make his study in this country possible. He appreciates also the warm comradeship and constant help from the librarians and his fellow students in Clark University. He owes a great deal to the whole staff of the Graduate School of Geography for enlightening instruction and personal interest. He is especially indebted to Dr. Walter E. Ekblaw, whose untiring and inspiring supervision illuminates the present dissertation.

Sung-chiao Chao

April, 1948

质朴坚毅——地理学家赵松乔

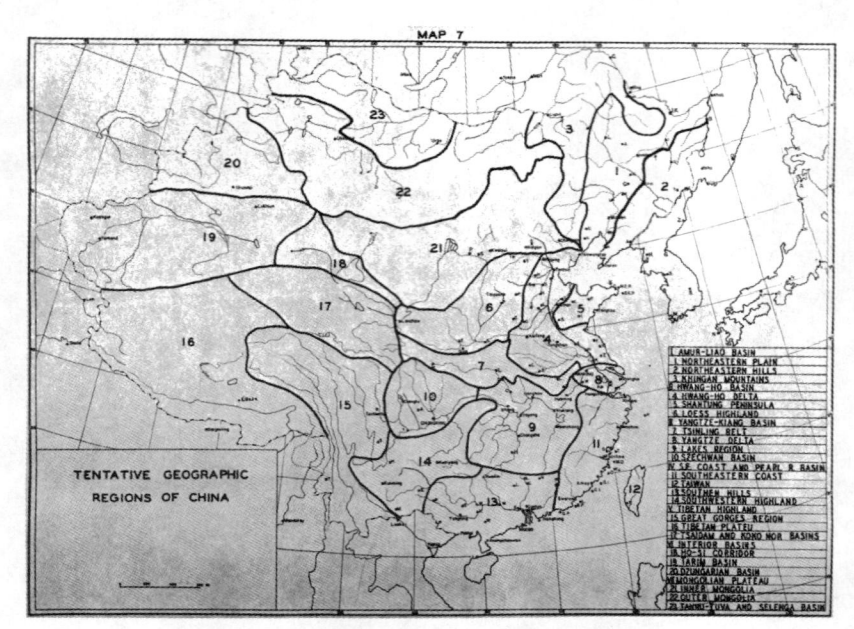

博士论文"中国地理区域"附图（1948）

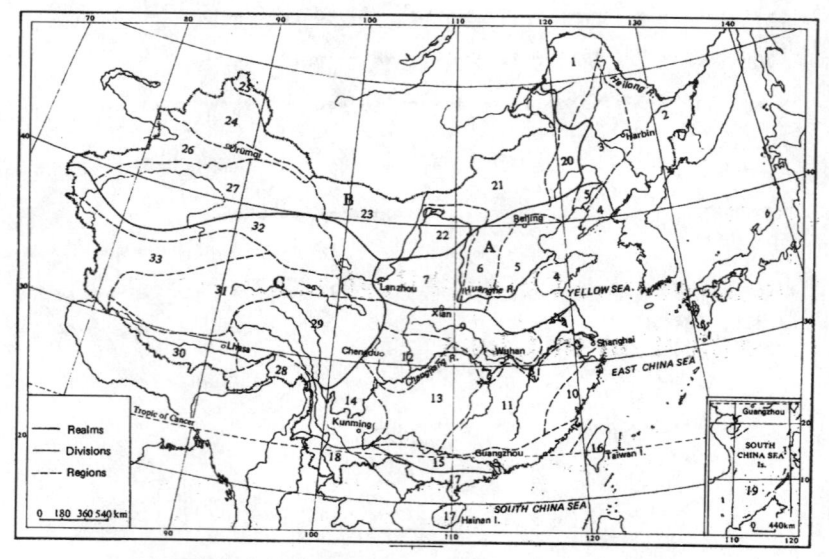

"中国综合自然地理区划的一个新方案"附图（1983）

译著《地理学性质的透视》之"译者前记"

Acknowledgements

I wish to express my deep gratitude to the Science Press and John Wiley & Sons Inc., whose joint sponsorship makes this publication possible. I am especially grateful to Mr. Yao Suihan, Geography Editor of the Science Press, and Miss Katie Vignery, Geography Editor of John Wiley & Sons Inc., for their excellent and laborious editorship. At the same time, I must pay homage to Professor Huang Bingwei, Director of Institute of Geography, Chinese Academy of Sciences, and President of the Geographical Society of China, for his support and encouragement in writing this textbook.

I also wish to thank my 45 colleagues in the writing of the Chinese edition of *Physical Geography of China: General Survey*, from which the basic scientific data for this English edition have been freely drawn. The list is too lengthy to include all their names and contributions; yet, Professor Lin Chao (Peking University) must be particularly mentioned here for his good advice in devising the scheme for China's comprehensive physical regionalization as well as in preparing the chapter on North China. Contributions of Professors Xing Jiaming on geomorphology, Wang Dehui on climatology, Xiong Yi and Tang Qicheng on water resources, Huang Rongjin on soil geography, Wang Hesheng and Zhang Rongzu on biogeography, Jing Guihe on Northeast China, Sun Jinzhu on Nei Mongol, and Zheng Du on the Qinghai-Xizang Plateau, are also affectionately remembered. I should again thank Dr. Christopher L. Salter (University of California at Los Angeles), Dr. Clifton Pannell (University of Georgia), Dr. Edward Derbyshire (University of Keele) and Mr. Richard W. Cooper (Beijing Language Institute) for constructively reviewing and revising the manuscript.

I am also grateful to all the people who have helped to draw maps, to type the manuscript and finally to all who have put this textbook into print. Special thanks are due to Mr. Duanmu Jie for his able designing of all figures and to Qian Jinkai and Shi Zuhui for their topography map of China, and to Huang Xuan, Li Huiguo and Zhang Shengkai for their composite falsecolor Landsat imageries.

Physical Geography of China · "致谢" (1986)

Acknowledgments

I wish to express my deep gratitude to the Weber State University, the University of Utah, and Texas Tech University for inviting me to visit the United States from May 31, 1991, to September 30, 1992. I am also extremely grateful to my uncle, President Tewu Wong (United Daily News) for giving me financial support. All this help made writing this book possible. I am especially obliged to Professor Harold E. Dregne (Texas Tech University) and Dean Cyrus M. McKell (Weber State University) for writing the Foreword and the Preface, respectively, for the book. The University of Hawaii at Manoa kindly gave me a chance to lecture on my manuscript of this book during the 1992 Summer Session.

I must pay homage to President Bradford Wiley (John Wiley & Sons, Inc.) for his support and encouragement for writing this book. Barry Harmon, geography editor, and his colleagues at John Wiley & Sons have worked laboriously in its editing and publishing. I should also thank Professor Ka Lu Fung (University of Saskatchewan), Professor Ronald G. Knapp (SUNY College at New Paltz), Professor David Nemeth (University of Toledo), Professor Clifton W. Pannell (University of Georgia), Professor Roger M. Selya (University of Cincinnati), and Professor Jack F. Williams (Michigan State

In preparing my manuscript, I have drawn scientific data and figures freely from my previous book, *Physical Geography of China* (in English, published jointly by John Wiley and Science Press) which, in turn, drew freely from my still earlier publication, *Physical Geography of China: General Survey* (in Chinese, published by Science Press). I have also received help from Professor Lu Dadao (Chinese Academy of Sciences) in writing the chapter on modern industry, from Professor Yeh Shunzhang (Chinese Academy of Sciences) and Professor Sen-dou Chang (University of Hawaii at Manoa) in preparing the chapter on urban development, from Dr. Liu Weidong (East China Normal University) in preparing the chapter on central China, and from Professor Su Yingping (Chinese Academy of Sciences) and Mr. Lang Deng (University of Utah) in drawing a couple of figures. To all these publishers and colleagues, I am grateful. Finally, I appreciate with affection the numerous services (including computer word processing work) by my wife Xiaoyou Zhu and daughter Xuyun Zhao, son-in-law Baocai Zhang, and granddaughter Tianyi Zhang.

Zhao Songqiao (Sung-chiao Chao)

Geography of China · "致谢" (1994)

DESERT LANDS OF CHINA

ICASALS PUBLICATION NO. 81-1

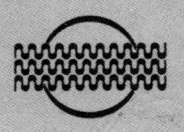

INTERNATIONAL CENTER
FOR ARID and SEMI-ARID LAND STUDIES
Texas Tech University
Lubbock, Texas
1981

Desert Lands of China（《中国沙漠》）的封面

重读《瀚海盆地》——怀念叶良辅师

追忆抗日战争期间，敌军从沿海向内地步步进迫，母校浙江大学屡屡西迁——从杭州而建德，而泰和，而宜山，1940年定居遵义和湄潭，直到1946年抗战胜利后才重返杭州。在这一段峥嵘的岁月里，烽火连天，家国破残，物质生活异常困苦，图书数据尤为缺少。但是，绝大部分浙大师生，斗志昂扬，意气风发，在颠沛流离之中，弦歌之声不断，又多次奔赴抗日战场，为救亡工作而努力。

1943年5月，叶良辅教授的《瀚海盆地》一书，就在这种环境中，由浙大史地教育室出版，对当时全国文化界，特别是浙大史地系师生，无疑是雪中送炭，起到了巨大的有益作用。虽限于物质条件，印刷并不精美，内容也主要是对美国中亚调查队《蒙古之地质》一书（C. P. Berky and E. K. Morris, 1937: *Geology of Mongolia*）的评述，但在当时，这是为数极为有限的科技出版物之一，蔚为极其重要的地质学和地貌学教材，并使身居丛山之中的青年师生，仍能放眼全国，面向世界。我自己是当时浙大史地系研究生兼助教，就得益于该书不浅，可说是此后几十年干旱区研究工作的启蒙教育。

1951年夏，我首次进入蒙古高原，亲身体会和验证了《瀚海盆地》一书的卓越论述，主要有：

1. 该书引用的："瀚海非海，风沙漠漠阴山外"；"以沙飞若浪，人马相失若沉，视犹海然，非真有水之海也"；"明永乐帝过兴和时，谓其臣曰，汝观地势，远见如高阜，至即又平也"等，把"瀚海"（蒙古高原）的宏观地貌，描写得栩栩如生。

2. 对几个准平面作精辟的分析和评述,其中"杭爱准平面"主要带状分布于蒙古高原上的蚀平山脊;蒙古准平面即是广阔而坦荡的高原面,蒙语称为"他干";"戈壁蚀面"则是蒙古高原中部的局部窄地,蒙语称为"蒙透干"。

3. 对几个特殊地质、地貌剖面的精详记录,特别是从张家口—万金—滂江—二连—库伦(乌兰巴托)沿线的描述,无疑是一个极好的科学导游。

4. 对主要的地貌类型(盆地、山岳、高平原、沙地)的综述,勾画出蒙古高原的地貌轮廓。

5. 对气候变迁进行初步探讨。

这些科学内容,都构成了我认识蒙古高原的基础。之后,我多次在蒙古高原上考察,差不多到过内蒙古自治区的每个旗(县)以及中蒙边界的大部分地方,《瀚海盆地》一书均成为不可缺少的基本参考书。1951年我在《地理知识》发表的"从北京到贝子庙"一文(2卷12期),以及1953年在《地理学报》刊出的"察北、察盟及锡盟———一个农牧过渡地区的经济地理调查"(19卷1期),虽然主要讨论人文地理现象,却以《瀚海盆地》所论述的地质、地貌条件作为背景和骨架。1954年出版的《内蒙古自治区》,1958年的《内蒙古自治区农牧业生产配置问题的初步研究》(科学出版社)等书以及在《地理学报》发表的"内蒙古自治区的地形条件在土地利用上的评价"一文(24卷3期),均大量引用了《瀚海盆地》中的资料。甚至最近出版的《中国自然地理·总论》(科学出版社,1985),其中有关内蒙古地貌的阐述,也主要基础于该书的论述。

叶良辅教授治学严谨,特别强调野外考察,也重视资料整理分析。《瀚海盆地》序言中就指出:"研究地学,重在视察,而实地视察,是在工作,一步不到,一步不明。如果能步步走到,而所得亦未必一定满意。"换句话说,野外考察是基础,而资料整理分析是提高,两者相辅相成,缺一不可。所以,叶师对学生们的野外实习及其报告撰写,都抓得很紧,差不多每个历史地质学班的学生，都曾跑遍了贵州高原的西北部，并做出相应的报告。叶师自己在青年时期，曾因野外工作和室内著述劳累过度，引起咯血重病，长期不能去野外，对此，他极为遗憾。记得1944年初夏，叶师不顾病老之身，毅然决定亲自带领三、四年级学生去贵州高原西部做一次野外考察，不料风云突变，高原上竟然在5月中旬飘起鹅毛大雪，地面积雪盈尺，室内温度骤降到零度以下，以至于叶师严重感冒，咳嗽不停，几乎酿成重病，我当时担任他的助教，急得似热锅上的蚂蚁。

叶师对教学是非常严格的。每次上课之前，必定进行认真准备。每次考试，也都是十分认真的。特别是历史地质学的期终考试，学生们必须能背出几百个地层和化石的名称，往往考得浑身大汗。1944年一个学期，叶师曾一度失音，他命我代授普通地质学这门课，在病榻中，他仍严格帮我备课，几乎要每备上三四个小时，才能讲授一课。这也是叶师对我进行严格训练的一种方式，让我体会到"学然后不知足，教而后知困"的滋味。

叶师反对保守学术观点，主张"开放"，学习外国人的优点。他的英文水平是很高的，并常为我讲述他自己在美国学习的经验。1946年至1948年我去美国学习时，他还一直通信指导。

叶良辅教授清风亮节，刚正不阿，痛恨国民党政府的腐败无能，对坏人坏事绝不姑息。他对青年学生则爱护备至，不但关心他们的学习，还体贴他们的生活。在抗日战争时期，大部分学生依靠微薄的"贷金"维持生活，每顿能吃上两小碗粗饭，并有一小撮盐调味，就很满足了。就是助教和研究生们，也过着"颜回式"的寒酸生活，脸黄肌瘦的。叶师对此深为痛心。记得1944年，叶师和师母就对浙大史地系的助教和研究生们实行"包伙"，让大家吃饱，有足够的营养。据说叶师撰写《瀚海盆地》一书所得的稿费，就大部分补贴给这种"包伙"。

叶师在浙大史地系11年（1938~1949年），也正是我在浙大史地系的11年（包括在美国留学的2年），不论我是大学生、研究生、助教、讲师或副教授，叶师都对我谆谆教诲，爱护备至。记得1949年夏，我最后离开浙大，向叶师拜辞，他默默含悲，依依惜别，不料这竟成永诀，真令我饮恨终身。

最近，我为中国自然资源研究会干旱区委员会以及兰州大学干旱区研究中心进行"我国干旱区研究的进展"之总结，再一次重读《瀚海盆地》一书。再一次感到该书言论正确，内容翔实，并是实地考察基础上的第一手资料。无疑，它是我国干旱区研究的奠基工作之一，我自己尤其应该饮水思源，感谢叶师对我的栽培和引导。

叶良辅教授逝世忽已40年了，但他那慈祥高大的形象，将永远铭刻在我们的心中。

1988年11月于北京

（原载《叶良辅与地貌学》，浙江大学出版社，421～424页，1989年10月。）

缅怀恩师张其昀教授逝世十周年

　　46年前，在烽火连天的日子里，在万分无奈的心情下，我送别恩师于杭州车站。原以为不久即可重逢，不料海峡两岸长期乌云翻滚，道路阻塞，此行竟成永别，令人悲痛欲绝。

　　17年前，大陆开始实行改革开放政策，我多次获准出国讲学或参加学术会议，得以邂逅镜湖师弟，代向恩师请安，但始终无缘面谒。

　　5年前，恩师仙逝已5载，海峡两岸文化交流通道首次开了一条"门缝"，我才得以"大陆杰出学者"身份，访问宝岛两周，从而瞻仰恩师遗容并在墓前默哀，但历时太短，又得匆匆拜别。

　　今年是恩师逝世10周年纪念，适逢海峡两岸文化交流之门比较敞开，我获准来恩师亲自缔造的台湾文化大学担任客座教授半年。教课之余，通读了恩师近几十年的浩瀚著作，并得经常徜徉于晓园的翠柏繁花之中。面对宝岛的青山绿水，背枕花港的幢幢高楼，彷佛显现恩师生前高大而亲切的形象。恩师毕生勤恳治学，君子为人，立德、立功、立言，俱成就卓著，英灵自是永垂不朽。

　　追忆57年前初秋的一个下午，我刚考入浙江大学（当时内迁至广西宜山）史地系不久，恩师本着大教育家热忱培养后进的宏愿，命我随行至寓所，作长达4小时的谆谆教诲，主要内容在于"立志"和治学之道。下列几点我尤为铭刻在心，终生不忘。

　　（1）必须毕生勤恳治学和工作，不得稍有懈怠之心；并应做到"但问耕耘，不问收获"。

　　（2）努力发扬浙东学派"经世致用"的精神，以科学和教育救中国，并为全人类服务。

(3) 治地理学必须"读万卷书,行万里路",自然和人文相结合,必能像蜜蜂一样,采百花酿为蜜。

(4) "空间"(地理学)与"时间"(历史学)必须密切结合,相互依存,相互促进。

(5) 读书必须苦学和深思相结合,要勤于分类做札记和搜集资料。

恩师以身作则,当时即以积累 40 大木箱的札记和科学资料,并在极其困难的条件下,辗转随身携带。

此后大学生 4 年和硕士研究生 3 年,我均在恩师亲自指导之下。恩师命我"通才"教育和"专才"教育并进,既广泛修学高等数学、高等化学、历史、地质学等自然科学课程,以及哲学、政治学、经济学、逻辑学、中国文学等社会、人文课程。又几乎全部修习地理系、历史系和外文系的主要课程。在"专才"教育方面,则着重钻研人文地理、历史地理、中国地理及东南亚地理等专业。因此,台湾光复之初,我刚获硕士学位并提升为讲师,恩师曾有意派我来台工作,并较大规模开展东南亚地理研究;但适逢美国国务院邀请出国进修 2 年,不果行。其后不久,我获克拉克大学博士学位,返浙江大学任副教授,恩师即指派我担任 5 门课程的教席,而以接班任教"中国地理"这门必修课程为重点。

之后,大陆政局发生翻天覆地的动荡,带来教学研究机构和个人处境的剧变。过去以综合性大学著称于世的浙江大学被调整为纯工科大学,恩师艰苦创业的史地系和史地研究所等机构,随之灰飞烟灭。我个人也被改派到中国科学院地理研究所工作,研究重点从人文地理学转向自然地理学,主要研究地区也从东南亚湿热地区改为西北干旱地区。所幸"中国地理"研究方向尚能锲而不舍。并因工作需要,半个世纪以来,几乎踏遍祖国的山山水水,"自然"和"人文"以及"空间"和"时间"也能较好融会贯通。因此我在 10 年以前即能在祖国大陆和美国分别出版《中国自然地理》这部专著的中文版和英文版；去年结合出国讲学需要，又在美国出版《中国地理：环境、资源、人口和发展》这部综合性专著的英文版。饮水思源，这都是恩师多年苦心培育的成果；计划明后年能完成该书的中文版，敬呈献恩师在天之灵。

国内外都公认：恩师是中国现代地理学创始人之一。恩师25岁时即以编著《高中本国地理》一书震惊全国。该书以生花之笔，将祖国辽阔疆域划分为23个自然区域，每区各成一章，"以山川风物之提要贯其首，而以人地关系之结论殿其后"，各区一派"人杰地灵"的景象均跃然纸上，令人爱国之心油然而生。这可说既是科学巨著，又是文学创作，从而奠立了中国区域地理学的基础。"九一八"事变前后，恩师又以青年教授的身份，在当时历史条件极为艰苦的情况下，实地考察东北地区和西北地方，对祖国广大边疆地区的山川形势、历史演变、民族风貌、经济发展以及军事国防等等方面均作深入的科学分析，并大声疾呼，唤起民众，进行爱国主义教育，可说是中国人文地理学和边疆研究的开创。同一时期，恩师在受命实地考察浙江省名胜古迹之后，对该省"千岩竞秀，万壑争流"以及"云山千里，松竹万家"等等雄丽景色，作出全面而细致的刻画和分析，不愧为现代旅游地理学的先驱。恩师从36岁迄49岁，有艰苦创办浙江大学史地系、史地研究所等学术机构，以及《思想与时代》等学术刊物，为中华民族培育英才，厥功甚伟。不少当时毕业于浙江大学史地系和史地研究所的地理学家和历史学家，迄今仍活跃于太平洋沿岸和海峡两岸，肩负重大科研和教育任务。

之后几十年，恩师来宝岛担任重要行政工作，无暇再对地理学多作重大贡献；但是这无损于恩师在地理学界业已树立的崇高地位。恩师又始终坚持勤恳治学和工作，虽在百忙之中，学术论文和专著仍源源大量涌现，对历史学和哲学尤多创见和贡献。以孔子学说为核心的《中华五千年史》，虽尚未全部完稿，自是不朽之作。"真、善、美、圣"之教，比之过往单纯"真、善、美"的追求，自是更上一层楼。华冈兴学，白手起家，更是恩师在教育事业的最大成就。百年树人，功德无量，其广度和高度尚远在浙江大学史地系和史地研究所之上；后两者实际上亦得以依附台湾文化大学而获得新生。

太史公赞孔子曰："高山仰止，景行行止，虽不能至，然心向往之。"这也是我此刻怀念恩师逝世 10 周年的心情。

（原载台湾文化大学《华夏导报》，1989 年 8 月 24 日，第七版；又载《张其昀先生百年诞辰纪念文集》，台北，台湾文化大学，243～247 页，2000 年。）

求是精神
——缅怀竺可桢师的教诲

  竺可桢教授是中国现代地理学和气象学的奠基者，又是卓越的教育家和社会活动家。他倡导科学研究和为人之道必须具有求是精神。而"求是"就是追求真理，忠于真理；就是"博学之，审问之，慎思之，笃行之"；就是"不盲从，不苟同，不附和，不武断，不专横"。1936~1949年，他担任浙江大学校长，即以"求是"作为校训，以此勉励师生，他自己也身体力行。从1950年迄1974年2月7日逝世，他又担任中国科学院副院长，在组织领导社会主义祖国建设和科学事业中贯彻求是精神，他在"立德、立功、立言"等方面都作出了杰出贡献。

  我有幸追随竺老36年。1938~1949年先后作为大学生、助教兼研究生、讲师（包括派往美国进修期间）以至副教授，一直亲炙竺老门下；1950~1974年，又作为高级研究人员一直在竺老领导下进行科研工作。因此，自己虽然不争气，辜负了竺老的殷切期望，但是身受竺老熏陶培育之恩甚重，求是精神尤为铭刻心中。兹值竺老百岁诞辰之际，缅怀竺可桢师多年谆谆教导，不胜感愧交迸。

一、实地考察

  求是精神在地学研究工作中，特别强调野外考察。竺老再三教导我：大自然是地学的实验室，必须反复进行实地考察，才能达到了解自然、改造自然的目的。竺老对那些终年闭门枯坐的所谓"太师椅地理学家"（armchair geographer）表现出很大的蔑视。

早在抗日战争期间，竺老对浙江大学史地系师生们在广西宜山附近石灰岩地区，以及贵州遵义附近贵州高原北部地区所做的野外实地考察工作，予以很大的鼓励和支持。记得1944年日军侵入贵州境内，整个国民党统治区濒临土崩瓦解之势，竺老即曾紧急召见我，询问黔北的山川形势和民情风俗，作为对日进行游击战的准备。

1948年秋，我从美国返回杭州，担任浙江大学史地系副教授。除了教课之外，竺老给我的第一项任务就是实地调查研究浙江大学在钱塘江南岸的湘湖农场，做出合理土地利用的规划。接着竺老又命我对杭州市的土地利用以及浙赣铁路沿线的旅游资源进行实地考察。此外，竺老时常利用假期，约我对杭州附近的山山水水，共同进行考察和游览。

解放后，为了合理利用我国自然条件和自然资源，加速社会主义建设，竺老倾注很大精力于领导我国自然资源的实地考察工作。他兼任中国科学院自然资源综合考察委员会主任，先后组织了华南热带资源、黄河中游水土保持、治沙、南水北调，以及黑龙江、新疆、甘肃、青海、宁夏、内蒙古、西藏等省（区）的综合考察。竺老时常不顾年老体弱，深入现场指导工作，足迹几乎遍及全国。与我直接相关的是治沙队。1959年年初出队时，竺老亲自发出"向沙漠进军"的号召，当年在民勤举行的现场会议以及在乌鲁木齐召开的西北六省（区）治沙会议也均由竺老亲临指导。之后，迄1965年治沙队初步告一段落，竺老便常来治沙队现场指导工作。记得我提出改造利用我国沙漠："中间（指磴口—沙坡头—民勤沿线的乌兰布和沙漠及腾格里沙漠）突破，两头（指东边的内蒙古诸沙漠以及西边的新疆、甘肃诸沙漠）开花"的设想，就获得竺老赞许。1965年竺老以76岁高龄，进行一生中最后一次野外考察，主要目的也就是检查河西走廊的治沙工作。

二、基础研究

求是精神在科学研究中另一个重要方面就是重视基础研究。竺老一生在科学研究中，气候变迁和物候学是用力最多、成就最大的两个领域，都属于基础科学范畴。竺老曾多次教导我：要搞好基础研究，才谈得上实际应用。譬如栽培植物，要根深叶茂，才能很好地开花结果。竺老反对夸夸其谈，片面强调"胜利果实"；也反对哗众取宠，片面夸大事物的阴暗面。

记得 1962 年春，敦煌莫高窟（千佛洞）的一些治沙工作者，仅根据两三个月的风沙移动观测资料，就发出"30 年内鸣沙山和三危山将东移埋压莫高窟"的危急讯号，引起中央领导重视，当时我受命处理这一个问题，我从两个基本事实否定了这个耸人听闻的"警告"：（1）鸣沙山及三危山的地表虽有不同厚度的浮沙，但其基底都是岩石，在数十年、数百年乃至数千年内不会整体向东移动；（2）当地是东西风过渡带，两者大致势均力敌，而以东风略占优势。因此，流沙基本上是"向上"移动，形成了金字塔形高大沙丘，并可能略向西迁，不会东移。因此，我敢于保证 300 年乃至 3000 年内，鸣沙山及三危山不致向东埋压莫高窟，那些花费几百乃至几千万元的"治沙计划"，以及莫高窟全部搬迁方案，完全是没有必要的。当然，有需要消除上方平台的浮沙，主要措施就是把莫高窟建筑的屋顶坡度加大到 33°~35°以上（干沙的休止角），使浮沙能从屋顶滑落，再加清扫。这个建议，形似过分"简单"和"大胆"，有些领导且喜且忧，一时不敢接受。幸而有竺老从风沙移动规律等基础理论上加以解释，才得到支持和通过。1965 年竺老最后一次野外考察期间，曾对这项基础研究成果予以实地检验。

三、经世致用

竺老继承浙东历史学派"经世致用"的优良传统,讲究科研成果的实际应用,这也是求是精神的一个重要方面。因此,抗日战争胜利后,在杭州重建浙大校园,许多重要建筑就以一些著名的浙东历史学家命名,例如梨洲馆、船山馆等等。

农业气候学也是竺老重要专业方向之一。早在1922年和1936年,竺老就曾分别发表"气象与农业之关系"和"气候与人生及其他生物的关系"两文。解放后,竺老特别重视农业气象和农业气候工作,提出"地理学主要为农业服务"的主张。1961年发表的"论我国气候的若干特点及其与粮食作物生产的关系"一文,更得到毛主席的称许。该文重点论述了光能在作物产量形成中的作用,分析温度和降水对粮食作物的影响,并对这些分析进行综合,从而指出我国农业生产还有很大潜力,以及为发挥这些潜力所应采取的途径。

自然区划工作又是竺老重要贡献之一。他再三强调,经营农业必须因地制宜,不同地区农业土地利用方向,以及提高产量所需要采取途径也各不相同。早在1930年,竺老就发表开创性的"中国气候区域论"一文。1958年他又发表"中国亚热带"一文,在理论上和生产上都很有用。近年,我在中国自然地理和自然区划的总结工作中,基本上就是遵照竺老这些论点而进行的。

四、科学与民主

"五四"运动所提倡的"德先生"(民主,democracy)和"赛先生"(科学,science)也是求是精神在现代社会的两个重要内容。竺老身体力行，作出了很大的贡献。

竺老提倡民主，反对专制。在他担任浙江大学校长期间，始终不渝地反对和抵制国民党反动派势力进入学校。1942年1月，浙大学生在遵义集会，爆发了"倒孔（祥熙）运动"，竺老亲自走在游行队伍的前列，从而避免了反动军队蓄谋已久的机关枪扫射。1947年11月，浙大学生自治会主席于子三在杭州监狱遇害（谎称"自杀"），竺老不畏强暴，大声抗议。记得当时我还在美国进修，竺老不顾反动派邮局的严厉检查，给我的信中除简述事实经过以外，还赫然画上一个半页纸大的"？"。中华人民共和国成立后，在"四人帮"横行期间，竺老也以老病之身，坚持原则，不惑不随，还时常仗义执言，保护了不少优秀知识分子。

竺老提倡科学，反对愚昧，对那些妄图控制思想，盲目破坏自然的种种行径，尤为深恶痛绝。在学术作风上，竺老也是洵洵儒者，虚怀若谷，对后学谆谆善诱，与那些学阀、学霸们不啻天壤之别！

总之，竺老不仅追求真理，并且忠于真理，是求是精神的倡导人，是我们学习的好榜样。

（原载《地理科学》，10卷1期，6~8页，1990年2月。）

附录五 缅怀赵松乔先生文稿（节选）

Developing the Arid Regions of China:
A Tribute to Zhao Songqiao

by H. E. Dregne

(Director, International Center for Arid and Semi-Arid Land Studies)

As a world-famous physical geographer, Professor Zhao Songqiao was intimately acquainted with the opportunities and the problems of living in the arid regions. His extensive travels in, especially, Gansu Province, Inner Mongolia Autonomous Region, Ningxia Hui Autonomous Region and Xinjiang Uygur Autonomous Region exposed him to the fascinating character of the drylands. He saw forbidding deserts exist next to prosperous oasis, where the only difference was water. And he also saw those forbidding deserts yield vast amounts of petroleum for the nation's industries, as well as minerals and precious ores. Perhaps Professor Zhao's most exhilarating experience was to participate in and describe the responses that people made to the challenges posed by deserts. He marvelled at the successful and sustained development of the Turpan oasis and its network of kanats that brought life-giving water to a furnace hot depression sitting below sea level in view of snow-covered mountains. He followed the route of endless streams of merchant caravans along the Silk Road, connecting the Middle Kingdom with Central Asia, Europe, India, Persian, and the Ottoman Empire. He participated in and guided the adaptive responses of farmers to new irrigated lands of the Hexi Corridor. And he took the pride in the role he had played in stabilizing the moving sand dunes that had plagued travel on the Baotou-Lanzhou railway at Shapotou. Out of that pioneering effort came the "checkerboard" pattern of fixing sand dunes in place using intersecting lines of dead vegetation at 1 meter intervals. Checkerboarding has been employed in recent years to protect the first highway to cross the Taklimakan Desert as well as communication routes in China and other countries.

Desertification

Desertification is a term that has come into wide use since the 1977 Conference on Desertification in Nairobi, Kenya. Several definitions of the term have been proposed. At the 1992 United Nations Conference on Environment and Development in Rio de Janeiro, Brazil, delegates adopted the following definition (Darkoh, 1994):

Desertification is land degradation in arid, semi-arid, and subhumid areas resulting from various factors including climate variations and human activities.

Desertification is the general name for several land degradation processes that affect arid lands. These proceses include vegetation on rangelands and water erosion, wind erosion, salinization, waterlogging, and soil compaction.

In China, most land degradation control has consisted of efforts to control wind erosion (Zhao, 1985). Virtually all of the research conducted at the Institute of Desert Research of the Chinese Academy of Sciences in Lanzhou has been wind erosion research. The Institute has become famous for the field methods it has devised to stabilize sand dunes in hyperarid, arid, and semiarid regions of China. Much of the field research has been done in southern and eastern Inner Mongolia, northern

Shaanxi, western Ningxia, and in the Hexi Corridor of Gansu Province. The Institute operates a large wind tunnel at its laboratories in Lanzhou.

More recently, at the urging of Professor Zhao Songqiao, the Institute has begun to look at other desertification processes of importance to China's environment. Vegetation degradation of rangelands apparently is prevalent in most grazing lands (National Academy of Science, 1992) and so is salinization of irrigated lands (Dregne et al., 1996). Zhao (1993) has described a large number of natural hazards (wind erosion, salinity, drought, earthquakes, etc.) that are present in northwest China. Some of the hazards are aggravated by human activities, and these are the ones that can be changed.

Over-development of scarce water supplies for irrigation has caused extensive problem of water shortages and salinization in the lower sections of several river irrigation systems in Xinjiang, especially on the edges of the Tarim Basin, and in the Hexi Corridor. Expansion of irrigation to higher points along the rivers has led to there being not enough water left to adequately irrigate the lower (and older) irrigated lands. (Zhao, 1993)

Little has been published on water erosion as a part of the desertification process in northwest China. Waste erosion is extensive and severe in the northern part of Loess Plateau in Shaanxi Province, where the climate is semiarid and dry subhumid. Water erosion also damages lands in the wheat-growing areas of central Inner Mongolia, the hilly croplands of eastern Gansu and Qinghai province, and along the over-grazed foothills of the mountains throughout northwestern China. Even less is known about the importance of soil compaction, which may reduce soil productivity in irrigated lands, especially.

Evidence exists that another form of desertification occurs in the northwest. Open-pit coal mines in the "Golden Triangle" where the provinces of Shanxi and Shaanxi and the Inner Mongolia Autonomous Region meet, are numerous and the residues of the mining process pollute the soil in and around the pits (Zhao, 1993). Heavy metals in liquid wastes and smoke are polluting air and soil around the industrial areas such as Baotou, Lanzhou, the middle Hexi Corridor, and Urumqi (Zhao, 1989). The land area affected directly by these deadly pollutants is small but the off-site impacts on water quality and human health probably are significant.

De-desertification

Professor Zhao coined his own term for the process of economic development of the arid regions: de-desertification. By this, he meant both the reversal of desertification and the establishment of "oases" of sustainable development that are appropriate for the dry conditions of the deserts. Optimally, the oases would be a combination of agricultural, industrial, and commercial land use. Environmental resource conservation must be a major consideration in the development process. Businesses that degrade the air, land, and water resources are unacceptable. The arid environment is a fragile environment in that it is easy to destroy desert ecosystems but difficult to restore them.

The best arid land development for agriculture is to select the most favorable local areas with excellent land and water resources and turn them into well-managed irrigated oases. China has many well-managed oases in the arid northwest but it also has many that are badly affected by salinity. A second, but more hazardous type of land development is rainfed farming. This type of land use has spread from the humid zones into the subhumid and semiarid zones of northwest China, particularly in southern and eastern Inner Mongolia and in northern Shaanxi province. Rainfed cropland in the 250 to 400 mm precipitation zone is a risky enterprise because of low and unreliable rains as well as frequent droughts. Pastoralism has the potential to be reasonably stable and profitable if the grazing lands are productive and population density is low. Pastoralism is an extensive activity of low economic value on a unit area basis, compared to either irrigated or raifed agriculture.

Stable and prosperous communities (oases) generally are those where there is a variety of economic enterprises that offer support to agriculture or provide non-farm work opportunities. In the arid regions, off-farm businesses include primary industries (steelmaking factories, mining) and secondary industries (auto assembly plants, electric factories, tourism, commercial trade, government offices). The most desirable and sustainable industries are so-called "clean" industries (assembly plants, electronic works) that produce little waste material. Disposal of wastes (heavy metals, toxic chemicals, organic material, dust and smoke) is an important problem in arid regions because permanent rivers to dilute and safely carry away wastes are rare, soils are dry, and decomposition of organic materials is slow.

Communities relying solely on agricultural production, frequently have unstable economies because production and commodity prices can fluctuate widely from year to year. A protracted drought, for example, can devastate affected communities. Population increases commonly cause subdivision of land holdings and greater food demand from what usually is a finite resource. Excess farm labor, if any, may not be able to find jobs locally. Migration, either temporarily or permanently, then occurs as people must seek employment elsewhere. Agricultural industries such as processing and equipment manufacture can contribute much to the local employment opportunities and to a stabilization of the economy.

Irrigated Agriculture

China, as one of the world's oldest civilizations, has many examples of irrigated oases which have been sustained for at least 2000 years. Some of them, such as the

Ningxia Plain and the Back Elbow Plain on the Yellow River in Ningxia and Inner Mongolia, have serious salinity problems. Nevertheless, they continue to be productive. The oasis of Turpan in Xinjiang has thrived for perhaps 3000 years, developing for water on one small river flowing out of the Flaming Mountains and a large number of underground canals called kanats (karez). Turpan was a major trading station on the middle branch of the Silk Road. Today it remains important for the trading and tourism which supplements its production of raisins and other irrigated crops as well as industrial salts.

Many oases have been established over the centuries in the Hexi Corridor of Gansu province. Similar to Turpan, the string of oases from Wuwei on the east to the Anxi on the west was part of the Silk Road. It was at Anxi where the Road split into a southern and northern branch across the Xinjiang Uygur Autonomous Region, heading toward southwest Asia and Europe. Irrigation agriculture is the principal economic activity in the Corridor, using water from the several rivers that originate in the Qilian Mountain. Some of the rivers are overexploited, causing water shortages in the lower section of the streams, such as in Minqin. Industrial development is centered on mineral mining and refining and on steel-making in the middle part of the Corridor.

Southern Xinjiang is the site of dozens of old oases on the north, south, and west sides of the Tarim Basin, many of them bordering on the Taklimakan Desert. In northern Xinjiang there are both old (Hami) and new (Shihezi) oases. Shihezi is the focus of the extensive Manas Valley irrigation project on the north slope of the Tianshan. It is one of the number of new cities between Urumqi and Bole that utilize irrigation water from rivers beginning in the Tianshan. Petroleum production in Xinjiang is sure to stimulate the economy of many oases in an ever-increasing amount since Xinjiang has most of the known oil reserves in China Mainland.

The most important long-range threat to irrigation agriculture, globally, is salinization and waterlogging of soils. That is also true for China. Wind erosion and sand dune movement are comparatively minor although there are some oases in China that are, or could be, threatened by mobile sand dunes.

Rainfed Agriculture

De-desertification of rainfed cropland in arid China requires, mainly, control of wind erosion. There are two ways to bring about that control. One is to stop cultivating the land and changing it back to grazing land. The other choice is to continue cropping, but institute adequate control methods, such as planting windbreaks, strip-cropping, minimum tillage, or using emergency tillage methods, that will hold wind erosion to a minimum. On very sandy soils in semiarid climatic zones, it may be impossible to hold erosion to a tolerable level by any presently-known method that is economic to employ. In dry or drought years, there simply is not enough crop growth to control wind erosion on such sandy soils.

In China, the large dryland rainfed cropland areas lie in Inner Mongolia and Shaanxi. Water erosion is severe in the loess soils of Shaanxi Province and is a hazard on other sloping lands but sandy wind-eroded soils are the main desertification hazard. The problem sandy soils are found mainly in eastern and southern Inner Mongolia (e. g., Mu Us, Horqin, and Hulun Buir sandy lands). Rainfed cropping in the Inner Mongolia sandy lands has expanded and contracted over the years as droughts came and went and as government policies changed. An important cropland in central Inner Mongolia where water erosion, rather than wind erosion, can be severe is on the northern foothills of the Yinshan. Professor Zhao (1990) has described the desertification process and defined the conditions under which de-desertification (sustainable development) can occur in Inner Mongolia.

Inner Mongolia croplands are subject to a number of constraints on production aside from erosion. Growing seasons are short, rainfall is erratic and low and droughts are common, salts accumulate in depressions, soil fertility is low, poverty is widespread, transportation and communication are limited, and population growth is rapid. The basic productivity of the cropland can never be high, largely because of a short growing season and unreliable rainfall. As a grassland, however, its basic productivity is high.

Expansion of sand dunes in the Mu Us sandy lands on the Ordos Plateau in the north part of the big bend in the Yellow River has been a matter of concern for centuries. Once a rich grassland, large patches of wind-eroded cropland have appeared as governments promote the transformation of what are viewed as low-value grasslands into productive farmlands. In the process, formerly stable sand dunes have become mobile. Shifting sands are deposited on adjoining grassland, reducing productivity and further increasing susceptibility to wind erosion. The story is similar in the Horqin and Hulun Buir sandy lands of eastern Inner Mongolia.

Great effort has been made in the last forty years to combat the desertification process in the sandy croplands. For the worst conditions, changing poor croplands into good grasslands is the only way to control wind erosion and desert expansion. For less severe conditions, shelter belts (windbreaks) of trees and shrubs can provide protection to the sandy croplands, as can irrigation and intensive management practices that keep a complete or partial vegetative cover on the land during the windy season. Wind erosion control practices are similar throughout the Inner Mongolia sandy lands. Much desertification control has been done to help the de- desertification process and to use the land in accordance with its potential. Progress in threatened, however, by the increase in population and the consequent pressure to produce more food. Good grasslands are inviting targets of governments intent on expanding farmlands.

Growing conditions in the foothills of the Yin Mountains (Yinshan) are about the same as in the sandy lands. A major difference is that the medium textured foothill soils are on sloping land. Water erosion is the principal land degradation problem. Wind erosion is minor. The best solution there appears to be to restore the sloping lands to grass and to concentrate crop production on the flatter lowlands. Lowlands are more fertile and have better moisture relations than the uplands. Supplemental irrigation is possible in the lowlands, where groundwater supplies are better. In addition to more intensive land management, there is much opportunity to improve animal husbandry practices, modernize crop production, and introduce agricultural processing factories.

Pastoralism

Land degradation in grazing lands is, first of all, vegetation degradation. Water and wind erosion become problems only after the vegetative cover has been reduced or destroyed. Many Chinese rangeland scientists believe that the national grazing lands, from eastern Inner Mongolia to western Xinjiang, are overgrazed (National Academy of Science, 1992) and that the degradation process is rapid, accelerating, and caused by human intervention. The principal culprits are the extension of cropping and the overgrazing by domesticated animals (livestock). The result of extending cultivation is that grazing lands become smaller by the livestock numbers remain high, leading to further degradation.

There are many ways to increase grazing land productivity. Chinese scientists have experimented with fencing, seeding, fertilizing, burning, desalinization, construction of windbreaks, and insect and pest control. Much improvement is possible, once vegetation degradation has been halted.

Conclusions

Desertification, in the form of wind and water erosion of rainfed croplands, salinization of irrigated land, and overgrazing of rangelands, are widespread in the drylands of China. The most affected province and autonomous regions are Gansu, Inner Mongolia, Ningxia, and Xinjiang. Wind erosion is a particularly acute human-induced problem in Inner Mongolia. Salinization of irrigated land is a long-standing hazard in Ningxia and Inner Mongolia and has become important in recent years in Xinjiang. Vegetation degradation is believed to be common on nearly all rangelands in the dry regions.

De-desertification is the opposite of desertification. It refers to the development, on a sustainable basis, of the natural resources of drylands. For sustainable development, desertification must be controlled and reversed, where possible, and economic activity in an area must be of a kind that provides financial stability. De-desertification, then, is a process that harmonizes agricultural, pastoral, and industrial activity and the socioeconomic environment. It is a long, difficult process requiring commitment by governments and an understanding of people's needs and how to meet them.

References

Darkoh, M. B. K., Population, environment and sustainable development in Africa, *Desertification Control Bulletin*, 25: 20-33, 1994.

Dregne, H. E., Zhixun Xiong, and Siyu Xiong, Soil salinity in China, *Desertification Control Bulletin*, 1996.

National Academy of Sciences, *Grasslands and Grassland Science in Northern China*, National Research Council, Washington, D. C., 214p, 1992.

Zhao, Songqiao, Drifting sand hazard and its control in northwest arid China, *Annals of Arid Zone*, 24 (3): 180-190, 1985.

Zhao, Songqiao, Recent advances in Chinese arid lands researches, *Chinese Journal of Arid Land Research*, 2 (1): 15-25, 1989.

Zhao, Songqiao, The semi-arid land in eastern Inner Mongolia——An area of critical environmental change, *Chinese Journal of Arid Land Research*, 3 (3), 1990.

Zhao, Songqiao, Natural hazards and melioration in northwest arid China, *Chinese Journal of Arid Land Research*, 6 (2): 97-107, 1993.

(原载《赵松乔文集》，北京，科学出版社，iii~ix，1998年。)

Dr. Zhao Songqiao: In Remembrance

by Cyrus M. McKell

(Dean of Science, Prof. of Botany (Ret.), Weber State University)

"In Remembrance" is a fitting way for me to describe my precious memories about Dr. Zhao Songqiao, dear friend and colleague. His life and professional activities continue to be an inspiration and challenge for me to emulate. My objective in writing this short memorial is to share with Dr. Zhao's professional friends and family my great admiration and respect for his intellect, friendship and enthusiasm for work.

I am indebted to the American Association for the Advancement of Science (AAAS) for providing the opportunity to meet Dr. Zhao in 1982 at a symposium sponsored by the Committee on Arid Lands where Dr. Zhao participated as the head of a delegation from China. Subsequently, a reciprocal visit in 1983 to China was arranged through Dr. Zhao that focused on animal production. We visited the Agricultural University at Hohot, Inner Mongolia as well as animal production areas and large dairies. The following year, Dr. Zhao collaborated with the Chinese Association for Science and Technology in planning a visit of the AAAS Committee on Arid Lands to Western China. Dr. Zhao took us through Inner Mongolia, the Desert Institute at Lanzhou, shifting sand dunes of the Taklimakan Desert, ancient and modern cities along the old Silk Road, and oasis-making projects near Urumqi, the capital of Xinjiang Uygur Autonomous Region. The highlight of my visits to China was the 1994 Symposium in Yinchuan, Ningxia on "Rational Utilization of Natural Resources and Territorial Management of Arid Lands". The symposium was organized by a committee headed by Dr. Zhao and sponsored by the United Nations Environmental Programs and the Arid Lands Committee of the China Society of Natural Resources. Every place we visited Dr. Zhao was welcomed as a colleague and respected as a person of great wisdom.

In 1991-1992 Dr. Zhao was appointed a Visiting Professor of Geography in the College of Science at Weber State University. What a pleasure it was to co-teach a class with him on the "Geography of China" to public school teachers! His infectious enthusiasm and knowledge inspired each of the students to a greater understanding of China's lands and people. During the rest of the year Dr. Zhao labored intensively in preparing the manuscript for his book on "The Geography of China" that was published in 1994 by John Wiley and Sons Inc. of New York City. He asked me to review the text which reinforced my appreciation for Zhao's scholarly capability and broad perspective for the influences of land, climate and resources on China's history.

In 1993-1994, Weber State University again honored Dr. Zhao with a one-quarter visiting professor appointment. As in the previous appointment, I invited him to join with me in the 45 minute commute to the University. The highlight of each day was our conversations about history, resources, and plans for the future. In contrast with many professionals who look forward to retirement, Dr. Zhao enthusiastically discussed with me many ideas for projects to write, develop resources, and establish joint ventures. Every day the commute was far too short for us to explore all of the possibilities. His planning always involved assignments to carry out some task or communicate with people who would be suitable associates. Some examples of the kind of projects we planned were: a venture to use a new technology being developed by a Chemistry Professor at Weber State University to separate polluted oil from soil of refinery and soil-field spills, or to remove the asphaltic tar from tarsand deposits in China, to develop extensive plantings of Chinese Herbs at a farm in Inner Mongolia, and to collaborate on the translation/writing of a book on Chinese Herbal Medicine for popular use. I give these examples to illustrate the breadth and interest of Dr. Zhao in new and exciting applications of science. He was a man of great talents and interests. In all of my professional acquaintances, none have exceeded the capabilities of Professor Zhao Songqiao.

In retrospect, Dr. Zhao has left a legacy of exceptional students, loyal friends, and loving family who have benefitted from his friendship, his intellectual strength, his love for scholarship, and his dedication to principle. He is missed in so many ways. Wherever I look in my library and office I see reminders of my association with him that will last forever.

（原载《赵松乔文集》，北京，科学出版社，471~472页，1998年。）

Zhao's Impact on the Understanding of Chinese Geography in the U. S. A.

by Farouk El-Baz

(Director, Center for Remote Sensing, Boston University,
Boston MA 02215, USA)

My first encounter with Prof. Zhao Songqiao was in August 1978. I had arrived in Beijing as a member of a delegation of American desert experts; the first to visit the northwestern territories of China since 1949. The scientific mission was sponsored by the National Geographic Society in Washington DC, U. S. A. and the Institute of Geography of the Academy Sinica, Beijing, China.

I was the only geologist in the six-member delegation. Having emphasized the utilization of space photographs in the understanding of desert landforms, I took with me large prints of the Chinese deserts made from satellite images, particularly those of Landsat. During the first session to discuss details of the route of our month-long journey, I began to discuss the major features of the arid lands of northwestern China as illustrated in the Landsat multi-spectral images.

Prof. Zhao Songqiao was instantly inspired. I could see by his facial expressions and enthusiastic comments that he realized the value of the view from space, and the unique perspective that satellite images presented. As our first session ended, Prof. Zhao would suggest our cooperation in utilizing space photographs toward a better understanding of China's deserts. "You bring the pictures and interpret the geology", he said, "and after I learn to study the pictures, I can add the knowledge of geography." From that first encounter, I realized that Prof. Zhao Songqiao was a man of vision, with a compelling eagerness to expand his knowledge and the admirable self-confidence to learn unfamiliar things. This would be re-inforced from my association with him ever since.

On our train ride westward, I asked Prof. Zhao about the time of our reaching of the Gobi Desert. I was surprised by his response: "Of all people, I thought that you would know better!" He went on to explain that there is no such place name, and that in Chinese "gobi" means stony desert and "shamo" is sandy desert, and therefore, there are many gobi plains throughout the deserts of China. In his later writing, he would emphasize this fact to remedy the misconception that prevails in maps and publications in the West.

Prof. Zhao Songqiao has never forgotten that he greatly benefited from graduate study at Clark University in Worcester, Massachusetts. He kept in close touch with the Geography Department there, which he tried to visit on each of his return trips to the United States. If he was not able to do so, he would ask me to convey his regards to colleagues there.

One of his everlasting contributions was his willingness to lectures on the geography of China wherever he was able to find an academic audience. His lectures were always well illustrated by detailed maps and good photographs, and in later years by satellite images. A unique characteristic was his ability to interject historical or cultural anecdotes to illustrate a point, which made his lectures quite appealing.

His keen observational abilities allowed him to recognize the imprint of human activities on the arid and semi-arid lands of China and to separate these from the major environmental changes that are caused by natural climate shifts. This was an important distinction, because at the time, the prevailing wisdom in the U. S. A. was that the desert was basically man-made. Over-emphasis on the loosely defined process of desertification even ascribed climatic shifts to human activities. Cases of well-thought-out distinctions that were discussed by Prof. Zhao helped place that process in the right perspective.

Prof. Zhao Songqiao was a master at practicing something that he described as "very Chinese", that of turning a bad thing into a good thing. During the Cultural Revolution, he was placed in a labor camp to cut forest trees and prepare them for wood production. He told me that he would do more than his share to build up his physical stamina and allow himself to do more field work at an advanced age.

Indeed, it was the case, I took pleasure in escorting him, Prof. Zhu Zhenda of the Desert Research Institute in Lanzhou and others throughout the deserts of the American Southwest. He kept up with the youngest of the team, climbing dunes and steep slopes to acquire a better view of what I wanted to show him.

While in Arizona together, we visited the Navajo Reservation. There we were to realize that the soil, being of hard clay and shale, was not suitable for agriculture. Only heaps of windblown sand could be utilized to raise a bit of corn and beans. Thus, the local American Indian population on the reservation tamed a menacing feature such as mobile dunes, stabilized them by spreading gravel and cobbles on top of their surfaces, and used them to raise crops. Prof. Zhao looked at me and said "very Chinese." I smiled and completed the trend of his thoughts: "taking a bad thing and turning it into a good thing".

Prof. Zhao was a prolific writer. Whatever observations he made, he always thought of ways to put them in print, first as papers in scientific journals and later grouped in a book. His books in particular have made a significant impact on our understanding of arid and semi-arid lands in general, and the Chinese deserts in particular. He always endeavored to write for the benefit of the specialist in professional journals, and for the non-specialist in his books. For this reason, his published works have lasting effects worldwide.

A distinguished characteristic of Zhao's writings is viewing geography intricately with the history of human habitation. He was keenly aware of the importance of geographic controls on civilization. In the meantime, he was also interested in the effects of human activities on the environment and the response of the land system to damaging practices by mankind. He gave numerous examples of the degradation of semi-arid lands in China through ill-conceived projects practices, particularly before 1950. In so doing, he clearly illustrated that sustainable development must be initiated by a thorough understanding of the geographic characteristics of the terrain, a principle that only lately has received universal attention.

Through the strength of his personality, Prof. Zhao has affected his superiors, colleagues, and a new generation of young geographers. The impact of his mind will be felt for a long time, and his memory will linger through his numerous publications. Nonetheless, in his passing, geography has lost an inquisitive observer, and China has lost a great spokesman.

（原载《赵松乔文集》，北京，科学出版社，468~470页，1998年。）

附录五　缅怀赵松乔先生文稿（节选）　293

ICASALS
Newsletter
International Center for Arid and Semiarid Land Studies
Texas Tech University

Fall 1995 Vol. 28, No. 1

In Memory

Zhao Songqiao

Professor Zhao Songqiao, a world renowned geographer died October 10, 1995 in Beijing, People's Republic of China, after a brief illness.

Professor Zhao was a prolific writer of books, monographs and journal articles. He published in Chinese and English, and traveled widely outside China giving lectures, presenting papers at international meetings and consulting for the United Nations. Two of his best known books globally were, "Physical Geography of China" and "Geography of China," both of which were published in English. In addition, he was coordinating editor of the English language "Chinese Journal of Arid Land Research." While serving as a visiting scholar at ICASALS in 1981, he published a monograph on the desert lands of China.

He received his bachelor's and master's degrees from Zhejiang University, and his Ph.D. from Clark University in Worcester, Massachusetts, all in geography. He had been a research scientist at the Institute of Geography of the Chinese Academy of Sciences, located in Beijing, since 1950. At various times he served as chairman of different departments of the Institute of Geography and as leader of numerous expeditions to the arid regions of China.

His intellectual interests were broad. He was knowledgeable on such topics as geology, agriculture, medicinal plants, desertification, oasis development, sand fixation, the origin of gobi (gravel) surfaces and Chinese history.

"Professor Zhao was a remarkable man who will be long remembered by the colleagues and students his life has touched," Harold Dregne*, a long-time colleague, said. "He was a modest, kind and considerate person, and a world leader in his field. He will be sorely missed."

A memorial service for Professor Zhao was held in the Hall of Honor in Beijing. The Hall is reserved for ceremonies honoring China's most prestigious government officials and scholars.

1995年，美国干旱区和半干旱区中心期刊报导赵松乔教授逝世

著名地理学家赵松乔先生逝世

我国著名地理学家，中国科学院、国家计划委员会地理研究所研究员赵松乔先生因病医治无效，于1995年10月20日21时35分不幸逝世，享年76岁。

赵松乔先生1919年7月7日出生于浙江省东阳县。1942年毕业于浙江大学史地系，1945年获硕士学位并留校任讲师；1946年赴美国克拉克大学深造，1948年获博士学位；当年回国后执教于浙江大学史地系及南京金陵女子大学地理系。1950年起，到中国科学院地理研究所任副研究员、研究员，先后担任自然地理研究室副主任、主任，沙漠研究室副主任等职。曾任中国地理学会自然地理专业委员会副主任，国际地理联合会干旱区资源管理委员会委员，现任中国自然资源学会常务理事兼干旱区专业委员会主任。曾任中国《地理学报》副主编，现任中国《自然资源学报》副主编，《中国干旱区研究》（英文）主编等职。

赵松乔先生从事地理科学事业50多年，先后致力于人文地理、外国地理、自然地理、干旱区以及土地科学等领域的研究，特别是在干旱区和综合自然地理研究方面有突出成就。先后著有学术论文200多篇，专著20余部，共500多万字。他先后指导、培养博士、硕士研究生20余人，为培养人才作出贡献。

20世纪50年代初期，赵松乔先生主要从事外国地理研究，特别是东南亚湿热地区研究。50年代中期后，他先后在内蒙古、甘肃及川滇地区进行广泛的地理研究工作，为我国农牧交错带界线划分和农牧业综合发展研究开辟道路，奠定基础。50年代末到60年代初，赵松乔先生在大西北开展沙漠考察并负责甘肃民勤综合治沙试验站治沙队的学术总结，发表了许多论著，提出"中间突破，两头开花"的治沙战略，得到中科院领导和地方部门的充分肯定，推动了我国干旱区地理研究的发展。60年代初敦煌莫高窟会不会被沙埋，是否急需搬迁的问题，曾惊动周总理和文化部领导。赵松乔先生受命前往实地考察，明确提出莫高窟不会被沙埋的科学论断，为保护国家珍贵历史文物，避免国家财力浪费作出了卓越贡献，受到文化部领导的表彰。80年代以来，他开展一系列新的干旱区研究工作，发起组织了兰州大学干旱研究中心，组织了多次国际、国内的学术会议，创办了《中国干旱区研究》英文期刊，成为国际上著名的干旱区研究专家。

赵松乔先生十分重视自然地理学的综合研究，强调在区域研究中进行有效地综合，并把土地类型和自然区划作为他进行综合研究的重点。50年代后期他参与《中国综合自然区划》的编撰工作，60~70年代先后在西北和东北开展土地类型和综合自然区划的研究；80年代他主持完成了国家六五重大科技项目中"中国1/100万土地类型图的编制研究"任务，促进全国综合自然地理界的合作交流，锻炼培养了一批土地科学研究方面的骨干。在《中国自然地理》系列丛书中，赵松乔先生主编的《中国自然地理（总论）》，总结了30多年来我国自然地理的研究成果，是整体性、综合性都很强的区域自然地理专著，为我国自然地理学的发展作出了贡献。近年来他提出要把人口、资源、环境与发展作为一个大系统，以探求人地关系协调发展新途径的思路，这一观点在他新近出版的专著中得到充分体现。

赵松乔先生大量的外文论著成为国外了解中国地理和中国地理学的重要媒介。他在80~90年代出版的 *Physical Geography of China*（《中国自然地理》），和 *Geography of China: Environment, Resources, Population and Development*（《中国地理：环境、资源、人口和发展》）两本英文专著在国际上产生很大影响。他多次组织国际学术会议，出国讲学，并通过主编的外文期刊，积极推动中外地理学界的学术交流。

1989 年他受台湾文化大学邀请，成为 1949 年后第一位访问台湾的大陆科学家，反响强烈，对于促进海峡两岸学术交流起到历史性的作用。

赵松乔热爱祖国，热爱地理科学事业，为国家建设和社会进步，为地理科学的发展艰苦奋斗，奉献了毕生的精力。我们悼念赵松乔先生，要学习他为学、为研、为人的高风亮节，为发展地理科学和建设繁荣、昌盛、统一的祖国而努力。

中国科学院地理研究所
国家计划委员会

（原载《地理学报》，1996 年第 1 期。）

献身自然　一代宗师
——沉痛悼念赵松乔先生

1995年10月，中国干旱区研究的开拓者、我刊顾问赵松乔先生因工作积劳，猝然去世，离别了我们，享年76岁。噩耗传来，悲痛不已。

赵松乔先生是国际知名、成就斐然的地理学家，特别在中国干旱区研究方面，可谓是开山鼻祖、一代宗师。从中国科学院黄河队固沙分队（即后来的中国科学院治沙队）开始，他为沙漠自然环境的考察、定位研究，沙漠化的机制和治理，沙漠自然资源的综合开发，奉献出了近40年的大量精力。从1977年联合国沙漠化问题会议以来，他又不辞劳苦，奔波世界各地，为中国与世界在沙漠化研究方面的交流、接轨牵线搭桥，组织了多次大中型国际学术会议，创办了《中国干旱区研究》英文期刊，使中国的干旱区研究走向了世界。

我们最难忘的，是赵松乔先生严谨的学风和文风。他一生著作等身，发表有专著20余部、论文200多篇。然而，经他审改的中青年科技人员的论文、著作，却是难以用数字统计的。我们这本刊物，创办伊始，就得到赵松乔先生的关心和指导，他欣然出任本刊顾问，并且真正做到了常顾常问，我们获益匪浅。10年来，仅经赵松乔先生之手，我刊即有30多篇论文在美国出版的《中国干旱区研究》发表，通过这一媒介，新疆了解了世界，世界认识了新疆。

正当我们期望在赵先生指导下，进一步提高刊物水平，更广泛走向世界之时，赵松乔先生却永远离开了我们，使我们悲痛难抑！

我刊编辑部全体同仁，将以您为榜样，不遗余力，宣传、介绍中国干旱区研究的成果、发展，提高中国干旱区研究的水平。

赵松乔先生千古！

《干旱区研究》编辑部
（原载《干旱区研究》，1996年第1期。）

坚强不屈、提携后学的地理学家
——缅怀赵松乔先生

郑 度

（中国科学院院士、中国科学院地理科学与资源研究所研究员）

1960年我在甘肃民勤治沙综合试验站开展植物水分观测试验研究，当时赵松乔先生负责站上的业务工作。后来他又担任过自然地理研究室的室主任（1980~1984）。今年恰逢赵先生诞辰90周年，现仅从我个人的接触和了解，谈点体会以缅怀他坚强不屈、提携后学的高尚风范。

一、坚强不屈的学者

赵松乔先生是浙江大学史地系的高材生，很受其老师张其昀教授的重视。因张其昀1949年去台湾后，曾任台党政高级职务，如"中央常委"、秘书长等，所以在"文革"的十年浩劫中，作为张其昀得意门生的赵先生当然受到牵连，批斗、游街、劳改、住牛棚都在所难免。当时自然室受到的影响更加严重，将赵先生特别隔离起来，夜间还安排轮流值班看管。有一次轮到我值班，他上卫生间我也得跟着，他对我说，你们放心，我是不会自杀的。尽管遭到如此严酷的对待，甚至挨打、逼供，赵先生仍然十分坚强，实事求是地对待，从不说谎编造假材料。正如吴传钧先生于1981年出访西德时对我们说过的那样，赵松乔先生在"文革"中表现很好，他坚强不屈、刚直不阿，不像有的人编瞎话，写假材料。十年动乱以后，赵先生保持着旺盛的进取精神，很快就投入新的研究工作，组织开展全国土地类型图的编制，承担东北荒地考察调查等任务。

  1992年10月上旬，我到贵阳参加中国地理学会山地分会主持的山地环境与灾害学术研讨会，期间接到所里办公室的电话说，赵先生的夫人遭到意外不幸事故，要求我立即回所处理。当时赵先生陪同美国著名学者H. E. Dregne 教授在宁夏和内蒙古考察，我们便安排他的两位博士生刘燕华和张百平，前往呼和浩特接赵先生回京。他意识到事情的严重性，抵京后直接从机场来到917大楼地理所三楼会议室，要求所里将真实情况告诉他。他对我们说不管发生什么事情他都能挺得住，我们便如实告知有关他夫人朱晓岫女士不幸受害去世的事实。鉴于这种意外的伤害和打击，Dregne 教授建议他将张百平博士论文答辩会的时间推迟举行。但赵先生却强忍悲痛说，不能因为我个人的事而影响学生毕业的时间，坚持按期于10月16日举行论文答辩会，正如黄秉维先生在《赵松乔文集》的序中所写，"他给我印象最深的是：每次重大挫折以后，迅速恢复生机。"赵松乔先生这种不屈不挠、坚强正直的精神值得我们认真学习。

二、提携后学的长者

  1978年改革开放以后，中国科学院各研究所纷纷派遣中青年学者到欧美等国访问进修。赵松乔先生为我申请西德洪堡基金会的奖学金写推荐信，并且在1979年11月出访西德时和波恩大学地理系的劳尔（W. Lauer）教授通了电话，谈及和德国地理学家开展合作，为中国青年地理学家申请奖学金前往德国等事宜。随后劳尔教授来信表示，如果洪堡基金会同意申请的话，他将愉快地接受我到他所在的地理系。1980年8月赵先生在参加日本东京召开的第24届国际地理大会上还专门会见了劳尔教授，可见他对我出国访问进修一事关怀备至。

1980年秋,我由中国科学院公派前往联邦德国波恩大学做访问学者,劳尔教授专门为我向洪堡基金会申请了奖学金,安排在歌德学院学习4个月的德语。赵松乔先生对我赴西德进修十分关心,我临走前他鼓励我好好学习,希望我有可能的话要争取读个博士学位回国。我在访问进修期间,将青藏高原的研究进展在联邦德国和瑞士等的几所大学进行交流,并且按照劳尔教授推荐的定量方法,以西藏高原植物区系成分的地域分异为主题开展研究。1983年年初我回国前,导师劳尔教授谈到赵松乔先生曾写信给他,提及我是否可以申报博士学位论文答辩事宜。劳尔教授说,你可以现在先回国,过一段时间有机会再来申办。虽然由于各种原因我没有去申办,却说明赵先生十分关心我们年轻一代的学习进步和业务成长。

1993年秋,赵松乔先生跟我说,他接到联合国相关机构的邀请,要他于1994年年初前往维也纳参加一个国际会议,做有关中国荒漠化的报告,他说已经向邀请方推荐我前往与会并做大会报告。他还将他的有关论文借我参阅。我在原有工作基础上加以补充修改写成论文,并送请赵先生审定。他特别肯定了我在沙漠化、盐渍化、土壤水蚀等内容外,增加了有关草地退化,特别是青藏高原草地退化等内容。我便于1994年2月赴维也纳参加会议,并在大会上做了"中国的荒漠化及其整治"(Desertification and its management in China)的报告,随后安排在赵先生担任主编的国际刊物 *Chinese Journal of Arid Land Research* 当年第2期上发表。

赵松乔先生是一位让外国人了解中国的著名地理学家。他于1986年出版了介绍中国自然地理的第一本英文专著 *Physical Geography of China*,第二本关于中国地理的英文专著 *Geography of China*: *Environment*, *Resources*, *Population and Development*,则于1994年出版。赵先生于1994年年初到美国访问,当年秋天他从美国来信,请我协助他办理申请延长访美半年的相关手续。在信中他谈及"荒漠化"和"绿洲化",认为是全世界的重大环境问题，还提到他最近对世界环境变化、人类和农业起源，以及板块构造等问题的思考。他建议地理所应当将土地退化（包括荒漠化）和青藏高原隆起及其对周边地区环境的影响，作为重大的研究领域来组织开展工作。多年来赵松乔先生就是这样从各个方面关心我们青年人的成长，他的建议对于我们地理所的科研工作有着重要的指导作用。

2009 年 6 月 29 日于北京

《20 世纪中国知名科学家学术成就概览》
——赵松乔

申元村 李秀彬
(中国科学院地理科学与资源研究所研究员)

赵松乔(1919~1995),浙江东阳人,著名地理学家,我国沙漠与干旱区研究开拓者,中国土地类型研究的奠基人。1942年毕业于浙江大学史地系,1946年留学美国攻读博士学位,1948年获美国克拉克大学理学博士学位,回国后任浙江大学史地系副教授,1950年起历任中国科学院地理研究所副研究员、研究员,研究室副主任、主任。历任中国地理学会自然地理专业委员会副主任,中国自然资源学会常务理事兼干旱区研究专业委员会主任,国际地理联合会(IGU)干旱区专业委员会委员等职。他主持和编著的我国1:100万土地类型图分类系统和制图规范,成为我国第一项综合自然地理研究中的土地研究成果;由他倡导和开展的土地系统研究和土地资源结构功能研究,建立了我国土地类型研究的完整科学体系;他主编的《中国干旱区研究》和中国沙漠、戈壁、沙尘暴研究成果的图书,是中国干旱区研究最权威的著作,被誉为中国的"沙漠王";他提出综合自然地理学研究5个方向,提出的中国综合自然区划既体现自然地带性,又体现非地带性;他倡导地理综合研究方向,并从人口、资源、环境、发展高度研究中国地理，完成《中国地理》专著，并在国外英文出版。他广泛进行国际学术交流，把中国地理学研究成果推向世界，是国际著名的地理学家。

一、简历

赵松乔1919年7月7日出生于浙江省东阳市（当时为县），1995年10月20日晚9时35分于北京逝世，享年76岁。

赵松乔出生地浙江东阳是个教授之乡，受地域文化影响，自幼就以聪颖勤奋著称，中学时代取得年级数学比赛第一名。1938年以入学考试第一名的成绩考入浙江大学史地系（其中数学100分，化学99分，英文95分），获黄膺白奖学金，1942年获学士学位，同年考取浙江大学史地系硕士研究生并同时被聘为助教；1945年硕士毕业即被聘为讲师，主讲地理通论、普通地质学等课程；1946年8月赴美国克拉克大学（Clark University）深造，仅2年就以优异论文授予理学博士学位，博士论文为"Geographic Regions of China: Their Component Factors and Chief Characteristics"（"中国地理分区——要素构成及其主要特征"）（摘要载 *Clark Univ. Bulletin*，1948）。期间还到加拿大麦克吉尔（McGill）大学研修暑期地理课程；1948年回国后，任浙江大学史地系副教授，1949年任南京金陵女子大学地理系教授。1950年后在中国科学院地理研究所任副研究员、研究员。历任自然地理研究室副主任（1961~1963）、主任（1978~1984）和沙漠研究室主任（1963~1965）。还曾任北京大学、南京大学、西北大学、华南师范大学等校地理系客座教授，北京师范大学兼职教授，兰州大学干旱区研究中心主任和教授。在学术界，他长期兼任中国地理学会自然地理专业委员会副主任，中国自然资源研究会常务理事兼干旱区研究专业委员会主任，国际地理联合会（IGU）干旱区专业委员会成员，美国亚利桑那（Arizona）大学国际干旱区研究委员会成员，中国《地理学报》副主编，国际学术刊物《全球环境变化》（*Global Environmental Change*）编委，英文学术刊物《中国干旱区研究》（*Chinese Journal of Arid Land Research*）主编，中国《干旱区资源与环境》顾问等职。他是多项国家重大项目的组织者和参与者，获得中国科学院及省部级奖励10多项。他培养的硕士、博士学位人才有30余名。

二、主要科研成就、学术思想及其影响

赵松乔从事地理科学事业凡57载余，一直为地理科学的发展和繁荣而奋斗。他的座右铭是："读万卷书，行万里路；求实求是，经世致用"，他的人生观是：工作、服务、贡献。他的勤奋加效率的研究作风，取得了令世人瞩目的研究成果，被学术界誉为"国宝奇才我赵公"。他完成的专著有16部，论文200余篇（其中30余篇为外文），译著6部，合计500余万字。内容广泛涉及人文地理、自然地理、土地科学、农业和干旱区域的研究，尤其在中国综合自然区划、土地类型研究、干旱区研究、农业地理、东南亚及外国地理，以及海内外学术交流等领域最为突出，并为发展综合自然地理理论等方面作出了重大贡献。

（一）主要科学研究成就

1. 中国综合自然区划

对中国陆地进行区域分异规律的研究一直是地理科学的重点研究方向，是国家进行农林牧合理布局和宏观指导生态环境建设的重要科学依据。我国从20世纪50年代至1982年，先后有6个中国综合自然区划方案，而50年代后期由黄秉维主持编著的《中国综合自然区划（初稿）》（1959，科学出版社）最为详尽，最为系统，一直为有关部门引用，赵松乔是主要参与者和撰稿人之一；其后于20世纪60年代，赵松乔结合"沙漠化治理"研究，

又在甘肃河西走廊和内蒙古乌兰布和沙漠等地开展区域性自然区划研究，其成果至今仍为该区域开展研究的基本依据；70年代赵松乔主持黑龙江省和内蒙古呼伦贝尔盟自然地带和土地类型综合研究，第一次在我国大面积开展自下而上的自然区划的实践研究，成果获中国科学院科技进步三等奖。1983年，他根据自然区划研究的新成果、新进展，总结了国内历次区划方案的长处，吸收了国外方法的优点，提出了"中国综合自然区划的一个新方案"（《地理学报》，38（1）），他按地带性和非地带性的地域分异差异，将中国划分为3大自然区、7个自然地区、33个自然区，产生了很大影响，是我国近20余年来被引用得最多的地理学文献之一。

2. 土地类型研究

"土地类型"是综合自然地理学重要研究方向，它与综合自然区划的差别主要体现在：前者（土地类型）是自然地理要素在地段上综合作用形成的类型综合体，在地域空间上是重复出现的。后者（区划）是自然地理要素在区域上综合作用形成的区域综合体，在地域空间上是不重复出现的。赵松乔是我国开展土地类型研究的开拓者。20世纪60年代初便在河西走廊和乌兰布和开展土地类型研究，70年代他主持黑龙江省和呼伦贝尔盟大比例尺典型区土地类型制图和大范围中小比例尺制图研究，完成黑龙江省三江平原地区和呼伦贝尔盟1:50万土地类型图，出版《黑龙江省及其毗邻地区的自然地带与土地类型》专著（科学出版社，1983）。80年代主持中国农业自然资源调查和农业区划重点项目和国家自然科学重点基金项目"中国1:100万土地类型图编制研究"，撰写了大量论文，介绍了大量国外土地分类的理论、方法与最新进展。经他主持，组织了全国43个科研教学单位，260余位专家，主编出版了我国第一部《中国1:100万土地类型图分类系统和制图规范》（测绘出版社，1989），编制完成了23幅中国1:100万土地类型图（其中8幅由测绘出版社彩色出版），出版了《中国土地类型研究》专集（科学出版社，1986），成果获得中国科学院科技进步三等奖。90 年代重点研究和指导土地类型结构及其功能研究，将土地类型研究一步步推向深入，使土地类型成为体系完整、较成熟的学科。他为土地下的科学定义："土地"是一个综合的科学概念，它是地表某一地段包括地质、地貌、气候、水文、土壤、植被等全部自然因素在内的自然综合体，也包括过去和现代人类活动对自然环境的作用在内的见解，被学术界广泛接受。

3. 干旱区研究

赵松乔是国内外著名的干旱区研究科学家，在 1989 年访问台湾时，被誉为"中国沙漠王"。1953 年开始他便考察察哈尔盟和锡林郭勒盟沙区和内蒙古草原区，完成"农牧交错地区的经济地理调查报告"（《地理学报》，19（1），1953）和《内蒙古自治区农牧业生产配置问题的初步研究》专著（科学出版社，1958）。20 世纪 50 年代末国家发出向"沙漠进军"号召，1959 年中国科学院组织治沙队，赵松乔即是治沙队骨干，担负治沙队学术总结工作，发表了大量学术论文。他提出的我国治沙战略应中间突破两头开花的见解（中间指磴口—沙坡头—民勤沿线的乌兰布和沙漠及腾格里沙漠；两头指西边的新疆、甘肃诸沙漠和东边的内蒙古东部诸沙地），得到中国科学院领导（包括竺可桢副院长）的大力赞扬，亦是后来选择沙坡头铁路固沙工程建设的重要依据。60 年代初，他负责甘肃民勤综合治沙站试验工作，在引水灌溉、防治盐碱、防风固沙等方面做了许多基础性和开拓性工作，对指导后来全国沙区科学试验起了先导性作用。同是 60 年代初，我国一些治沙工作者依据两三个月的风沙移动观测资料便发出敦煌莫高窟（千佛洞）将在"30 年内将被东移的鸣沙山和三危山沙丘埋压"的危急信号，引起周恩来总理和中央的重视。赵松乔受命处理这个问题，他从两个基本事实否定了这个耸人听闻的"警告"，一是鸣沙山和三危山的地表虽有不同厚度的浮沙，但基底都是岩石，在数十年，数百年乃至数千年内不会整体东移；二是当地风向是东、西风过渡带，两者大致势均力敌而以东风略占优势。因此，流沙基本上是"向上"移动，形成金字塔形高大沙丘，并可能略向西移而决不会东移。赵松乔由此断言300年乃至3000年内鸣沙山和三危山不致向东压埋莫高窟。他的科学见解得到文化部领导的首肯和采纳，为国家节约了当时几百万乃至几千万的"沙治"经费和莫高窟文物的搬迁费。实践证明，赵松乔的结论是正确的，贡献巨大。70年代至80年代，赵松乔连续对呼伦贝尔、内蒙古高原、河西走廊、新疆、柴达木盆地进行考察和研究，发表了大量研究成果，如"我国沙漠（戈壁）的形成过程和演变趋势"（日内瓦及汉堡国际沙漠会议论文）、"中国荒漠地带的土地类型"（《地理科学》，2（1），1982）、"罗布荒漠的自然特征和罗布泊的"游移"问题"（《地理研究》，2（2），1983）、《中国的干旱区自然地理》（科学出版社，1985）、"柴达木盆地的土地类型和农业生产潜力"（《干旱区地理》，8（4），1985）、《中国的干旱区》（科学出版社，1990）、"西北干旱区主要自然灾害形成分布和减灾措施"（《中国沙漠》，11（4），1991）、"内蒙古中、东部半干旱区——一个危急带的环境变迁"（《干旱区资源与环境区》，5（2），1991）、"呼伦贝尔草原的风沙和黑风暴问题"等。期间（1987年），在学术上首先提出在干旱区的地理过程为"荒漠化"（desertification）和"绿洲化"或"非荒漠化"（de-desertification）的学术见解，被从事干旱区研究的科技界广泛接受，影响深远。

4. 农业地理研究

赵松乔从我国是农业产业和农业文明大国这一国情出发，一直强调地理科学为农业服务的方向，农业地理研究成就十分突出。他早年便开展土地利用问题研究，是我国最早开展土地利用研究的学者之一。发表的著作有："贵州遵义土地利用"（与任美锷、施雅风、陈述彭、杨利普等合作）（《遵义新志》，1948）、"杭州市的土地利用"（《浙江学报》，2（2），1949）、

"黄泛区土地利用调查报告"（1951，未出版）、"南京都市地理初步研究"（《地理学报》，17卷，1950）。20世纪50年代对内蒙古东部的农业地理进行研究，1953年他提出农牧交错带的学术见解［"察北、察盟及锡盟，一个农牧交错地区经济地理调查"（《地理学报》，19（1），1953）］，是我国第一个明确提农牧交错带的学者。农牧交错带的农业与环境问题从此成为我国学术界最为关注的区域问题之一，影响深远。其后，他从事的农业地理研究扩展到内陆区、西南川滇区以至全国。如《甘肃农牧交错地区农业区划初步研究》（科学出版社，1958）、"内蒙古自治区的地形条件在土地利用上的评价"（《地理学报》，24（3），1958）、"我国农牧界线（以大兴安岭到高黎贡山）的探讨"（未出版，1959）、《甘青农牧业发展研究》（与周立三、吴传钧合作）（科学出版社，1958）、《河西走廊农业自然条件和自然资源综合评价》（科学出版社，1964）、"西北干旱区的自然条件和农业生产"（《干旱区资源和环境》，1（1），1987）、《川滇农牧交错地区农牧业地理调查资料》（科学出版社，1959）、"横断山地和祁连山地自然地理条件和农业系统比较"（《干旱区资源和环境》，6（2），1992）、"华北地区的自然条件和国土管理"（19）（《政策研究》，NIRA，5（7），1992）、"台湾的'精致农业'"（《海峡科技交流研究》，1991年第1期）。赵松乔集农业地理大成的成果有："我国耕地资源的地理分布和合理开发和利用"（《自然资源》，1989年第1期）、"我国自然资源的形成与分布"（《自然资源学报》，1（1），1986）、"中国农业发展与环境变迁"（《中国人口、资源与环境》，1（1），1991）、"中国农业（种植业）的历史发展和地理分布"（《地理研究》，10（1），1991）。该文将我国北方最早的旱作型种植业农业文化［大地湾文化（甘肃泰安县）］确定为7300~7800年，将我国南方水稻型种植业文化确定为6960±130年的河姆渡文化（浙江省余姚县），将我国种植业发展历史向前推进到7000~8000年，成果被农业部报送至联合国粮农组织，对宣传和确立我国的农业文明古国起到了积极作用。

5. 东南亚及外国地理研究

赵松乔是一位放眼全球的国际型科学家，他早年就读于美国克拉克大学攻读博士学位，打下良好的英语基础，后又攻读德语，从而为他了解和掌握国际学术动态创造了条件。几十年来，他先后考察研究过的地区有美国（50个州中考察过42个州）、加拿大、非洲的撒哈拉大沙漠、北欧、西欧、日本……，除南美、南极和太平洋诸岛国外，世界各地主要名山大都有他留下的足迹。他在亲临第一线考察，取得第一手资料的同时，也十分关注外国的学术成就和前沿研究领域，由此完成的科学成果极其丰富，对推动我国地理科学发展起到了重大作用。他早期完成的外国地理研究成果有："中缅政治地理上的几个问题"（硕士论文，1945）、"Physiography in the Plymouth Region"（"普利茅斯的地文研究"）（美国，Mass. 1947）、"加拿大"（《地理知识》，1952年第12期）、《缅甸地理》（科学出版社，1958）、《菲律宾地理》（科学出版社，1964）、"访问德意志联邦共和国散记"（《世界地理集刊》，（2），1981）、"从汉堡到慕尼黑"（《世界地理文集》，1982年第2期）、"伊洛瓦底三角洲——一个区域地理研究"（《地理集刊》，第2号，科学出版社，1959）。同时，还翻译了《东南亚地理》（三联书店，1958；商务印书馆，1962）、《非洲地理》（商务印书馆，1962）。近20余年来，在发表的论文中，介绍国外研究动态的内容更是十分普遍，如"国外'土地'研究现状与发展趋势、联合国荒漠化防治会议、联合国沙漠化制图与讨论会议"（《地理知识》，1979年第10期）、"现代地理学发展趋势"（《现代自然地理》，科学出版社，1988）等。

6. 海内外学术交流

赵松乔是一位精通英语并在国际上享有高度声誉的知名地理学家。赵松乔教授1995年10月逝世时，国际知名人士发来唁电、唁信的就多达30余人，其中有美国得克萨斯科技大学国际干旱半干旱地区研究中心名誉主任 H. E. Dregne 教授，波士顿大学遥感中心主任 Farouk El-Baz 教授，韦伯州立大学科学院院长 Cyrus. M. McKell 博士，科罗拉多大学地理学 G. F. White 教授，Akron 大学马润潮教授等。这些国际地理学界知名科学家所在单位都是赵松乔学术交流的稳定机构和人员。赵松乔除参加国际学术会议，介绍中国科学成就，和国外科学界进行学术交流外，还著述 30 余篇（部）外文著作，成为国外了解中国地理和中国地理学成就的重要媒介。尤其是他的三部英文巨著：*Physical Geography of China*（Science Press and John Wiley & Sons Inc. Publishers, 1986）、*Desert Lands of China*（Texas Technical University, 1981）和 *Geography of China*: *Population, Resources, Environment and Development*（John Wiley & Sons, 1994），更是国外全面了解中国自然地理、中国沙漠，和中国地理—人口、资源、环境和发展的重要窗口，已成为英语国家大学地理学的重要参考书。1988 年由他创办并亲任主编，在美国纽约阿伦顿（Allerton）出版社出版的英文刊物 *Chinese Journal of Arid Land Research*（《中国干旱区研究》），更是及时介绍中国干旱区研究与发展的交流平台。在促进国外学术交流的同时，经他组织，在国内先后开展的国际学术交流大会有 1985 年 9 月在乌鲁木齐，1989 年 8 月在呼和浩特，1993 年 9 月在银川召开的干旱地区国际学术交流会，大大促进了我国干旱区研究的进展，同时也使赵松乔成为国际著名的地理学家。

1989 年 6 月 10 日至 25 日，赵松乔受台湾中国文化大学、台湾大学、台湾师范大学、台湾农委会、台湾环保署等社会团体之邀访问台湾，成为 1949 年后大陆学者访问台湾的第一位科学家，轰动海内外。他在台湾作的 3 次专业性学术报告："中国的资源和环境"、"中国干旱区的自然特点和经济发展"、"中国的河流"；二次公开讲演"中国的土地资源和土地规划"、"近 40 年内蒙古、新疆、西藏的变化"；和 4 次座谈会。历次与会者都甚多，反映热烈，有力地促进了海峡两岸的学术交流。此行还促成了大陆、台湾和香港地理学家1990年5月在香港的大聚会，对加快两岸科技人员的交流和了解起到积极作用。

（二）主要学术思想及其影响

赵松乔研究领域广泛，始终贯彻一条明晰的学术思想：强调地理学的综合研究，强调地理学的应用方向是服务农业和生态环境建设，强调学术交流应"外为中用"的原则。

1. 强调地理学的综合研究

赵松乔研究领域涉及经济地理、人文地理、自然地理，最后成大业于综合自然地理，他是公认的我国综合自然地理学开拓者和奠基人之一。他认为综合自然地理学是综合指导下进行要素综合和区域综合的研究。为此他提出了综合自然地理学的5个基本方向：（1）自然地域分异规律；（2）土地类型；（3）自然区划；（4）自然地理过程；（5）自然生产潜力与土地人口承载力。他认为，地域分异规律是地理学研究的基础和从事地理研究的出发点，土地类型和自然区划是综合自然地理研究的重点，自然地理过程是引发自然环境变化的关键，生产潜力则是地理服务于国民经济建设的基本依据。上述5个方面可共同构建成综合自然地理研究的完整体系。

赵松乔一直从高层次上将地理学的自然、经济、人文诸方面综合起来进行综合研究，早在1963年，他便以"黎樵"笔名发表译著《地理学性质的透视》一书（哈特向原著，商务印书馆，1963；1981年第二版）。此书以综合统一的地理学观点研究地理问题，成为我国地理学者提高理论素养的重要文献，商务印书馆"汉译世界学术名著丛书"把它列为地理学第一本名著。赵松乔20世纪90年代在《中国地理》英文专著中，又进一步把人口、资源、环境、发展当作一个大系统加以综合，以此探求人地协调发展的新途径，从而把地理综合研究推进到可持续发展高度的新台阶，影响广泛而深远，他也成为地理学界开拓地理综合研究的著名科学家。

2. 强调地理应用方向是为农业和生态建设服务

赵松乔从事科研工作的目的十分明确：服务于国家。他一直把为农业服务和为国家生态环境建设服务作为方向，许多研究成果成为体现我国地理研究发展方向的成果。20 世纪 50 年代，他研究的有关农牧交错地区农业区划和农牧业生产配置的成果，成为后来开展全国性农业区划的先河，农牧交错地区农牧业配置的学术思想发展成为我国农牧交错带的研究方向；20 世纪 70~80 年代，他提出以"土地类型"为基础，开展"土地系统"研究的学术思想（他指导的几位博士学位研究生论文），更使土地综合研究拓展到为农业和生态建设服务的深度，经赵松乔指导，申元村执笔的论文"土地资源结构及其功能的研究——以宁夏、甘肃干旱区为例"（《地理学报》，47（6），1992），则是赵松乔学术研究为农业服务和生态建设服务思想的具体体现。该文在综合学术思想指导下将土地进行土地类型的划分，而后按农业和生态环境建设要求进行适宜性和限制性因素评价，并进行结构分析，而后根据结构功能提出农业和生态建设合理布局的建议对策。赵松乔的这一学术思想具有普遍指导意义，成为其后开展土地研究的基本思路。这一思路是：依据土地资源类型组合结构进行农业分区；依据土地资源质量、数量结构进行农林牧合理用地构成研究；依据土地限制性因素与限制强度结构确定治理方向；依据土地利用现状、农林牧合理用地结构对比分析，进行用地结构调整和规划；依据土地的时序演替结构，进行（农业和生态）定向调控对策的制订。

3. 强调学术交流、科学借鉴是"外为中用"

赵松乔虽是留学美国的博士和在国外考察讲学频繁的学者，接触外国的科研成果甚多，但他始终贯彻"外为中用"的学术风格。他一直秉着"承东西之道统，集中外之精华，做一个聪明的中国人，为自己国家服务"的宗旨。他秉承中国几千年优良文化传统与精华，有选择地吸收外国经验，用他的说法是"外为中用"。例如，他在汲取前苏联景观学派和英澳学派土地研究的经验后认为，从中国国情和几千年土地研究成就出发，仍应坚持用中国的"土地类型"术语为好。20世纪70年代美欧卫星相片用于地球研究刚兴起时，赵松乔便积极从美国购置北京地区卫片部署，进行卫片的应用研究；20世纪60年代开展沙漠研究时，他根据澳大利亚定位观测实验经验，率先在甘肃民勤开展生态环境定位研究，但又不是全盘照搬澳大利亚的观测项目。凡此种种，均体现赵松乔学习外国经验要本国化的学术思想。

三、赵松乔主要论著

Geography Regions in China: Their Component Factors and Chief Characteristics, *Clark Univ.*, *Bulletin*, 1948.

《内蒙古自治区》，北京，地图出版社，1954。

《缅甸地理》，北京，科学出版社，1958。

《内蒙古农牧业研究》，北京，科学出版社，1959。

"中国戈壁的初步划分"，中国地理学会编，《中国地理学会1960年全国地理学术会议论文集（自然地理）》，北京，科学出版社，1962。

"中国沙漠和戈壁的自然特点及其改造利用途径的初步探讨"，《新建设》，1964年7月号。

"土地类型的划分与制图"，《地理制图研究》，1979第1期。

"全国1∶100万及重点省（区）1∶20万土地类型图的土地分类类型"，《自然资源》，1980第3期。

《黑龙江省及其西部毗邻地区的自然地带与土地类型》，北京，科学出版社，1983。

"中国综合自然地理划分的一个新方案"，《地理学报》，38卷1

期，1983。

"我国耕地资源的地理分布和合理开发利用"，《自然资源》，1984 第 1 期。

《中国自然地理·总论》，北京，科学出版社，1985。

"中国自然资源的形成和分布"，《自然资源学报》，1 卷 1 期，1986。

Physical Geography of China, Science Press, John Wiley & Sons, Inc. Publishers, 1986.

《现代自然地理》，北京，科学出版社，1988。

《中国 1∶100 万土地类型图制图规范》，北京，测绘出版社，1989。

《中国的干旱区》，北京，科学出版社，1990。

"中国农业（种植业）的历史发展和地理分布"，《地理研究》，10 卷 1 期，1991。

The Oasis-making Process (De-desertification) in China's Desert Lands, Chinese Journal of Arid Land Research, 4 (2), 1991.

Geography of China: Population, Resources, Environment and Development, John Wiley & Sons, 1994.

主要参考文献

申元村："悼念、缅怀赵松乔教授"，《地理科学》，16 卷 1 期，1996。

《赵松乔文集》编辑组：《赵松乔文集》，北京，科学出版社，1998。

赵松乔主编：《现代自然地理》，北京，科学出版社，1988。蔡运龙，"春华秋实——记赵松乔教授"，《地理学与国土研究》，8 卷 1 期，1992。

（原载钱伟长总主编、孙鸿烈主编，《20 世纪中国知名科学家学术成就概览·地学卷·地理学分册》，北京，科学出版社，399~408 页，2010 年 9 月。）

沉痛悼念、无限缅怀赵松乔教授

申元村（中国科学院地理研究所研究员）
汪久文（内蒙古绿洲发展研究所研究员）

我国干旱区研究权威科学家、世界干旱区研究知名学者、本刊学术顾问赵松乔教授，因病医治无效，于 1995 年 10 月 20 日晚 9 时 35 分逝世，享年 76 岁。赵松乔教授的逝世，不仅是我国干旱区研究的重大损失，亦是本刊的损失。在悼念、缅怀赵松乔教授伟大业绩的同时，我们要学习他不畏艰苦的工作作风，联系实际、不断开拓的为研精神，发扬他学而无倦、促进交流的伟业功绩，把干旱区的发展研究继续推向前进。

一、不畏艰苦的为研历程

我国干旱区域，自然环境较为严酷，社会经济落后，人民生活贫困，工作条件较为艰苦。为了改变这一面貌，国家从 20 世纪 50 年代末开始，组织大规模科学考察与治理工作。赵松乔教授亦便从此投入我国干旱区研究工作。40 年来，他足迹踏遍我国的乌兰布和、库布齐、毛乌素、浑善达克、腾格里、巴丹吉林、库姆塔格、科尔沁、呼伦贝尔、塔克拉玛干、古尔班通古特、柴达木盆地等沙漠大地，是我国考察沙漠最为广泛的科学家。50~60 年代，他考察乌兰布和沙漠，是在白天顶着炎炎烈日，经受 50 多度高温，饥饱无度，风餐露宿，日步百里的艰苦工作条件下完成考察任务的。80~90

年代，工作条件虽然大有改善，但他艰苦奋斗、以苦求研的精神一直没有改变。80 年代，年近七旬的他，仍历尽艰辛地深入柴达木沙漠腹地，塔克拉玛干沙漠中枢地带进行考察，实践着他以苦为荣、苦求其知的沙漠探索途径。这一以苦为伍的工作作风，是他具有丰富的第一手资料，研究成果最为丰著的基本原因，亦是他留给我们干旱区研究工作者最为珍贵的精神财富！

二、联系实际，不断开拓的为研精神

赵松乔教授一生信守"求实求是，经世致用"的格言。他认为地理科学研究有两个目的：一是探索规律，求知研究对象的本质；二是为国家建设服务，为资源合理开发、国土整治和社会经济发展服务。40 余年来，他提出的若干重大观点，无不体现他"经世致用"、联系实际的格言，至今仍起着重大的指导作用。20 世纪 50 年代，他提出的我国北方划分农牧交错带的见解；50~60 年代他负责中国科学院治沙考察队学术总结，他依据当时建设实际，提出中国治沙中间突破（即"磴口—沙坡头—民勤沿线的乌兰布和沙漠及腾格里沙漠"为重点治理），两头开花（指内蒙诸沙漠及两边的新疆、甘肃诸沙漠为一般治理）的观点；60 年代初，他作出敦煌莫高窟（千佛洞）文物不会被沙埋，不用搬迁的论断；70 年代开荒热潮中指出呼伦贝尔干草原区不宜大面积开荒的观点；80 年代提出用土地结构观点论证农业布局的见解，以及用荒漠化防治观点统筹干旱区环境建设的见解；90 年代主张干旱区研究加强绿洲建设理论研究及用资源—环境—人口—经济协调发展观点指导研究方向的见解，都是指导我国干旱区研究沿着正确方向发展的具有指导意义的见解。无怪乎美国得克萨斯技术大学干旱区研究中心主任、联合国环境总署高级科学顾问 H. Dregne 等许多世界著名科学家，誉称他为中国干旱区研究权威，台湾科学家誉称他为中国沙漠大王等贵称，应当说，赵松乔教授受此誉称是当之无愧的。

三、学而无倦，促进交流的伟业功绩

赵松乔教授是我国地理学界成果显著的奇才学者，经他主编的专著计有 16 部，著文 200 余篇（其中 30 余篇为英文），译著本 6 部，合计 500 余万字。这是他留给我国地理科学文库中的宝贵财富。在他的研究篇章中，有关干旱区为题材的成果最为丰实，从 1954 年他发表"内蒙古自治区"专文起，先后发表了"内蒙古自治区农牧业生产配置初步研究"（1958）、"我国沙漠与戈壁的自然特点及其改造利用途径"、"中国干旱区自然地理"、"中国的沙漠地区"、"中国的干旱区"等论著几十篇近 200 万字。他所以能完成如此巨量的学科论著，是与他"读万卷书、行万里路"，"学无涯，求无倦"的为学风范分不开的。几十年来，他不仅深入西北野外实际向自然探索，同时也每时每刻关注着干旱区各研究领域的进展。他几乎养成了必读每期国内各干旱区研究期刊的习惯，同时也广泛阅读世界的有关刊物，掌握研究动态，因而他能熟练掌握国内外干旱区研究的现状、问题和趋势，相应提出我国干旱区的研究方向。为促进我国干旱区研究的发展，经他倡议，1987 年创刊了我国《干旱区资源与环境》杂志，并亲任顾问；1988 年取得美国阿伦顿（Allerton）出版公司合约，出版 Chinese Journal of Arid Land Research（《中国干旱区研究》）杂志，并任主编；成功组织了 1985 年乌鲁木齐、1989 年呼和浩特、1993 年银川三次国际干旱区学术研讨会，并出版中、英文论文集，对于促进我国西北干旱区资源合理开发和环境建设，推动我国干旱区研究的国际交流与合作，起到了最为突出的历史作用。

（原载《干旱区资源与环境》，10 卷 1 期，1~2 页，1996 年。）

再读吾师

张百平

(中国科学院地理科学与资源研究所研究员)

导师赵松乔仙逝已经近 18 年了。作为学生,我一直没有写过纪念导师的文章。因为总是觉得对老师的认识不够,写的东西难以超越师兄蔡运龙以及郑度、申元村等前辈的认识。这么多年过来,随着对于中国地理环境的认识,对于中国地理学发展的认识,对于大千世界的认识,对于社会与人的认识,对于是是非非的认识,感觉自己有了相当程度的积累、进步与提高。现在有信心来写一篇纪念导师的文章了。

1983~1985 年间,我在北大地理系读研究生,有一次听到陈传康先生谈话,他认为一个赵松乔顶 10 个研究员。当时我们确实感到吃惊!因为当时在我们的心目中,陈老师是那样的才华横溢,卓尔不群。他对赵松乔有如此之高的评价和敬意,倒是完全出乎我们的意料!既然连陈老师都如此佩服,那么赵松乔一定是一个非常了不起的人物。心里就想,有机会一定好好认识一下赵先生。幸运的是,1988 年,我成为赵先生的一名博士研究生。读博期间他对我的启迪和教导,促使我不断进步;对我的英文写作的指导和磨炼,大大提升了我的英文水平。记得当我选择昆仑山作为博士论文研究对象时,先生也感到兴奋,他说:"好极了!向南可以扩展到整个青藏高原,向北则可以去探索干旱区。"给了我极大的鼓励与支持,而且导师以远大的眼光和胆略要求我直接用英文写作。我忐忑地接受了这个挑战,而且没有辜负老师的希望，用英文完成了博士论文草稿。导师在美国期间对我的博士论文（英文）进行了亲笔修改（修改笔迹一直保留着），至今仍感到那么亲切和难忘。随后论文分三期刊登在导师主编的英文刊物 Chinese Journal of Arid Land Research 上。值得自豪的是，这应该是地理所至今唯一一篇用英文完成的博士论文。

撰写本文的主要原因是感觉赵先生的思想和作品，有些被历史选择性地淡忘了。在这里我以一个地理学者的良心和一个学生的责任，试图把被掩盖的一些光辉挖掘出来，展现给我国地理学者们，特别是青年后辈。希望导师那些曾经闪耀的思想继续在中国地理学史中以本来面貌存在，为中国地理学的正常发展提供纯洁的历史要素。

世界上最简单的事情就是说真话，它不需要心机，不需要立场，简单又纯洁。幼童自然地就能做到。同时，世界上最难的事情也是说真话，因为人们有时候立场会被挟持，意识会被绑架；另外，利益的诱惑，利益集团的控制，小人的谋算，都会乌云密布。所以才有真相被掩盖，高尚被诬蔑，平庸被吹捧。更可恶的是，荒谬的事物被多次吹捧后，在人们的意识中就渐渐成为"真理"了。古今中外，莫不如此；在专制、腐败、没有信仰、道德堕落的社会里，这种情况尤甚。

看待一个人物，认识一个人物，我们必须跳出一定的框框和立场。因为在太多的时候，我们被套在无形的框框里，没有意识到偏颇更未能自省，以至于只能用"哈哈镜"看待所要认识的事物和人物。立场更是非常害人的东西，当人们站在某一立场的时候，很难客观地看问题，无意中会形成"屁股决定脑袋"的悲哀。要跳出这样的框框和立场，需要心智，需要阅历，更需要勇气。好在外面还有另外一个世界，可以作为一个新的坐标，供我们参考。

历史是最无情的，那些滥竽充数之辈，不管当时怎样吹捧、抬高，随着时间流逝，最终会被淡化，甚至遗忘。历史也是最有情的，真正有才华的人，不管当时怎样被贬低、压制，终有一天还是会大放光彩。

人的价值有现实价值、历史价值和终极价值。正如人与人的交往，有的是你眼下有求于人；有的是将来有求于人；有的是没有"物"的价值，却是长久温暖着你，让你成长，让你充实。不同的人，不同的价值观，就会有不同的取舍。分析导师的作品与贡献，需要尽可能地客观，将其科学意义和时代意义挖掘出来，以便向历史负责，向未来负责。

一、译著《地理学性质的透视》

它是解放后我国第一本里程碑式的地理学译著。原作者是美国地理学家哈特向（Richard Hartshorne），美国地理工作者协会将其作为协会地理丛书的第一本，在 1959 年出版。对地理学的 10 个重大问题进行了哲学化的阐述。用语相当晦涩而且涉及多种语言，意思也相当难懂。赵先生凭着自己出类拔萃的学术功底、语言功底以及对东西方文化的深刻认识，勇敢地承担了翻译工作。考虑到当时连像样的英汉词典都没有，各种资料又奇缺，我辈真为导师的魄力、胆量、水平所折服。可以说，即使现在我们有了非常好的翻译条件，恐怕也很难有人会有这种胆量、这种魄力、这种水平去翻译这本天书。而 50 年前导师就完成了翻译和出版，实在是太不可思议了。曾昭璇先生在 1989 年有"国宝奇才我赵公"的赞誉，最能表现人们的真实情感，反映先生在老一辈地理学家心中的崇高地位。更为难能可贵是在该译著 1963 年的版本里有一个"译者前记"，直陈我国地理学在 20 世纪 60 年代初期面临的问题，"解放以来，我国许多地理工作者对这些问题（地理学的对象与任务，自然地理与经济地理是否截然分开，系统地理和区域地理是否截然分开，探讨科学法则还是阐述个别事例，地理学在科学分类中的地位等）知难而退，避而不谈。亦有少数地理工作者大胆下过结论，但终嫌资料欠缺，论证不足，'压服'的成分多，'说服'的成分少。所以，地理学界在方法论上依然呈现某些混乱的状态，还带有一点萎靡的情调。"这样尖锐的批评，可以看作是对当时中国地理学界的深切透视。这种针砭时弊的科学批判精神，在科学史上都是极为珍贵的财富。只可惜后来的版本中将该"前记"删去了，使我国几乎所有的地理学者无缘看到赵先生在 60 年代初就达到的科学高度，和对我国地理学发展所抱负的责任感、使命感以及跃然纸上的赤诚之心。殷切希望商务印书馆能在今后的版本中，将该"前记"重新放入，还历史的本来面貌，促进我国地理科学、地理思想的发展沿着健康正常的发展道路。果若如此，先生在九泉之下可以欣慰了。

二、"中国综合自然地理区划的一个新方案"及《中国自然地理·总论》

中国自然地理区划的研究一直是中国自然地理研究的核心之一。如果 1949 年以前的区划探索者称之为中国自然地理区划研究的先驱，那么赵先生就是其中最重要的一位，其他的包括：罗士培（P. M. Roxby，1922）、葛德石（G. B. Cressey，1934、1944）、李长傅（1934）、洪思齐及王益崖（1934）、斯坦普（L. D. Stamp，1936）、王成组（1936）、李四光（1939）、冯绳武（1945）、李旭旦（1947）等。赵先生在其 1948 年的博士论文"Geographic Regions of China：Their Component，Factors and Chief Characteristics"中，以水系、地貌、气候、土地利用及民族—人口密度 5 个要素，将中国分成 7 个一级区、22 个二级区，构成一个比较完整的中国地理区域体系。可见，35 年后（1983 年）赵先生提出的"中国综合自然地理区划的一个新方案"以及后来主编的以该方案为框架的《中国自然地理·总论》是有深厚的科学积累、研究基础和历史渊源的，绝非一蹴而就的临时成果。

如果说《中国综合自然区划（草案）》（科学出版社，1959）是中国自然地理学的第一座里程碑，那么《中国自然地理·总论》（科学出版社，

1985）就是第二座。前者是在解放初期，人们对中国自然地理初步了解的基础上形成的，而后者则是在人们对中国自然地理有相当程度了解基础上的科学综合，在深度和广度上都超越了前者。前者的指针性很强，例如温度带的划分、干湿区的划分都具有明确的气候指标，特别是自然地带的划分，应该是最具有创造性的成果。但更多体现的是地带性和非地带性要素的交替使用；三大区的划分是地貌性的，温度带及干湿地区的划分是气候性的，自然地带的划分是土壤植被性的，自然省的划分又回到了地貌上。而《中国自然地理·总论》里的区划方案则从开始就体现了很强的综合性，三大自然区可以看成中国地理的大背景；7个地区的划分在高层次上就将地带性和非地带性综合在一起了，在形式上基本继承了先生在1948年就提出的7个地区的划分，但内容上则丰富了很多。在罗开富、任美锷、侯学煜、赵济先生的区划方案中我们都可以看到7（或8）个地区的划分。可见这种认识具有相当的普遍性，是对中国地理环境基本差异的重要认识，是对国情的基本把握，在国人的心目中也具有广泛的意义。先生无疑就是这种认识的先驱。还有，先生在1956年就提出的我国三大景观地带的概念，就是后来三大自然区（东部季风区、西北干旱区、青藏高寒区）划分的萌芽和开端。另外，《总论》对于中国地理背景的形成过程、各自然要素的特征都进行了非常系统的阐述，各区也都具有了翔实的数据和证据，是中国自然地理研究30年的集成、综合和创新。这些成果都毫无疑问地说明：先生就是中国自然地理区划的先驱和最主要的贡献者之一，对于中国综合自然区划作出了巨大贡献，是中国自然地理学最主要的核心奠基人之一。

三、中国干旱区系列论著及英文期刊
Chinese Journal of Arid Land Research

中国西北干旱区是赵先生付出很多心血的研究地区。从民勤治沙站开始，赵先生把眼光投入到整个西北干旱区。他先后调查和撰写了"河西走廊西北部戈壁类型及其改造利用的初步探讨"、"中国沙漠与戈壁概况"、"Origin and Development of the Shamo (Sandy Desert) and the Gobi (Stony Desert) of China"、"Human Impact on China's Arid Land: Desertification or De-desertification"、"Drifting Sand Hazard and Its Control in Northwest Arid China"、"The Oasis-making Process (De-desertification) in China's Desert Land"、"Northwest China Desert Division: Its Environment, Resources, Population and Development"、"Evolution of the Lop Desert and the Lop Nur"，以及专著《中国干旱区自然地理》（科学出版社，1983）、*Desert Lands of China*（Texas Technical University，1981）、*Natural Conditions and Territorial Management of North China Plain*（NIRA，Tokyo，1989）等。这些论著开创性地阐述了中国干旱区形成、演化、格局与过程，使人们能够全面而深刻地认识中国干旱区的自然地理与人文特征，成为中国干旱区自然地理研究的奠基性著作。任何进行中国干旱区研究的学者，都不可能不参阅赵先生这些奠基性著作。先生当年提出的"中间突破，两头开花"的治沙战略，以及关于敦煌莫高窟是否会被沙埋的科学论断，更是将理论应用于实践的经典范例，对于国家建设和荒漠科学研究发展都具有深远而重大的意义，受到文化部和科学院领导的高度赞扬。20世纪80年代先生还组织了多次国际干旱区学术讨论会，也多次出席国际会议，宣传和交流中国干旱区研究成果，将中国干旱区研究推向世界，不自觉地承担了"科学大使"的责任。他创造的绿洲化英文词"de-desertification"，非常鲜明地解读了中国干旱区人类活动的正面影响，是对世界干旱区研究的重要贡献，而受到国际干旱区研究权威H. E. Dregne的高度赞扬。当时先生被称为"沙漠王"或干旱区研究泰斗，完全是实至名归。1988年由美国纽约阿伦顿（Allerton Press Inc.）资助、先生为主编的国际刊物 *Chinese Journal of Arid Land Research* 的诞生，正是国际上认可先生是当时中国干旱区研究最高代表的重要标志。

四、两本中国地理英文专著

(*Physical Geography of China*, 1986;

Geography of China: *Environment*, *Resources*, *Population and Development*, 1994)

20 世纪 80 年代中期以前，西方世界严重缺乏对中国自然地理及其研究成果的了解，主要原因是一直没有一本系统地介绍中国地理的权威性英文专著。这种情况在 1986 年随着 *Physical Geography of China* 在美国的出版就一去不复返了，后来它还在很多美国大学作为中国地理的教科书，也就是顺理成章的事情了。在这种意义上，它的出版不仅是对中国地理研究的巨大贡献，也是中西方地理交流史上的里程碑。西方世界正是通过该专著了解和认识了 1949 年以后中国自然地理研究的方法、内容和成果。这为双方进一步进行学术交流奠定了坚实的科学基础。*Geography of China*: *Environment*, *Resources*, *Population and Development* 将中国地理研究与国家可持续发展战略有机地融合在一起，眼界之宽、起点之高、综合之强、意蕴之深，都体现出了地理学大师的风范。

我国很多地理专业的学生和工作者，在开始写作英文论文时，常常对很多地理对象与现象的描述感到没有把握。先生的两本英文专著，囊括了中国地理方面几乎所有的名词和写法，为中国地理学者在国际上发表论文提供了很多标准写法和句子。实际上，很多地理学者都把里面很多的写法、用法当成范本，逐步提高自己的英文写作，以便在国际刊物上发表更多更好的学术论文。在这一方面，先生的作品将会长期"润物细无声"地影响着后辈们。

五、土地类型研究的意义

土地类型研究是国家"七五"重点项目。该工作建立了我国土地类型的等级体系、制图规范，将我国多年的景观制图实践上升到了科学的高度，是综合自然地理学发展的一次飞跃。导师是中国土地类型研究的领导者。在导师带领下，以地理所为主的中国土地类型研究团队完成了多篇研究论文、专著，正式出版了8幅1∶100万土地类型图，后来也出版了《中国1∶100万土地类型制图规范》（先生去世后由申元村负责完成出版工作），标志着土地类型研究的成熟。但遗憾的是地理学界对土地类型研究缺乏应有的理解和认识。可能是名词本身的缘故，不少人望文生义，认为"土地类型"就是土壤，没有按照"土地"的科学定义，将其理解为"自然地理综合体"，出现了比较严重的误解。

土地类型研究的核心是把地表理解成水平地带性和垂直地带性长期共同作用形成的自然地理综合体的三维立体格局，其等级体系就是国家陆地表层的原生态格局，是研究生态退化、生态安全以及实施国家生态治理战略的基本参考体系。例如，评价生态安全程度，就应该看生态现状是否偏离土地类型的基本属性和偏离了多少，只有这样才能科学判断生态安全与否，采取何种战略和措施改善生态安全，保障生态安全。遗憾的是由于种种原因，土地类型研究未能持续下来，其后果之一就是国家生态安全研究没有一个严格的科学依据。2006年我在《地理科学进展》上撰写的"生态安全研究的科学基础"就是土地类型研究的传承，近年来它的高引用率是完全可以理解的。土地类型研究的中断，使自然地理学发展失去了一个重要阵地，因而也受到了不可避免的限制。土地类型研究是先生的未竟之业，希望在不远的未来，土地类型研究能够萌发新的动力，成为振兴中国自然地理学，繁荣国家生态安全研究的重要突破口。当然，时代和背景与先生在世时都发生了重大变化，土地类型研究的思路、方法和目标会有所不同，但核心问题和意义没有变化。我坚信土地类型研究会有复兴的契机，也期待这一天早日来临。

六、史、地结合的壮丽篇章

先生就读于浙大史地系，原本就有极好的史地基础。在其论著里会经常闪耀史地结合的光辉。例如，"我国耕地资源的地理分布和合理开发利用"（1984）、"中国农业（种植业）的历史发展和地理分布"（1991）等。前者将历史和地理相结合，以浓重的笔墨展现我国耕地 2000 余年的变化，以及我国 7 个农垦地区 300 年来的耕地面积变化。使我们认识到 2000 年来我国耕地从 5 亿亩到 15 亿亩的变化过程，而人口从 6000 万到 13 亿的发展历史。在短短的一篇文章里，以翔实的资料、清晰的思路展现如此宏大的历史地理过程，是史地结合的佳作，充分体现了雄厚的史地背景和吞吐八荒的大师手笔。但整个论文给人的感觉则是举重若轻。实际上，先生关于干旱区的不少研究论文，都将人文活动和历史因素提升到一个很高的高度，进而将干旱区环境与发展问题放在史地相互作用的大舞台上进行分析和解决。这集中体现在 de-desertification（绿洲化或反荒漠化）这个英文单词的创造上，它使世界干旱区研究增添了鲜明的中国元素。在这里，先生史地融合的思路和方法功不可没。先生最后一本重量级专著 *Geography of China: Environment, Resources, Population and Development* 更是史地结合的光辉篇章，它从自然、资源、历史、农业、工业、交通、民族、人口、城市发展、环境与自然灾害、土地—粮食—人口及区域地理全方位展示了中国历史与地理的风貌。我们完全可以这样说，先生是中国地理界极少数史地贯通的大师。

七、深邃高远的科学评论

1992 年先生在 *Global Environmental Change* 上发表对于文章 "Global Warming in an Unequal World" 的科学评论。这种科学评论文章往往要求极高的科学素养、国际视野和语言表达能力。先生承认全球变暖问题的严重性，并非像某些人士认为的是西方科学家的政治阴谋，而是需要全人类共同奋斗来应对这一极具挑战性的问题。从"谁应该受到谴责？""有哪些补救措施？"两方面来讨论问题。他赞成作者关于发达国家"奢侈排放"和发展中国家"生存排放"的划分，但对以美国为首的发达国家的高度能源依赖性进行了批评，认为那是不可持续的，是真正应该受到谴责的。但对论文作者提出的"排放贸易化"的想法不以为然，认为毫无必要，而且只会使问题复杂化。先生没有局限于对论文观点的批评，而是站在全人类的立场，提出了有关应对全球变暖的六条建议，包括：全人类共同行动，更多的科学研究，发达国家应首先行动，提倡植树造林，减少工业企业的排放，清洁可更新能源的利用。先生还经常使用一些具有中国智能的语言，使科学评论更具有说服力，例如，"Two negatives will make a positive"（负负得正）、"To convert a bad thing into a good thing"（坏事变成好事）。先生的境界是高远的，批评是犀利的，建议是积极有效的，语言把握是娴熟的。细细读来，先生那深厚的学术功底、对地球未来的深刻思考、对人类命运的强烈责任感，令人佩服不已。感慨之余，更是一种美的享受。

1995 年，导师波澜壮阔的一生戛然而止，计划中的一些研究计划和写作计划都无法实现了。这不仅是他个人的损失，更是中国和世界地理学界的遗憾。先生的丰富论著是他给这世界留下的宝贵财富，怎样评论都不过分。本篇短文无论如何也不可能将其意义完全分析和挖掘出来。在未来的时段里，人们肯定还会发现其中更有意义的内涵，值得我们期待。

在我辈看来，先生的精神与品格更显可贵。由于各方面的原因，先生大部分时间身处逆境。但他仍生生不息，以民族、国家为己任，无论在艰苦的野外，还是伏案沉思，都表现出"松柏云霞凝剑气，江山风雨铸诗篇"的激情与洒脱。他从来不会故意去争取所谓的名誉和头衔，但发展中国地理学的责任却从未推辞。他"只争工作，不争职务；只争重担，不争荣誉"，一直保持着"云水襟怀，松柏气节"，不管遇到多么严峻、艰难的局面，始终"心似浮云常自在，意如流水任东西"。如此特立独行的赵松乔，超越了党派，超越了各色各样的利益集团，以一个纯粹的科学探索者和知识创造者，在中国地理学发展方面留下了大量光辉的篇章（包括早期大量的外国地理专著）。在数十年地理学生涯中，先生以刚强的意志、崇高的思想、丰硕的成果谱写了一曲"一只孤雁云天路，万千寂寥写长天"的苍茫与豪迈。我为有这样的导师而深感自豪，他那超凡脱俗的气节、境界和精神必将永放光彩，照耀着后辈们探索未知和阔步人生的漫漫道路。

2013 年 8 月于北京天通苑

悼念赵松乔教授

曾昭璇　吴　正

(华南师范大学地理系教授)

赵松乔教授永别了。我们得知消息已在追悼会期之后，但痛悼之情，自所难免，我们虽处热带花城广州，但追思昔日情谊，特草此文，以寄哀思！

我们都是从事自然地理研究工作，他是一位学识渊博、待人和气的长者，对关怀后进，更是不遗余力，使我们受益不浅。我们对中国自然地理问题，诸如自然区域、土地类型划分，以及综合自然地理一些理论问题，干旱地区的研究等等，是经常向他请教的，他也毫无保留地加以指导。因此，我们试就所受教最难忘的问题加以介绍，使大家对赵先生为人与学术成就有所了解。

一、中国自然地理区划问题

赵先生分我国三大块的观点，与法国学者 Sion 分中国为两大块不同。Sion Jules（1880~1940）是法国著名区域地理学者。他把中国分为"高的中国"（Haute de China）及"季风中国"（China de Monsoon），在当时是很流行。赵先生归国之后，即从事我国区域研究。中国自然区域划分问题，是当时最集中的自然地理学问题之一。赵先生强调中国三大块划分，即东部地带、蒙新地带和青康藏高原，并以"我国三大景观地带交汇处的天祝"——

文（1956），阐明他的观点。给我（曾昭璇，下同）启发很大，因当时盛行罗开富教授七大块（1954），即：东北、华北、华中、华南、康滇、青藏、蒙新；任美锷教授等八大块（1961），即在蒙新区分出内蒙和西北两区等等。故在1962年的自然区划讨论会上，我也写了一篇"试论自然地理区划中等级单位系统问题"，即认为中国自然地理区划，以蒙新、东部和青藏三大区是最合理的，即发扬了赵先生的观点。

对我影响的第二项是土地类型研究。在当时，自然区划工作者多用主导因素法进行，如第一级用地形，第二级用气候，第三级用土壤、植被等方法进行划分。我总觉得不理想，因主导因素的选择有任意性，即不同的学者有不同的选取，难于一统，更难于引入数学方法处理。这时，我读了赵先生的"内蒙古自治区农业地理"（1957）一文，分内蒙为16个自然区域，各有农、林、牧业特色。这是他后来研究干旱区以至全国土地类型的起点工作。我亦按赵先生观点，在1960年发表的"自然地理区划理论问题"和"珠江三角洲自然地理区区划问题"两文中，把土地类型作为自然区域的组成单位，不同土地类型组合，即成为自然区域的环境结构特征，自然区域的基本数据应是土地类型图了。把区域的分划按土地类型组合情况而定，并认为这可避免主观地选择主导因素去进行区划工作。珠江三角洲一文，即用此法进行。如三水台地洼平原区中，即由赤红土台地、波状丘陵台地及洼地平原三种土地类型构成（面积分别为23.2平方公里、158.8平方公里、856.4平方公里）；而东江三角洲区则由波状台地（49.6平方公里）、洼地平原（90平方公里）、高沙田（708.8平方公里）和低沙田（50平方公里）等四种土地类型构成；作为区划理论一文的实例。我这些观点的产生，即受赵先生观点所启发而来。赵先生晚年对土地类型的研究，说明他对自然区域的研究已进入了土地类型分析的境界。

赵先生主持地理所自然地理室以来，中国自然区划即和他的工作分不开了。他早期的三大块观点是随着他参加西北干旱区工作以后，不断坚持，直至 1985 年执笔编写《中国自然地理·总论》为止，不断加强和充实。如写《总论》时，即把新中国成立后 6 个比较重要区划方案一一加以分析，并参考了各种不同区划、省级区划、3 次专门自然区划学术会议文件、学者专著及有关论文 100 篇以上。可见赵先生是一位勤劳而深入细致、深思熟虑的科学家，敢直言和"实事求是"的学者。因此，他的著作在我接触国外人士中，全予好评。

赵先生研究各家观点后，提出"自然地理环境是一个统一整体，必须将地带性因素和非地带性因素，外生因素和内生因素，现代因素和历史因素结合起来，进行综合分析"。可见，赵先生的考虑是比较周全的。他还批评了重叠法定界线是忽略"自然界各项现象也各有其发展的规律，所处发展阶段又各不相同，因而这种方法不是到处都行得通的"。这的确是如此。他还指出："特别是一个主导分异因素的地域变化，必然引起其他自然因素和整个自然综合体的变化。"他从这些观点出发分划中国为：

(1) 3 大自然区：东部季风区、西北干旱区、青藏高寒区。

(2) 7 个自然地区：东北、华北、华中、华南、内蒙、西北、青藏。

(3) 33 个自然区。这就是他提出的"一个新方案"（见《地理学报》，38 卷 1 期，1983），为中外多数学者所接受。既精而简，又与农业生产相结合，具各家之优点而去其缺点。因此，他对中国自然区划作出了重要贡献。

二、西北干旱区研究

我国研究西北干旱区自然地理学者不可谓不多，但我认为深入细致，有理论、有方法、有生产意义来说，赵先生当为首屈一指的学者。自 1958 年中国科学院组织治沙队以来，赵先生即以西北沙漠与干旱区地理研究为主要方向，并亲自主理。

他从综合自然地理观点，建立了一种比较全面的观点去研究西北干旱区的沙漠、戈壁。他把沙漠、戈壁与整个干旱区的研究紧密联系起来，把它们看作干旱区内分布甚广、土地利用很特殊的两种土地类型，是我国干旱地区的主体（见 1985 年主编的《中国干旱区自然地理》一书"前言"，科学出版社）。认为干旱区的研究离不开沙漠、戈壁，而沙漠、戈壁的研究又必须联系到整个干旱区来考察。指出沙漠、戈壁作为干旱区特殊的土地类型，赋予其自然属性，既有干旱、风沙等自然灾害猖獗的一面，必须尽早采取控制和改造措施；又蕴藏有较丰富的土地资源、矿产资源和太阳能、风能资源，以及一些水资源和生物资源的一面，具有可供开发利用的巨大潜力。这一认识有助于全面、客观地评价沙漠、戈壁这一自然综合体，因地制宜、更好地改造和利用它们。

赵先生对我国西北干旱区沙漠、戈壁的形成演变与时空分布规律，也有独到的见解。他在"中国沙漠、戈壁的形成和演变"（1985）一文中提出，在我国广阔分布的沙漠戈壁是白垩纪以来，特别是晚第三纪青藏高原开始隆起以来，在干旱气候条件下，通过流水和风力作用，沙和砾石在侵蚀（剥蚀）→搬运→堆积这一统一过程中的产物。其分布规律可以归纳为两种模式：内陆盆地式（向心式）和蒙古高原式（离心式），每个模式之中还存在一些亚型和变型。

沙漠化是当今人类面临的严重环境问题。随着社会经济的发展以及人口增长，人类的活动对干旱区的地理环境会产生越来越大的影响。赵先生在"人类活动对西北干旱区地理环境的作用：绿洲化或荒漠化？"（1987）一文中，首次明确提出干旱、半干旱区人类活动的作用，既有沙漠化，也有绿洲化。正确认识自然、合理开发利用和改造自然，就可以导致绿洲化过程的加强；反之，不按自然规律和经济规律办事，不合理开发利用自然，就会引起沙漠化过程的加剧。同时指出，今后西北干旱区的主要发展方向是：因地制宜，充分合理开发利用自然资源，加强绿洲化过程；同时，因害设防，控制和改造不利的自然条件和自然灾害，逐渐缩小乃至消灭沙漠化过程。赵先生的这一真知灼见，纠正了多年来一些沙漠工作者只强调人为的不合理经济活动导致沙漠化的片面认识，对沙漠化及其防治研究有重要指导作用。本文作者之一（吴正）在"浅议我国北方地区的沙漠化问题"（1991）一文中，提出沙漠化并不是人类活动的唯一结果和必然结果；在沙漠化及其治理研究中，要看到干旱、半干旱区人类活动的两重性的看法，正是受赵先生观点的启迪。

三、国际与港台地区学术交流

我国地理学者能作国际交流的人才不多，不但受限于专业水平，外语亦为重要因素，而且身体要好，心意坚定更难。赵先生一一有之。其英文著作《中国自然地理》一书，多为西方学者引用。正如 Gentilcore, R. L.（加拿大 McMaster 大学前系主任）告知："我对中国地理有兴趣而研究不多，但这本书文字顺畅易读，是一本好书。"即为例子。看来文字好也是国际交流条件之一。

而且，由他主编的英文刊物《中国干旱区研究》，也在国外很受欢迎，说是图文并茂的佳作。主编已逝，后人继之，这是我国地理学界对外交流的一条好途径。赵先生在美国同学也多，故常出国讲学，促进中美学者交流，也是他热心的工作。

对台湾他也有很好的关系。他是张其昀教授的高足，张氏生前对他器重。张氏后嗣张镜湖教授亦台湾名学者，与赵先生相识，故屡邀赴台，倍受欢迎。赵先生常说余生愿为海峡两岸学术交流穿针引线，加强沟通。今赵先生突然仙逝，抱负难展，诚为我国地理学界一大损失。

四、爱护后学，敢于直言

赵先生为浙江东阳人，古越人之区，故民俗质直尚信。赵先生为一严正科学家，不但研究工作严谨，实事求是，不事浮夸，据理而言，充分表现科学工作者的风格。故为文多有深度，使人获益。余（曾昭璇，下同）爱读其文，亦即以此。因常以兄长事之，有问题即书函相告，亦获见教，故余实深感焉。近时，赵先生家难，余驰书往慰，亦作书赐知，彼能以学术为重，说能承受得起。可见赵先生磊落胸怀，对人生之坎坷，不予计较。此诚为有高尚品德之人，境界至高，不沉于俗者也。此亦余对赵先生敬佩之处。

此外，由于他平易近人，对青年人悉心栽培，至有可记。例如：我系研究生甚愿有名师指导，于是我们拟聘北方名教授、学者南下讲学。赵先生即为计划中的对象，以高龄而迟迟不敢决定，乃由我先函联系，赵先生即表示愿意南来，不避艰苦、劳累，使研究生及青年教师皆大欢喜，得聆名教，不但学业增进，而对地理学之向往，信心大增。时日虽短，而功效特显。由是以后，继请陈吉余等名家莅校讲学，遂成定例。此亦余深感赵先生见助之诚，嘉惠学子之心，为国育材，不以年长而稍减也。还有，对青年学者之提携亦尽力机，文章之评阅与指导，资料之提供，全无保留，皆表现赵先生为国育材，无私帮助之志，昭然若揭者也。作者之一（吴正）今日在风沙地貌研究上能取得一些成绩，深感与恩师赵先生的热心扶植、多年指教与支持分不开。

赵先生于1995年10月25日21时35分，因患肠部溃病（李宝田同志告知）不治。逝人仙游，不禁执书叹息。年只76岁，按今天医学与营养水平，本多活十来岁，亦不为稀。天妒英才，其可奈何！

总之，赵先生为人，一生磊落，在国际活动中，努力宣扬中华文化，为国争光；在港台交往中，能广交朋友，增进学术交流；在国内工作中，一生为地理科学事业奋斗，开辟综合自然地理学科领域培养后学，不遗余力；凡此皆为我等所敬佩，而愿意向他学习者也。然以我们所处，天各一方，虽常有鱼雁频通，以心相许，但毕竟相处不常，所知自少，遗漏自多，希有长文刊出，以慰众望，并补我们文章之不足也。

（原载《热带地貌》，16卷2期，161~164页，1995年12月。）

春华秋实——记赵松乔教授

蔡运龙

(北京大学城市与环境学院教授)

> 夫学者，犹种树也，春玩其华，秋登其实。讲论文章，春华也；修身利行，秋实也。
>
> 《颜氏家训·勉学》

1989年6月，第一位"大陆杰出人士"应邀访问台湾。此事立即引起海内外新闻界的轰动，《人民日报》（海外版）以"第一位叩开台岛之门的大陆学者"为题加以报道，台湾《中国时报》在"焦点人物"栏目刊登特写照片和专访，《瞭望新闻周刊》（海外版）、《中华英才》、《华声报》、《地理知识》、台湾《大地》杂志等新闻和学术媒介也都纷纷刊载有关文章。这位新闻人物就是中国科学院地理研究所研究员赵松乔先生。

一、"国宝奇才我赵公"

其实，赵松乔教授在学术界早就以"地理学泰斗"遐迩闻名了。他除了任地理所研究员外，还是中国地理学会理事兼自然地理专业委员会副主任、《地理学报》副主编，中国自然资源研究会常务理事兼干旱区专业委员会主任、《自然资源学报》副主编，北京师范大学兼职教授，兰州大学干旱区研究中心主任和教授，国际地理联合会（IGU）干旱区专业委员会成员，美国亚利桑那（Arizona）大学国际干旱区研究委员会成员，国际学术刊物《全球环境变化》（*Global Environmental Change*）编委，英文学术刊物《中国干旱区研究》（*Chinese Journal of Arid Land Research*）主编。

先生迄今已发表专著 15 部（其中 3 部以英文发表），译著等读物 6 本，论文 200 多篇（其中 30 多篇为英文、4 篇日文、1 篇德文），共 500 多万字。此外，他还开设了多门课程和讲座；培养了众多的地理学专门人才，其中博士 9 人、硕士 10 余人。他还是若干国家重大科研课题的组织者和主要参与者，近年来获部级以上奖励共 10 多项。可谓著作等身，桃李满园；大才槃槃，雄略拔超。称之为"杰出人士"，的确当之无愧。正如曾昭璇教授贺赵先生 70 大寿的诗文所云：

国宝奇才我赵公，奠基综自众声同；
西北旱区功业重，中华分域世常宗。
专书举世齐争诵，巨著西洋亦拜崇；
为我悉心培弟子，祝尔南山不老松。

二、艰苦奋斗的历程

浙江东阳，人杰地灵，历代都是才子辈出之地。现有 1000 多名东阳籍的教授、副教授遍布海内外。赵松乔 1919 年 7 月 7 日出生在这个闻名于世的教授市（当时为县）。他自幼就以聪颖勤奋著称，1938 年以优异成绩（其中数学 100 分、化学 99 分、英文 95 分）考入浙江大学史地系，并得到当时全校唯一的一个奖学金名额。1942 年获学士学位同时考取该校研究生，亲炙竺可桢、张其昀等名师门下，主攻人文地理，并兼任助教。1945 年获硕士学位并留校任讲师，主讲地理学通论、普通地质学等课程。1946 年赴美国克拉克（Clark）大学深造，1948年获该校理学博士（地理学）学位，期间还到加拿大麦克吉尔（McGill）大学研修了暑期地理课程，1948年回国后任浙江大学史地系副教授。1949年任南京金陵女子大学地理系教授。1950年后到中国科学院地理研究所任副研究员、研究员，曾担任自然地理研究室副主任（1961~1963）、主任（1978~1984）和沙漠研究室主任（1963~1965）。还曾任北京大学、南京大学、西北大学、华南师范大学等校地理系的客座教授。

在他50多年的学术生涯中，一个贯彻始终的显著特点是"以苦为荣，乐在其中"。赵先生的勤奋，在地理学界是有口皆碑的。他黎明即起，终日伏案，甚至节假日也很少休息。这种苦干作风一直保持到年逾古稀的今天。正是这样艰苦地读书和写作，使他不仅著述丰硕，而且对国内外学术动态了如指掌，始终站在学科前沿，不断开拓新的研究领域。然而，赵先生并不是那种闭门枯坐的所谓"太师椅地理学家"（armchair geographer），他始终以"读万卷书、行万里路"为座右铭，十分重视野外实地考察。几十年来，他踏遍了祖国的千山万水；美国50个大州中有42个印下他的足迹，非洲的撒哈拉大沙漠、北欧的冰天雪地、加拿大、西欧、日本……，除南美、南极和南太平洋诸岛国外，世界各地主要名山大川也都留有他的脚印。他曾在沙漠中经受50多度的高温煎熬，一天步行百里路。直到花甲、古稀之年，他还坚持深入到塔克拉玛干沙漠、罗布泊、柴达木等荒沙腹地作实地考察。他的大多数著作都是在实地考察所获第一手数据的基础上写成的。正是"春天"的辛勤耕耘，才带来"秋天"的丰盛果实。

赵先生学术生涯的另一特点是"求实求是，经世致用"。为此，必须在基础研究和实践应用两方面下大力气。赵先生认为：要搞好基础研究，才谈得上实际应用。他反对夸夸其谈，不成熟的成果决不轻易发表；也反对哗众取宠，决不玩弄空洞无物的雕虫小技。另一方面，他继承浙东历史学派"经世致用"的优良传统，始终以解决社会生产实际提出的重大问题为己任，重视科研成果的实际应用。他的主要研究领域及其成果无一不是基础研究与实际应用的范例。有一件很典型的事例：

20世纪60年代初，在著名的敦煌莫高窟（千佛洞），一些治沙工作者，仅根据两三个月的风沙移动观测资料，就发出"30年内鸣沙山和三危山将东移埋压莫高窟"的危急讯号，引起周恩来总理和中央的重视。赵先生受命处理这个问题，他从两个基本事实否定了这个耸人听闻的"警告"：一是鸣沙山及三危山的地表虽有不同厚度的浮沙，但其基底都是岩石，在数十年、数百年乃至数千年内不会整体东移；二是当地是东西风过渡带，两者大致势均力敌，而以东风略占优势。因此，流沙基本上是"向上"移动，形成金字塔形高大沙丘，并可能略向西移而决不会东移。因此，赵先生断言300年乃至3000年内鸣沙山及三危山不致向东压埋莫高窟，提出花费几百万乃至几千万元的"治沙计划"，以及全部搬迁莫高窟的方案是完全没有必要的。当然，需要消除上方平台的浮沙，主要措施就是把该处屋顶（位于高约30米的悬崖峭壁上）坡度加大到33°~35°（干沙的休止角）以上，使浮沙能自动滑落，再在沟底加以清扫。这种解决办法得到文化部领导人的首肯和采纳，避免了巨额投资的浪费和珍贵文物的搬迁损毁。如今已过去30年，实践证明是正确的。

三、功勋卓著的贡献

赵松乔的研究领域既博亦渊：从人文到自然，从湿热带到干旱区，从国内到海外，从理论到应用，从分析到综合，从现代结构到历史过程，他在广阔的地理学园地里辛勤耕耘，博学精深，纵横捭阖，硕果累累。

（一）综合自然地理学

"奠基综自众声同"。赵先生是公认的我国综合自然地理学重要奠基人和开拓者。他提出了综合自然地理学的5个基本方面：（1）自然地域分异规律；（2）土地类型；（3）自然区划；（4）自然地理过程；（5）自然生产潜力和土地人口承载力。他把土地类型和自然区划作为综合研究的重点与突破口，并特别强调在区域研究中进行有效综合。

20世纪50年代后期，为配合国家大规模开发资源和布局生产的需要，地理学界开展了《中国综合自然区划》（科学出版社，1959年），赵先生是主要参与者和撰稿人之一。60年代初，他在河西走廊和乌兰布和沙漠等地所作的自然区划和资源评价，是我国较早将土地类型与自然区划有机地结合起来的代表作。70年代，配合我国大片宜农荒地资源调查，赵先生主持了《黑龙江省及其西部毗邻地区的自然地带与土地类型》（科学出版社，1983年）研究，这是我国第一部系统的区域综合自然地理专著，获中国科学院科技进步三等奖。1983年，他提出"中国综合自然地理区划的一个新方案"（《地理学报》，38卷1期），总结了国内历次方案的长处，吸收了国外方法的优点，产生了很大影响。最近有人做过统计，结果发现此文是近年来我国被引用得最多的地理学文献，真乃"中华分域世常宗"。《中国自然地理》系列专著是当代我国第一流地理专家们多年心血的结晶，是有关中国自然地理水平最高、资料最新最全的一套书，荣获中国科学院科技进步一等奖。其中第一本《总论》（科学出版社，1985年）即由赵松乔教授主编并主撰。自1978年以来，赵先生还主持了作为国家"六五"期间首项重大科研项目——农业自然资源调查和农业区划的基础性工作——"全国1：100万土地类型制图"。他撰写了大量论文，介绍国外土地分类的理论、方法与最新进展；制定了分类方案和制图规范；主编了1：100万土地类型图20余幅和《中国土地类型研究》（科学出版社，1985年）专集。该项成果获全国科学院科技进步三等奖。

在广泛而深入地进行区域研究的同时，赵松乔教授对综合自然地理学的基本理论也给予充分重视。他主编的《现代自然地理》（科学出版社，1988

年）对现代自然地理学的基本理论和方法、主要内容和趋势都作了全面系统的阐述。此书获中国科学院科技进步三等奖。

(二) 干旱区研究

"西北旱区功业重"。赵松乔是国内外闻名的干旱区研究专家，有"沙漠王"之美称。曾有位澳大利亚学者劝他，西北干旱区人口占中国的4%，大可不必花太大心力管它。但赵先生认为，这4%就是4000万人口，几乎等于两倍澳大利亚的人口，且多为兄弟民族；而且干旱、半干旱地区无论在全世界和我国都占土地总面积的1/3，干旱区研究的科学价值和政治、经济意义都是十分重大的。因此，20世纪50年代末当国家发出"向沙漠进军"的号召后，赵先生毅然将其研究领域从早年的湿热带转向干旱区。他作为科学院治沙队的骨干，在广袤的大西北开展了大量的细致研究。他负责的甘肃民勤综合治沙试验站，在引水灌溉、防治盐碱、防风固沙等方面都做了许多基础性和开拓性工作，积累了宝贵的科学资料和实践经验。这个站后来发展为甘肃省沙漠研究所。他还担负治沙队的学术总结工作，发表了大量论文和专著，在此基础上，他提出我国的防沙战略：中间（指磴口—沙坡头—民勤沿线的乌兰布和沙漠及腾格里沙漠）突破，两头（指东边的内蒙古诸沙漠以及西边的新疆、甘肃诸沙漠）开花。当时中国科学院领导（包括竺可桢副院长）对此设想大为赞许。

1978年以来，赵松乔又组织开展了一系列新的干旱区研究工作和学术活动。他主编了《中国干旱区自然地理》（科学出版社，1985年）、《中国干旱区资源与环境》（印刷中）；主撰了《中国的干旱区》（科学出版社，1990年）；独撰了《中国的沙漠地区》（英文，美国得克萨斯科技大学，1981年）。他还发起和创办了兰州大学干旱区研究中心；为新疆地理所和生物土壤沙漠所、兰州大学等单位培养了多名硕士、博士生。他几次组织并主持在我国召开的干旱区研究国际学术会议，多次出席国外举行的同类会议。

他还创办了第一份有关中国干旱区研究的英文期刊 Chinese Journal of Arid Land Research。

（三）农业地理

赵松乔早年主攻人文地理，他所作的遵义地区土地利用调查、钱塘江南岸湘湖农场土地利用规划、杭州市的土地利用，以及浙赣铁路沿线旅游资源考察、黄泛区综合调查、集宁至白城子铁路客货运量研究、南京城市地理研究等，就是这方面的代表作。而他在我国农牧交错带的农业地理研究上则更有建树。

我国农牧交错带从内蒙古东部向西南延伸到川滇交界，这不仅是自然条件和农业生产的过渡带，也是汉族和兄弟民族交错居住的地区。因此，对这一地带的研究同样具有不容忽视的科学和政治经济意义。赵松乔在20世纪50年代对这个特殊地区作了专门研究，先后出版了《内蒙古自治区》（地图出版社，1954年）、《内蒙古自治区地理研究文献目录》（科学出版社，1957年）和《内蒙古自治区农牧业生产配置初步研究》（科学出版社，1958年）等专著和多篇论文。他还与周立三、吴传钧、程鸿等人合作，发表了《甘肃农牧交错地区农业区划初步研究》（科学出版社，1958年）和《川滇农牧交错地区农牧业地理调查研究》（科学出版社，1959年）。最近，赵松乔又在全球环境变化的背景上重新研究了我国农牧交错带，用英文撰写了"内蒙古东部的半干旱区———一个危急带的环境变迁"一文。

（四）东南亚地理研究

50~60年代，为配合新中国的外交工作和外国地理教学，赵先生编著了《缅甸地理》（科学出版社，1958年）、《缅甸地理概要》（中国青年出版社，1957年）、《菲律宾地理》（科学出版社，1962年）等专著；同时还翻译了《东南亚地理》（三联书店，1958年；商务印书馆，1962年）和《非洲地理》（商务印书馆，1962年）二书。

（五）综合地理系统研究

随着科学水平的提高和当代社会面临的若干重大问题的出现，需要在更高层次上将地理学的自然、经济、人文诸方面综合起来。赵先生敏锐地抓住这一动向，近年来又作了新的开拓。以他多年来在各个领域的深厚积累，搞综合性地理系统研究当然是得心应手、水到渠成。其实赵先生早就对高层次的地理学问题十分重视，他以"黎樵"的笔名发表译著《地理学性质的透视》（哈特向原著，商务印书馆，1963、1981年）就是一例。此书原文内容抽象、文字深奥，英、法、德文穿插，无深厚的功夫是不敢问津的。赵先生的译文"信、达、雅"兼备，使之更加增辉。此书已列为商务印书馆"汉译世界学术名著丛书"中第一本地理学名著，成为我国几代地理学者理论素养的重要源泉。

赵先生进行综合地理系统研究的一条重要途径是"土地系统研究"。这是由他首先提出的一个概念，即把土地类型研究、土地利用调查、土地资源评价、土地利用规划熔为一炉，研究土地系列制图、土地结构、土地—第一性生产力—粮食—人口等。近年来他又进一步提出把人口、资源、环境、发展当作一个统一的大系统加以研究，以此探求人地协调发展的新途径。目前他正在指导几位博士研究生作这方面的探索。

赵先生认为还有一条重要途径，是把空间分布与时间演化结合起来研究。他最近用英文撰写的长篇论文"中国农业的发展及其对环境变迁的影响"（The Spread of Agriculture (Farming) and Its Impacts on Environmental Change in China），对此作了卓有成效的探索。此外，进一步研究了我国农业（种植业）的起源和地域分异，得出了中华民族的灿烂农业文明已有8000年历史，而非一般认为的5000年。

（六）海内外学术交流

赵先生大量用外文写成的著述成为国外了解中国地理和中国地理学的重要媒介，尤其是他的三部英文专著：*Physical Geography of China*（Science Press and John Wiley & Sons, 1986）、*Desert Lands of China*（Texas Technical University, 1981）和 *Natural Conditions and Territorial Management of North China Plain*（NIRA, Tokyo, 1989）已是英语国家大学地理系的重要参考书。他创办并主编英文期刊，参与国际地理杂志的编审，组织国际学术会议，还10多次出国讲学，对中外地理学的交流作出了重要贡献。

他的台湾之行取得巨大成功。他所作的3次专业性学术报告和两次公开学术演讲，反映热烈，不少与会者赞叹"闻所未闻"。还与台湾方面达成出版《中国自然地理》系列专著繁体字版，以及互派研究生的意向协议。此行还促成了大陆、台湾和香港地理学家1990年5月在香港的大聚会。

四、谦虚豁然的襟怀

赵先生现在已是年逾古稀，却依然孜孜不倦，志在千里，不断耕耘，不断开拓，每年都有5~10篇论文问世。对过去的成绩，他总是很淡然。国外有好几部名人事典要收录他的条目，他至今未予回复，认为还是实实在在搞学问为好。访台时面对摄影机的镜头和记者冲锋枪式的发问，赵先生回答得祥和儒雅，分寸有加。台湾记者叹之曰："学问人，终归是学问人！"

赵先生对别人也是洵洵儒者，虚怀若谷，他厌恶学阀、学霸作风。对同行和来访者，无论职位年龄，他总是平易近人，宽厚祥和。尤其对年轻人，他更是循循善诱，始终把培育人才视为义不容辞的责任。他对青年地理学者从研究方向、技术路线、文献收集，乃至行文遣字各方面都不断地给予切实有效的帮助,其诲人不倦,甘为人梯的品格,历来在广大中、青年地理工作者中传为美谈。

＊本文参考了王凤慧同志"成功者的足迹"(油印稿)一文,特此致谢。

(原载《地理学与国土研究》,8卷1期,59~64页,1992年2月。)

我所熟悉的导师赵松乔先生

唐 涛

(美国纽约州立大学地理与规划系教授)

我 1982 年秋季考取中国科学院地理科学研究所硕士研究生。我们这个班共有 7 名同学，每个人都有不同的导师，我的导师是赵松乔教授，副导师是黄荣金教授，赵松乔先生的工作助理，土壤地理学家。赵松乔先生是浙江省东阳县人，当时已 60 岁出头，但身体很好，说话铿锵有力。到中国科学院地理科学研究所后，我首先听到的和感受到的是赵先生是我们所 600 多研究员和研究辅助人员崇敬的德高望重的老先生。"德高望重"这点是深有体会，但别人讲的"老"字，我怎么也联系不起来。赵先生是个工作狂，一表人才，按我们现在的说法，赵先生年轻时代就是"高富帅"。赵先生 1938 年以中华民国联考浙江省第一名的成绩考入浙江大学。赵先生讲："当时一位国民党大员在浙江大学建立了唯一的一个地理与地质奖学金，该国民党大员认为，要救中国，发展中国的工业，首先要培养中国自己的地质与地理学家。为了拿到这项奖学金，我选学了地理学。奖学金不但付了我在浙江大学求学的全部费用，我还可以寄些钱给父母。"大学毕业后，赵先生考取张其昀先生的硕士研究生，师从竺可桢和张其昀先生，从事地理学研究。研究生毕业后，赵先生留校工作。

1946 年，赵松乔先生获美国国务院所提供之奖学金留学美国。1948 年，赵先生在美国克拉克大学地理学院获博士学位。毕业后即回国，在浙江大学任副教授。1949年，中国大陆内战结束。张其昀先生迁往台湾，赵松乔先生选择留在大陆。赵先生跟我讲："当时我的老师问我要不要跟他们一起去台湾？我回答讲，我是我们家老大，我要留下来照顾父母。我的老师跟我讲，那好吧，你要一心做学问，不要过问政治。"1950年，中华人民共和国成立中国科学院，竺可桢先生被任命为中国科学院副院长。竺可桢先生组建中国科学院地理科学研究所时，点名调赵松乔先生入所。后来，赵松乔先生晋升为研究员。

我在中国科学院地理科学研究所读研究生的3年里，第一年每星期见赵先生一次；后来被选为赵先生研究生中的工作助理，每个工作日都去先生办公室为先生打开水，谈工作，最后我们不但是师生关系，也成了好朋友。当时，赵先生是中国科学院地理科学研究所综合自然地理研究室主任，主持中国自然区划和中国土地类型分类两个全国项目。中国自然区划是竺可桢先生策划，黄秉维先生和赵松乔先生主持的第一个全国性大项目。主要的研究当时已经结束，其结果是中国南方和北方具体划分界线的依据，同时也是中国农业作物品种栽培区域划分的根据。土地类型分类可以看作是对以上研究区域的更进一步的功能分类。除此之外，赵松乔先生是中国干旱区和沙漠研究的创始者。戈壁沙漠这个地理名词是赵先生首先在世界地理学界提出来并使用的。早期沙漠研究的两个故事赵先生给我讲过多次，其故事是这样的：赵先生去内蒙古西部考察沙漠，吉普车在一望无际的卵石覆盖的沙漠上行驶了几天，他发现卵石上覆盖着一层黑漆一样的东西。赵先生从来没有见过这种沙漠，下车问当地蒙古族老乡这叫什么？蒙古族老乡说这是戈壁，于是他就将这种沙漠起名为戈壁沙漠。由此可见，赵先生明辨笃行，"读万卷书，行万里路"。第二个故事是敦煌莫高窟保护研究。20世纪50年代，一种普遍的认识是敦煌莫高窟以西的鸣沙山的沙丘正在往东移。过不了多久，敦煌莫高窟就会被掩埋。当时，周恩来总理亲自过问此事，责成中国科学院研究。竺可桢先生指派赵松乔先生带一个考察队去调查。因当时中国西部匪患尚未根除，为防考察队遇到不测，派了一支解放军部队保驾。经过详细研究，赵先生的考察队写出的研究报告证明沙丘不会东移，敦煌莫高窟不会被掩埋。跟着考察队研究的解放军将军问赵先生："你敢拿脑袋保证吗？"赵先生回答说："我敢拿我的脑袋保证。"后来，赵先生跟我讲起这段经历，我跟赵先生开玩笑说："您这真是秀才遇到兵，有理讲不清。"

研究生毕业，我留中国科学院地理科学研究所工作。第一年就跟赵先生去青藏高原柴达木盆地考察。考察队大批人马先行去了格尔木开展考察工作，赵先生因开会耽误了几天，我跟赵先生在后面追赶考察队，同时中途下车考察了河西走廊一些地区。时隔多年，赵先生又回到敦煌莫高窟一游，工作人员打开了所有新发现的洞窟让我们参观。柴达木盆地是一个很美丽的地方，有很多别处没有的生物物种。吉普车在荒漠中行驶，往往是半天也见不到一个村庄。考察时，遇到这样一件事，我至今仍记忆犹新。一天，我们的吉普车正在公路上高速行驶，一只漂亮的鸟，羽毛呈红绿相间，直接撞在吉普车的挡风玻璃上，那只鸟当即死亡，吉普车的挡风玻璃也被撞碎。司机没有了挡风玻璃，这下面的路程怎么开？这时，赵先生从背包中拿出自己的墨镜让司机戴上。就这样，司机戴着墨镜，开着没有挡风玻璃的吉普车，我们最后赶到了宿营地。

在柴达木盆地的西部，我们考察了一个哈萨克斯坦自治县。县长是中央民族大学毕业生，他听说中国科学院早年留学美国的专家到他们县考察，亲自陪同，并邀请我们到他亲戚家的蒙古包中做客。主人当场杀羊，用哈萨克斯坦最高的礼节——手扒羊肉款待我们。当我们品尝着鲜美的羊肉，喝着奶茶，询问草场的长势情况，记录该地区自然地理水热平衡状况的一些问题时，我看到赵先生脸上露出了由衷的快乐和欢笑。问询后，我们也在他们的牧场上进行了仪器观测和采样。后来，我领悟到，这才是赵先生人生所追求的，什么名誉、地位、金钱，他都不感兴趣。考察后，在赵先生的鼓励下，我写了"柴达木盆地的自然资源及开发利用"一文，发表在中国地理杂志上。

赵松乔先生虽早年留学美国，但从根本上讲他是一位清高的儒家学者。我和赵先生的其他研究生当年都有留学美国或其他欧洲国家读博士的愿望，赵先生的观点是，如果美国或其他外国的专家找我推荐，我会推荐你们；但让我主动找他们帮你们推荐，不可能。我 1986 年年初考取了中国科学院地理科学研究所博士研究生，继续师从赵松乔先生。与此同时，中国科学院地理科学研究所选拔我参加一个国家出国留学考试。我通过了考试，但只获得一个访问学者的奖学金名额。赵先生鼓励我出去博学众长，中国科学院地理科学研究所当时同意我自谋奖学金读博士的要求，就这样我踏上了充满疑问的留学求博士之路。第一年，我在加拿大多伦多大学地理系和环境研究所做访问学者，赵先生被多伦多大学聘请为访问教授，为期 6 个月。那时，赵先生给多伦多大学地理系和环境研究所的研究生讲了 3 门课，我们经常见面，每天都一起做饭吃。在此期间，赵先生也访问了加拿大麦吉尔等几所大学，参加了许多国际会议。当时，加拿大圭尔夫大学（University of Guelph）地理系 Michael Moss 教授主办了第一届世界土地生态类型开发与保护大会。Michael Moss 教授当时是加拿大地理学家协会生态地理专业委员会主任，生态地理和农业生态专家。圭尔夫大学是加拿大最好的农业大学之一。Michael Moss 教授邀请赵先生参加大会，可是赵先生已买好飞机票准备回国。赵先生把材料转给我，鼓励我去。赵先生离开后，我参加了第一届世界土地生态类型开发与保护大会，并宣读了自己的论文。Michael Moss 教授对我的论文和演讲非常感兴趣，后来，我获得圭尔夫大学仅有的 6 名国际研究生奖学金之一，师从 Michael Moss 教授进行了第二个硕士研究，研究的题目是"加拿大南安大略省地区农业生态系统不同类型中能量流动"。

几年后，我获得美国学生签证，来美国威斯康星大学读博士，师从 Michael J. Day 教授。Michael J. Day 教授是英国牛津大学博士，岩溶地理学专家，早年师从英国牛津大学岩溶地理学创始人 Marjorie M. Sweeting 教授读博士。我的博士论文研究的是中国桂林岩溶地貌的发育演变过程，有两篇研究论文发表在世界顶尖级 SCI 地理刊物上（*Geomorphology*、*Journal of Earth Surface Processes and Landforms*）。我的理论是目前桂林山水形成的几种理论之一。与此同时，我与 Michael J. Day 教授共同定义了新的英语地理名词"Tower Karst"。读博士期间，我又师从 Bill Huxhold 教授有系统地学习了地理信息系统课程，Bill Huxhold 教授是美国城市地理信息系统专家。按照 Bill Huxhold 教授的原话讲："你把我的 GIS County 教科书中习题的标准答案写出来了。"有趣的是，Marjorie M. Sweeting 教授的第一位博士生 Derek Ford 教授后来成为另一位著名岩溶地理学专家，Derek Ford 教授的第一位博士生是 Michael Goodchild 教授。Michael Goodchild 教授是美国科学院院士，现在世界上公认的地理信息系统科学领军人物。我们两个人都转了行，但没转业。我现在的主要研究兴趣，是地理信息系统数据库和自然环境污染对人体健康的影响。

1995 年，我在美国威斯康星大学读博士的时候，赵先生来美国探亲，访问犹他大学，并在该大学授课。我开车去看望先生。先生的女儿想帮先生办美国移民，以便照顾他，可是赵先生想的却是尽快回国主持内蒙古高原的考察工作。这是我最后一次见到赵先生。赵松乔先生为中国的地理学研究奋斗到生命最后一息，我却因留学攻读博士学位，而移民加拿大后移民到美国，这是我始未料到的。回想往事，展望未来，没有赵松乔先生的教诲，我是不会有今天的成就的。如今，我等之辈已成为美国大学里的地理学教授，任重而道远，须加倍努力，才能为世界地理学发展作出应有的贡献。

2013 年 8 月于美国布法罗（Buffalo）

我的学术引路人
——忆恩师赵松乔先生

郑达贤
(福建师范大学地理科学学院教授)

1963年,我从福建来到北京中科院地理所赵松乔先生身边,作为他的首届研究生学习自然地理。坦白地说,作为地方师院的学生只是想毕业后当好中学教师,从来没有进一步深造的想法,连研究生也没听说过,考研只是遵从当时福建师院地理系陈佳源副主任的执意要求,我只想不要在与众多重点大学学生的专业地理比较中给母校丢太大的脸而已,没想到给赵先生选中了。因此,我对自己的基础和能力是比较自卑的,特别是我对英语一窍不通,而赵先生是美国克拉克大学的高材生、博士,听自然室的老师们讲,赵先生的英语水平在地理所是最棒的;另一方面,赵先生那几年做的是西北干旱地区的研究,而我充其量只知道南方湿润区的一些地理情况而已。初见到赵先生,我把自己的情况说了,赵先生笑着说:"没关系,你的研究生有4年时间,英语可以从头学起,从A、B、C读起,把基础学好了,我再指导你专业英语,我这次招两个研究生,一个来自西北,一个来自东南湿热地区,你的研究生考试中,对南方湿热红壤区有些见解不错,将来可从这里入手做自然地理研究,热带、亚热带区域是国际地理界关注的热点之一,我们应开拓这一区域的研究。"原来赵先生已在布局对中国的全面研究了。

新中国成立后,地理学界受苏联的影响,否定人文地理的科学性,又把自然地理和经济地理分属自然科学和人文社会科学两大类，批判地理学作为统一学科的性质，而赵先生是地理学统一性观点的坚持者，在当时条件下，他无能为力，但他在给我们的指导和交谈中，总特别强调要把自然地理和社会经济结合，和人类活动紧密结合进行分析，在他组织的研究队伍中，既有自然地理的人，也有经济地理的人，他给我们讲英国 Stamp 的综合土地调查在二战时的英国粮食供给和战后英国经济恢复中的作用，讲杜能的农业区位论如何从典型案例中抽象出普遍的地理规律，带我们参加所内外的地理学术活动，引导我们从自然与人文的区域综合角度思考地理问题，从引导而不是抗争来传输给我们正确的地理学术思想。1963 年，他翻译了美国地理学大师 R. 哈特向 1959 年出版的《地理学性质的透视》一书（内部发行），这是一本对地理学的统一性进行科学论证和辩护的权威著作，在当时学术界一边倒地对统一地理学进行批判、围剿的环境中，翻译这一著作是要冒巨大风险的，也是需要巨大勇气的。可惜我从大学起就被灌输地理二元论的思想，对赵先生翻译这本书的用心一点也不理解。在"文革"中有人拿这本书的翻译批判赵先生，我还感到理所当然，现在想起来非常惭愧。直到"文革"之后，通过对地理学研究对象的认真再思考，我才逐渐体会到赵先生所坚持的学术思想之正确性，可惜已失去了许多从赵先生学习更多东西的机会了。但无论如何，就近的直接接触和学习，我毕竟有幸从赵先生的教导中学到一些他所坚持的地理学术思想，并指导我一生关于地理学的研究和教学工作。我也从赵先生"文革"后所培养的研究生，也就是我的师弟们的身上发现，他们也多数都有很强的统一地理学思想倾向，并以此而在地理研究和应用中发挥重要作用，都无不深深感念恩师的教诲。

从土地分类出发进行综合，开启自下而上自然区划的道路是赵先生几十年孜孜以求的目标，也是他对综合自然地理学的重大贡献。这是因为当时在综合自然区划中虽然提倡自上而下与自下而上相结合的原则，但在实际区划时，均基本上是按自上而下的路线进行的，大家都不太明白，如何进行自下而上的综合。当我到北京学习时，赵先生在与黄秉维先生一起编制中国自然区划之后，正集中力量进行土地类型研究，当时直接的目的是为农业生产服务，但赵先生心里一直同时包含着一个重要目标，即通过土地类型的综合，解决自下而上进行自然区划的方法问题。1964年，他带我们到甘肃民勤进行干旱地区典型绿洲区域的土地类型研究，他对我们说，土地不同于土壤，也不同于地貌，土地是综合地理单元，对其研究等于从细胞水平上研究自然地理区。后来他在中国西北干旱区的自然区划中，首次把民勤和乌兰布和的土地类型研究成果结合，开启了把自然区划与土地类型研究相结合的先河。在"文革"之后，他更直接指导研究生从黄土高原的土地类型研究入手，综合进行自然区划，取得很好成果。

赵先生非常重视与境外的地理交流。改革开放后，赵先生特别关心我的工作，多次要我回自然室继续从事土地类型的研究，但因"文革"中我已涉足以生物地球化学方法研究地方病的地理病因，想待工作基本结束后再回赵先生身边，因而未能和他一起。1980年，我脱产一年学习德语，他非常高兴，对我说，德国是许多地理思想的发源地，德语学好后大胆出国去，可从源头学到很多东西。但我一直很胆怯，未敢尽快出国。后来我回到福建师大母校工作，学校还是要派我出国进修，我专程到北京向赵先生请教，并请他帮忙联系访学单位，他很快就通过他的德国朋友把我介绍给著名的哥廷根大学地理研究所 Spoenemann 教授，并把他所掌握的资料毫无保留地给我，指导我做出访准备。在德国，我在 Spoenemann 教授指导下，利用卫星遥感进行荒漠化研究，没想到又回到赵先生当年重点研究的领域。当时赵先生正主编在美国出版的英文刊物《中国干旱区研究》，特别把我和 Spoenemann 的研究成果在这个刊物上发表，并邀请我们参加1989年在内蒙举行的干旱区域研究国际会议。20世纪90年代后，赵先生首先打破坚冰到台湾讲学，成为第一位大陆到台湾讲学的地理学者，把大陆地理研究成果介绍到台湾，并着手组织两岸学者的合作研究。从台湾回来后，他马上与我联系，把我列入合作研究队伍中。当我最后一次见到赵先生时，他已经在重症监护室中，他戴着氧气面罩，见了我第一句就问，与台湾合作研究的事准备得怎样？没想到，没过几天，赵先生就与我们永别了！回想起来，从1963年到现在正好50年，在这50年中，我对地理的学习、理解和研究实践，不管是否在赵先生所从事的研究方向上，他的地理学术思想、研究方法和注重实地调查的精神，他注重国际地理研究动向和前沿的活动，他勇于坚持真理的执着精神，无时不指导着我的教学和研究，而且学之愈久，体会愈深。

2013 年 12 月 8 日于福州

忆赵松乔先生的往事

戴 旭

(中国科学院地理科学与资源研究所研究员)

当我还就读北京大学地理系时,就知道这位地理学界权威赵松乔先生的名讳了,并深深印在脑海里,并奢望有机会能在他的手下工作。

1964年毕业时,我真的被分配到中国科学院地理研究所工作。然而报到后,却被分到研究所业务处上班。那时我国刚刚经历3年自然灾害,又开始不堪回首的政治运动时期,很快我就被派往安徽省和甘肃省农村,参加社会主义"四清"教育运动,一去就是两年,错失了与赵先生见面的机会。

直到1972年专业归队分到自然地理研究室,有幸和赵先生在同一个课题组。在那个特殊的年代,赵先生在较长时间里受到不小的冲击,被莫须有地扣上"美蒋特务"、"反动学术权威"等等诬蔑不实之词。我见到他时是刚刚被"解放"出来,所以话语不是很多。然而随着时间的推移,相处久了,我发现赵先生非常健谈,经常和我们谈笑风生。此时的赵先生用他博大宽广的胸怀包容不堪回首的往事,摒弃政治阴霾对他的打击和伤害,更加精神焕发活跃在科学研究舞台上!

赵先生有着丰富的研究经验和深厚的野外考察功底,他发表并出版了大量的论文和专著,丰富的学识源自于大量的调查研究。他的足迹踏遍了广袤的沙漠、西部的高山冰川、东北的黑土地和原始森林,一望无际的内蒙古大草原及黄淮平原。几乎走遍祖国的山山水水。

我曾和赵先生在东北大兴安岭林区和呼伦贝尔大草原进行过多年的考察工作。对野外考察的艰辛和生活条件的恶劣，如草原蚊虫的叮咬，沼泽地的泥泞，饥一顿饱一顿，吃不好睡不好，赵先生虽然年纪比我们大，但他从不挑剔，和我们一样风餐露宿，跋山涉水。兴趣来时还会操着浓重的乡音说一些幽默的小典故，激励考察队的情绪，减轻大家的疲劳，赢得了大家的尊敬。

荒地资源考察后，便着手《黑龙江省及其西部毗邻地区的自然地带与土地类型》专著数据的总结。赵先生自始至终参与了编写提纲的讨论，自然地带划分指标的探讨，土地类型划分原则等，多方面提出指导性的意见。赵先生虽然投入了巨大的心血，然而在全所专家评审会中的成果著作署名问题上，他说："我只是出出主意，大量的实际工作都是年轻人做的。不必署我的名，更不要排在第一位。"谦虚的品格，甘当人梯的精神，使参加该项研究工作的同志无不为之感动。该成果获得院三等成果奖，并由科学出版社出版发行。

赵先生承担了编制全国1∶100万土地类型图的任务。这个课题集中了全国许多高校和科研机构的地理工作者，其中不乏著名的教授和科技人员，赵先生任主编。面对繁重的组织和技术工作，赵先生大胆地起用年轻人，让他们唱主角。在他和其他老一辈科学家的精心指导及严格把关下，如期完成了复杂的土地类型分类系统和制图系统的地理工程。在此基础上，还完成了多幅样图的编制。

这一巨大的地理制图工程，不但积累了土地类型的理论和制图技术，更锻炼和培养了一大批中青年土地类型理论研究和制图技术工作者。这批新生力量在后续的工作中，都能挑大梁，成为任务的理论及技术骨干。每个人都由衷地对赵先生充满感谢之情。看到年轻人的成长，赵先生也感到无比欣慰。

我归队后，大部分时间在赵先生的直接领导下工作。先后参加了全国

1∶100万土地类型图的研究、东北地区荒地资源调查等重大课题，从中得到无数的教诲，受益匪浅。他严格的科学态度，深入实践调查的精神，勤勤恳恳的工作作风，深深地印入我的脑海，铭记在我的心中，是我学习的楷模。

最使我终生难忘的，是赵先生对我外语学习的培养。因我大学学的是俄语，所以对英语非常陌生。赵先生语重心长地指出："虽然俄文的地学文献不少，但英文文献也相当丰富，作为科技工作者不懂英文，就如同缺了一只眼睛，你应该学点英语，有困难我可以帮助你。"在他的鼓励和督促下，我开始自学英语，赵先生不放过培训的机会，力荐我外出参加外语培训班。为此我的英语水平有了很大的进步。后来赵先生又鼓励我尝试翻译英文文献，"美国的土壤分类系统"就是我的译文处女作，赵先生还抽出时间给我做了细致的讲解，并进行审核。随后他让我再尝试用英文写文章，先从写论文的英文摘要入手，这是论文在高级学术刊物上发表的必要之举。摘要写完后，他又不厌其烦地逐字逐句地进行修改，并为我解释修改的道理。在赵先生辛勤的教诲和耐心细致的指导下，我的英语水平又有了进一步的提高。这时赵先生就推荐我以访问学者的身份赴美进修了一年。通过这一年的学习，我开阔了专业知识眼界，了解当时世界地理学的状况，学到新的研究方法，对我后来的研究工作大有裨益。

我虽不是赵先生的入门弟子，但确是他真真实实的一个学生。每当忆起赵先生的时候，他那高大的体魄，带着浓厚乡音的家乡话，音容历历在目，犹如就在眼前。在此衷心感谢赵松乔先生对我精心的培养和指导，他的谆谆教诲将永远铭记在我心中。

2013 年 12 月 12 日于北京

深切怀念赵松乔先生

赵 济

(北京师范大学地理系教授)

赵松乔先生是我国著名的地理学家。他学识渊博,研究成果丰硕,在综合自然地理、干旱区地理、土地类型、农业地理、自然区划理论与实践、外国地理研究等领域,均有开拓性研究,对地理科学的建设、发展作了杰出贡献。赵先生留下了丰富的科学论述,高尚的求实献身精神,这是他留给我们的极其宝贵的财富。

北京师范大学地理系非常荣幸聘请赵先生为兼职教授。虽然科研任务繁重,但他非常关心北师大地理系的建设与发展。赵先生经常来北师大地理系指导,参加博士生、硕士生的学位论文答辩会,对师生进行耐心细致的指导。他的精彩点评,对与会者有深刻的教育意义;他还经常给青年教师、研究生审阅、修改参加国际会议的论文,提高了论文质量,大家都感到受益匪浅。

1989年暑期,美国克拉克(Clark)大学地理系主任 Susan Hanson,及教授 Dr. Roger、E. Kasperson 和 Dr. B. L. Turner 来华,赵先生专程陪同3位美国教授来北师大地理系参观访问,进行学术交流,并建立联系。此后,这些专家还多次来北师大访问,做专题学术演讲,使大家扩大知识面,了解国际学术前沿。

赵先生为我提供了许多学习机会,他的科学论著是我教学、科研的必读范本。我有幸参加他的许多博士生学位论文答辩会,得到难得的学习机会。

他指导的研究生论文都很优秀，答辩会上学术氛围浓厚，每次参加这种会议都有很多收获。赵先生培养出许多杰出的研究生，现在大多是我国地理界的领军人物。

赵先生很重视野外考察。1982年，我有幸在赵先生的率领下到塔里木河下游考察。当时野外考察的条件比较艰苦，道路状况、住宿条件都很差，旅途十分劳累，但赵先生始终精神饱满，一路上与我讨论河道变迁、沙漠进退、罗布泊迁移等方面的问题。为了考察塔克拉玛干东北侧黑里勒库勒湖的形成与演变，乘坐独木舟摆渡塔里木河，上岸后徒步到湖区，再爬上附近沙丘的顶部。这种吃苦耐劳、求实献身的精神实在令人感动。

2013 年 12 月 18 日于北京

赵松乔参加北师大地理系研究生毕业论文答辩会

科学院地理所博士生毕业论文答辩会（前排右起赵松乔、林超、赵济、陈传康）

赵松乔在北京师范大学接待美国克拉克大学地理系主任（左图）和教授（右图）

后记（台湾版）

父亲辞世的那年，我曾撰文以表达对他的深深怀念，但随着岁月的流逝，时代的变迁，以及我对大千世界烟尘风霜认识的逐渐加深，父亲的清风傲骨、学者风范，在我心目中日渐清晰、明亮和高大起来，于是就产生了为他作传的念头。

除去不记事的幼年，和父亲相处的日子主要是在大陆我的青少年时期。那时，父亲长年出差在外，很少能见到他，我在家里总是与母亲为伴。有时即便父亲在家，除了在用餐时能和他说点话外，大多时间他都静静地在房间里看书、写文，母亲从不许孩子们打扰他。"文革"中，父亲遭受隔离审查和下放劳动多年；"文革"后，我又在不惑之年远渡重洋，重返高校攻读研究生，和父母亲的往来就只剩下书信和越洋电话了。因此，要想将父亲的生平如实展现，无论是从学术理论高度，还是从日常生活角度都有一定的困难。但决心已下，我将努力地把日常生活中亲眼见到的、访亲问友得来的、从文献资料及父亲著作中所感知的，一个活在我心中的父亲记录下来。

另外，为了能将父亲的一生尽可能真实地、客观地展现并记录下来，为了更好地控制自己在写作过程中不时涌现的情感，我试着将自己置身在外，以一个第三者的身份来审视和叙述父亲的人生旅程。

在过去的两年多时间里，我整理了父亲遗留下来的所有能够搜集到的书稿及资料，并按书稿的时间和所论述地点，一一标示在地图上，以便对他的学术思想进行系统地了解。为了能正确地理解父亲的书稿，我还参阅了所有能找到的中外地理学思想史及地理学经典论著；如遇不解之处，即向父亲的学生们请教。在写作过程中，我还大量参阅了父亲生前两位老师的著作：

《竺可桢全集》、《张其昀先生文集》（正编、续编、三编），试图了解当时的历史背景，理解父亲成长的历程。在情况允许下，我几乎走遍了父亲生前生活过、学习过和工作过的地方，有浙东的丘陵，江南的湖泊与河流，贵州的山地，内蒙古的草原，川滇的丛林，陕西、宁夏、甘肃、青海、新疆的荒漠，东北的丛山与河流、平原，以及台湾的东、西两岸等。与此同时，我还走访了所有可能访问得到之单位和父亲的亲友、同学和同事。有时能顺利地获得有用的材料，有时却因各种原因而一无所获。对父亲旧时同学和朋友的寻访，则更是一场与时间的竞赛，有时我赢了，有时则输了。

在阅读、旅行及走访的每时每刻，我都感受到父亲近在身边，或严肃或微笑地看着我。在父亲读过书的教室里，我看到他专注听讲的面庞；在遵义城缓缓流淌的湘江水中，我寻觅着父亲如青蛙般的泳影，有时，远处传来阵阵小贩们的叫卖声，我似乎听到母亲责怪父亲买来的廉价烂蜜橘的声音；站在浪涛拍打的太平洋海岛岸边，我遥望着越洋海轮甲板上西渡求学父亲的伟岸身躯；在荒原野岭、戈壁沙漠中，我见到他骑马牵驼，风餐露宿的背影；踏在烈日下湿气笼罩的湿地上，找到父亲曾经用过餐的小店，我会下意识地寻找他曾吃过的食物……，我彷佛行走在时光隧道里，看到了父亲的高大身影，听到了他的洪亮声音，感受到了父亲顽强地跋涉在 20 世纪近百年的狂风暴雨中之不屈与坚定。

在这时光隧道里，我看到父亲一生的学术生涯是与中国地理科学产生和发展的道路紧密联系。他的老师竺可桢、张其昀开创了中国的地理科学，父亲则与其他老一辈科学家一起继往开来，为中国的地理科学发展树立起一座座里程碑。父亲以发展中国地理科学为己任，辛勤耕耘，只争朝夕，成果累累。他的《中国自然地理·总论》、《中国干旱地区自然地理》、《中国土地类型研究》、《现代自然地理》、Physical Geography of China、Geography of China、译著《地理学性质的透视》等，都极大地丰富和发展了中国的地理科学，这是他留给中国地理学界的思想财富。父亲是当时仅有的、唯一的一位留有英文中国地理专著，并在国际上出版发行英文中国地理专业期刊的中国地理学家，他为向世界介绍中国的地理学，让世界了解中国地理学的发展，作出了杰出的贡献。父亲深受现代西方教育影响，但又不失中国传统士大夫的精神与境界。他不读死书，而是据之以实践与验证；不盲目附和，而坚持以真理行事；一生淡泊名利，尤其是那种遇难不惧、临危不乱、笑对人生、特立独行的坚强品格，更是难能可贵，也是父亲留给后辈和地理学界最宝贵的精神财富。我以有这样的一位父亲而感到自豪！父亲永远活在我心中！

在此书完成之际，愿向所有帮助和支持过我的朋友们，表示由衷的、深深的谢意：

感谢台湾文化大学董事长张镜湖先生，没有他的大力帮助和支持，此书不会得以顺利出版。感谢台湾文化大学华冈出版部萧正清小姐和叶惠龄小姐认真负责的编校；感谢台湾文化大学理学院前院长刘广英教授、地学研究所所长李载鸣教授、地理系前系主任薛益忠教授和高庆珍副教授、农学院土地资源学系杨之远教授的帮助；感谢台湾文化大学董事会王玉香秘书的热情协助，以及图书馆阅览组翁德驹先生和林汶岑小姐计算机系统的技术指导。

感谢北京大学城市与环境学院蔡运龙教授与中科院地理科学与资源研究所张百平研究员地理专业知识的指导和文献数据的提供。感谢浙江省社会科学院历史所副所长王永太研究员的历史专业知识和数据的说明。

感谢中科院地理科学与资源研究所郑度院士、申元村研究员、李秀彬研究员、张荣祖研究员、杨勤业研究员、戴旭研究员、徐成龙研究员、刘华训研究员、吴关琦研究员、国务院参事、中国地理学会刘燕华理事长、中国军事科学院姜春良研究员、中科院自然科学史研究所张九辰研究员、中科院南京地理与湖泊研究所顾人和研究员、福建师大地理科学学院郑达贤教授、北京师范大学前教务长张兰生先生、北京师范大学地理系赵济教授，内蒙古绿洲发展研究所汪久文研究员、中国科学院新疆生物土壤沙漠研究所所长夏训诚研究员，以及美国马萨诸塞州波士顿大学遥感中心主任 El-Baz 教授、俄亥俄州阿克隆大学地理系 Lawrence Ma 教授、纽约州立大学布法罗校区地理与规划系唐涛教授，中科院地理科学与资源研究所人事处档案室、浙江大学档案室、南京金陵女子大学校友会和杭州高级中学校史馆等，信息、文献与资料的提供。

感谢浙江大学校友谢觉民教授、阚家蓂教授、程光裕教授、金松寿教授、倪士毅教授、管佩韦教授、辛必达教授，工程院院士陈吉余教授、陈月初总工程师的帮助。

感谢贵州遵义政协主席关丽云女士，红花岗区政协主任肖悦春女士，贵州遵义浙大校友分会秘书长陈应林先生的帮助。

感谢中科院前副院长孙鸿烈院士的鼓励。

在这里，我要特别感谢我的小叔叔赵松龄教授。他不顾自己高龄及体弱多病，多次为我长时间地讲述家史。还要感谢表弟张红俊、侄女赵英蓓特地去巍山东阳拍的照片。另一位要特别感谢的是与我同甘共苦几十载的先生张宝才，感谢他任劳任怨的协助，没有他的全力支持，我是很难顺利完成此书的。

在此，还要附带说明一点：因我不是地理学者，文中所述的地理学内容和评价如有偏颇，敬请读者原谅和理解。

赵旭沄
2013 年 12 月 20 日于美国盐湖城

后记（大陆版）

《质朴坚毅——地理学家赵松乔》大陆版现由商务印书馆出版了。商务印书馆是中国现代出版业的发源地，自1897年建馆以来，各界精英云集，在出版界享有盛誉。而商务印书馆对我个人来说则又多了一份特殊的情感。在上世纪20年代初期，对父亲学术生涯有着极其重要影响的两位导师，中国地理学先驱竺可桢先生和其高徒、中国人文地理开山大师张其昀先生都曾先后在商务印书馆工作过，编著了多种引领中国地理学发展的书刊。也正是在商务印书馆，我父亲在1963年翻译出版了现代地理学权威名著《地理学性质的透视》。在这本书中，他写下了在当时颇受非议，现在却证明十分击中时弊的"译者前记"，为中国现代地理科学发展史留下了十分珍贵的史料。我为自己能有机会在这家厚载学术、历史和文化的出版社，出版父亲生平传记而感到由衷的高兴。

三年前，在海外收到大学老同学发来的电子邮件，引发了我寻根父亲学术生涯的念头。在这三年的寻根问底中，我认识到父亲的科学人生是在名师的指导之下，伴随着世界和中国地理学的发展而成长的。我明白了父亲为何从研究人文地理开始，转而研究自然地理，后又转向综合自然地理研究，并在耄耋之年又向综合地理系统研究进军。在这寻根问底的过程中，我体会到父亲的一生是以国父孙中山先生倡导的"质朴坚毅"为其行动准则的。质：质直，朴：朴实，坚：坚强，毅：弘毅。质直朴实：是实事求是的态度；坚强弘毅：是精益求精的精神。"质朴坚毅"，是先辈知识精英们和父亲这代人在上个世纪波涛汹涌的时代潮流中，坚守自己信念，坚持立世原则，从而取得巨大成就的根本原因所在。

三年后，2014年6月，《质朴坚毅——地理学家赵松乔》在台湾文化大学董事长张镜湖先生的亲切关怀和大力支持下，由华冈出版社出版。台湾文化大学是张其昀先生亲手创办的，现董事长张镜湖先生是其独生子。张镜湖先生和我父亲不仅是上世纪40年代浙江大学史地系的先后同学，而且还是美国克拉克大学地理研究院上世纪四五十年代先后期的博士研究生。1989年，他们两人共同开创了海峡两岸科技文化交流之先河，将永载中华民族史册。

　　在《质朴坚毅——地理学家赵松乔》大陆版问世之际，我要感谢商务印书馆对出版此书的支持，并感谢商务印书馆教科文中心主任田文祝先生、科技编辑室主任李娟女士对此书的编辑付出的辛勤劳动。

　　最后要说明的是，在过去的一年中，因时事变化以及亲友同仁们的建议，大陆版《质朴坚毅——地理学家赵松乔》在一些地方略做了更改和变动。

赵旭沄
2015年盛夏于北京